FOOTBALL VISCERAL TRAINING
フットボールヴィセラルトレーニング

無意識下でのプレーを覚醒させる先鋭理論

［実践編］

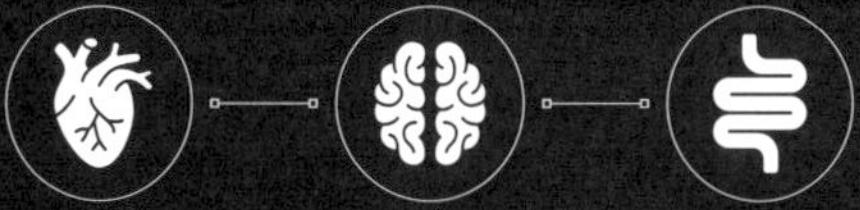

著　ヘルマン・カスターニョス
監修　進藤正幸
訳　結城康平

KANZEN

CONTENTS

第3章 賢いサッカー選手

第7章 感情とモチベーション

本書に登場する主な脳の各部位名称

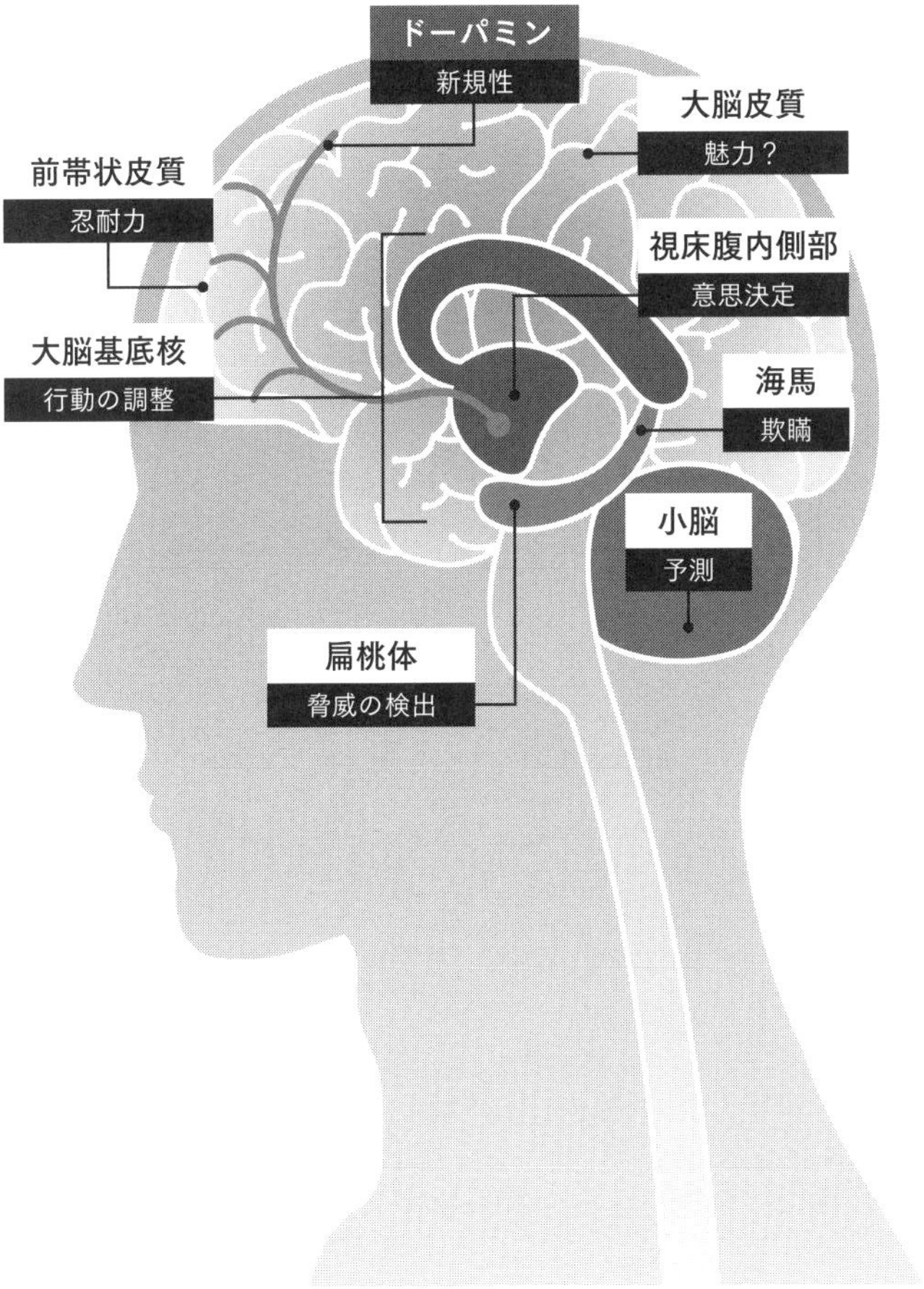

監修者まえがき

今夏の日本列島は、「温暖化から沸騰化へ」と言われるほど連日猛暑に見舞われた。その際中、国内外で多くのスポーツイベントが開催された。

ニュージーランドで行われたサッカー女子ワールドカップでは、日本代表は惜しくもベスト8で敗退となったが、グループリーグは無敗・無失点で首位通過し、特に優勝したスペイン代表相手に4対0で圧勝した試合は世界から称賛された。

甲子園で行われた全国高校野球選手権大会では、「エンジョイベースボール」を体現した慶應義塾高校が107年ぶりに優勝し、新たな時代の到来を予感させてくれた。

沖縄で行われたバスケットボール男子ワールドカップでは、日本代表がワールドカップ、オリンピックを通じてヨーロッパ勢（フィンランド代表）から初勝利を挙げ、その歴史的快挙は明るい未来を示してくれた。

スポーツは私たち、ファン、サポーター、ブースターに大きな感動、勇気、力を与えてくれることを再認識させてくれたと同時に、選手が主体となり、選手自身がプレーを楽しむことの大切さを発信してくれた夏であった。

6月に『フットボールヴィセラルトレーニング』の［導入編］が刊行され、サッカーの指導者、選手にとどまらず、他競技の方々とも話をする機会を得たことは非常に有意義であった。現在、ドイツ・ブンデスリーガで活躍している日本代表の板倉滉選手が東京工業大学附属科学技術高校に来校した際、日本人監督と外国人監督の違いを訊ねると、「戦術的な指示の量」と答えた。戦術的な指示に関しては、外国人監督のほうが細かく、かつ多いという。それに対し選手は試合において指示されたイメージは持ちつつ、局面でのプレーの一つひとつは、やはり自身の判断を大事にしているとのことであった。

また、旧来の友人であるバスケットボール元日本代表アシスタントコーチ、新潟アルビレックス初代ヘッドコーチの廣瀬昌也氏は、世界のバスケットボールの傾向として、個から集団へ、そして現在は集団をベースにした個のスキルアップ、判断・実行のスピードアップが求められていると言った。

すべてのスポーツにおいて究極は個になってくる。

今回の［実践編］では、［導入編］からさらに一歩踏み込み、実際のトレーニングモデルをQRコードの動画を使いながら、ヴィセラルトレーニングの現在から未来までを明らかにしてくれている。

セカンドボールは、単に誰が拾うかを見るためのものではない。（中略）サッカーでは、ファーストボール（実際にはファーストプレー）で多くのプレーが行われる。つまり、パス経路、機械化されたプレー、あらかじめ定められた連鎖が私たちをゴールに導くはずだ。しかし、現実は、ファーストプレーがうまくいくとは限らない。もし予定どおりに攻撃が成功するのであれば、各チームは毎試合20ゴール以上を記録するだろう。

何らかの理由で、私たちが心に描いている完璧なプレーは、完璧ではない。したがって、私たちは常にセカンドボール（セカンドプレー）に頼っている。

——本文から

指導者は、選手に対し、「ミスを恐れず、トライしろ」（言葉）から、「ミスを咎めず、見守る」（姿勢）時代へ変わるときがきた。

進藤正幸

第1章

根本的なアイデア

FOOTBALL VISCERAL TRAINING

1 なぜヴィセラルトレーニングは誕生したのか？

「サッカーは、人間の脳の驚くべき可塑性を示すスポーツだ。ほかのどのスポーツよりも、サッカーは大脳皮質を再定義するほどの輝きを必要としている。なぜなら、サッカー選手は単純なルール（手を使ってはならない）によって制限されているからだ」

――ジェフリー・ホルト（アメリカ・ハーバードメディカルスクールの教授、神経学者）

私たちは、シンプルで実践的な神経科学を求めている。それは指導者のための神経科学であり、神経科学的アプローチの複雑性を考慮しながらも、指導者がフィールドで必要とするシンプル性をすべて包含している。ここで私たちは、神経科学者に敬意を表さなければならず、同時に感謝しなければならない。彼らは方向性を示してくれているからだ。

イアン・レンショー、キース・デイヴィッド、ドゥアルテ・アラウホ、アナ・ルーカス、ウィリアム・ロバーツ、ダニエル・ニューカム、ベンジャミン・フランクスが「スポーツにおける『知覚―認知トレーニング』と『脳トレーニング』の弱点の評価方法：生態学的な批判」という研究論文で述べたように、「私たちは、認知プロセス（注意、記憶、思考）や視覚認知プロセスなどの孤立したプロセスのトレーニングに焦点を当て、文脈的パフォーマンスのアクションから切り離された特定的なトレーニング形式のメリットを検討した」。しかし、サッカーに関しては、試合から切り離されたどの認知プロセスも特定のものとは考えられないため、この特定的なトレーニング形式は、結果的に非特異的なトレーニング形式になってしまう。

「現在の知覚―認知のトレーニングプログラムに共通する特徴は、両方の産業（知覚―認知トレーニングの技術を提供するテクノロジー産業）ともに、モジュール化（装置全体の図面を機能単位に分割し、全体を機能的なまとまりに再定義すること）されたアプローチを採用する傾向があることだろう。つまり、脳と知覚―認知機能の孤立したプロセス（つまり、モジュール）を、文脈的パフォーマンスのアクションから分離してトレーニングできるという前提で成立している。トレーニング後、改善されたプロセスが全体組織に再度統合され、パフォーマンスが適切に改善されると想定されている。（中略）理論的には、知覚、認知、行動プロセスを分離し、孤立した状態でトレーニングすることは、一貫性がなく、ほとんど価値がない。（中略）私たちは、これらのアプローチが最善の場合、基礎的なプロセスの一般的な転移を特定のスポーツ環境に提供できる可能性があること、しかし、実際のパフォーマンスを文脈化するための『特異的転移』を欠いていることを結論とした」

それこそが、イアン・ドノヴァンらが次のように主張する理由だ。

「視覚—知覚学習の特徴は特異的であり、その改善はしばしばトレーニングされた網膜の位置や刺激特性に限定されることが多い」

おそらく、高度なテクノロジーによってサポートされた知覚—認知トレーニングについて最も厳しく、現実的な意見を述べているのはデイヴィッド・ワトソンだろう。

「研究では、『アクションの反応』がボタンを押すことで構成されることが重要であるとは考えられていない」

これは転移を強制することを意図しているが、転移は強制できないので、転移はほぼ自然に起こる必要がある。ボタンを押すこととボールを蹴ること、画面の前に座っていることと相手と向かい合っていること、幾何学的な図形を観察することとチームメイトや相手とのスペースを知覚することは、根本的に異なっている。

試合の現実に近い知覚と認知をトレーニングすれば、私たちの脳により近い「どこかの場所」に、知覚と認知を必要な場面で利用できるように保存される。ヴィセラルトレーニングは、知覚と認知の改善に必要となる「網膜の位置」と「刺激特性」の特異的な基準を達成するために役立つ。

さらに、マクシミリアン・ショーモンらは次のように述べている。

「視覚領域において、物体間の安定した関係性に対する無意識の記憶が視覚誘導行動に影響を与えることが知られている。最近の証拠は、無意識の記憶と視覚に関連する神経活動の間に、驚くべき速さで交流があることを示している。脳は感覚処理における最初の100ミリ秒以内に、安定した空間関係と不安定な空間関係を区別している」

そして、「これらのデータから、文脈的な記憶と知覚処理との間には、早い段階で相互作用があることが示唆されている。特に、前頭側頭皮質は、視覚処理が活性化されるとすぐに感覚処理と無意識の記憶を統合する重要な役割を果たしているようだ」と述べている。加えてマルクス・ロスキルヒらは、「客観的には無視すべきであっても、観察者は刺激を注視する傾向がある。つまり、刺激の位置を推測することが偶然である場合でも、人間の視覚機能は意識が客観的に欠如していても、目的志向的な眼球運動を不可視の刺激に向けることができることを示している」という結論に至っている。

アメリカ・カリフォルニア大学サンタクルーズ校のブルース・ブリッジマンは、視覚機能が機能的に2つの系統に分割されていることを、眼球運動の研究によって示した。側頭路は意識に関連する認知的側面にアクセスしており、頭頂路は主に無意識の運動機能にアクセス可能だというのが、彼の主張だ。同様に、ブルーノ・ブライトマイヤーは、「無意識の処理は、視覚機能のさまざまなレベルで起こる」と結論づけている。

もし私たちが無意識の視覚処理について疑いを持っているのであれば、赤ん坊が成人と同じように高速の映像を認識することができることは、信じられないだろう。赤ん坊は視覚情報を1秒未満で完全に処理しており、そのプロセスには成人と同じ時間制限がある。また、出生前から始まる言語習得プロセスにも同様に無意識の処理が含まれている。

私たちは、生来から持っている無意識の処理があることに気づいているだろうか？　すべてが意識によって生じている訳ではないことを理解しなければならない。もともとの知能と効率性が素晴らしいことを認識しているのに、その機能を無視してしまっているのだ。

ヴィセラルトレーニングは、直接的、間接的、または混合的な方法で、異なるタイプの「盲目化」を介して無意識の視覚処理を刺激することを目的としている。直接的な盲目化は、遮蔽物やマスキング（目隠しをした目、フィールドと同じ色のボールなど）に関係がある。間接的な盲目化は、視覚的に知覚しなければならない要素の増加によって引き起こされる。混合的な盲目化は、前述の2つを組み合わせたものだ。

ブライトマイヤーは次のように述べている。


「視覚刺激の現象的意識を抑制するために、多数の非侵襲的で実験的な『盲目化』の方法が存在する。これらの抑制方法のすべてが、同じレベルの無意識の視覚処理で発生する訳ではなく、それぞれが指標になる。これは、原理的には無意識の視覚処理の機能的階層

図1：「無意識プロセス」対「意識プロセス」

	相手チームが無意識プロセス	相手チームが意識プロセス
自チームが無意識プロセス	試合的なプラスはない	試合において最も有利になる
自チームが意識プロセス	試合において最も不利になる	試合的なプラスはない

が確立できることを示唆している」

■リソースが試合の本質的な論理から離れると リソースから得られる転移も限定される

無意識の視覚処理に関する証拠は、数多く存在している。マーク・ラウフスらは、「無意識の視覚刺激が意識的な知覚に影響を与える可能性がある」と結論づけており、ファン・ユーフェンらは「視覚空間注意は視覚的認識がなくても視覚情報にバイアス（先入観）をかける」と述べている。ファンらの研究は、感覚刺激と知覚を無意識のプロセスに向けるために、ヴィセラルトレーニングでサッカー選手に与えられた情報を操作する機会を提供するだろう。

さらに、サッカー選手の視覚—知覚プロセスは空間と必然的に関連するため、自己中心的な参照（人から）と他者中心的な参照（環境から）が含まれることを補足する必要がある。非特異的な形式の認知トレーニングは、自己中心的な参照と他者中心的な参照を完全に変えてしまう。研究によると、「他者中心的な信号の影響は、実際の世界で経験された視覚空間において、コンピュータ画面などの絵画的な空間よりも強かった」という結果が明らかになっている。したがって、認知的な知覚判断における認知タスク（課題、目的）を同じフィールドで設計することが最も重要であり、これは常識的な思想といえる。

ヴィセラルトレーニングは、代表的なトレーニング活動を設計するための支援を意図している。一方で、認知の下位リンク（知覚など）を最適化し、同時に認知の上位リンク（実行機能など）を最適化することが目的になる。すべてをサッカーの枠組みで実施し、可能な限りサッカーに固有の自然な力学の中に配置する。そして何らかの理由でサッカーの構成要素の中心から離れなければならない場合でも、常にサッカーを知覚し実行するために、離れることなく行う。

特異性とは、生態学的な関連性そのものだ。例えばイングランド・プレミアリーグの選手を対象に行われた視線の固定時間の研究では、実験環境で得られたデータよりも、フィールド上で得られたデータのほうが短かった。言い換えれば、生態学的な関連性によって示される主題と文脈の間の不可分性は、LED（発光ダイオード）よりもボールに対してはるかに多くを要求し、実験室よりも実際のフィールドに対してはるかに多くを要求する。

トーマス・ロメアスらは、実験室で認知トレーニングを10回行ったあと、サッカー選手の意思決定の精度が15％改善されたことを報告している。

アダム・ビーヴァン、ヤン・シュピルマン、ヤン・メイヤーは、以下のように述べている。

「コンピュータを使った認知タスクのトレーニングが、現実世界でのパフォーマンスに広く転用可能かどうかについては、さまざまな議論がある。ダニエル・シモンズら（2016年）による包括的な研究論文では、認知トレーニングによる介入が効果的に現実世界のパフォーマンス向上に寄与したことを示す確実な証拠は存在しないことが示されている」

実験室でのたった10回の認知トレーニングが意思決定を15%向上させることができるのであれば、特定のフィールドに合った認知トレーニングがデザインされた場合、毎日そのスペースを提供したり、メインのフィジカルトレーニング前後に特定のセッションを設定したりすることで、どれだけ意思決定の割合を改善できるか想像してみてほしい。LEDを活用することができるヴィセラルトレーニングは、どのようなものだろうか？　もちろん、LEDの活用は可能だ。しかし、サッカーの動的な性質（ボール、チームメイト、対戦相手など）に加えることが必要になる。

「サッカーにおける神経科学」という名目で、カラフルなLED、文字、数学の問題、じゃんけんなど、フィールドでも知覚と意思決定のトレーニングが行われている。しかし、それらがフィールド上で行われるということが、必ずしも特異性を保証している訳ではない。サッカー選手が行わなければならない数学的なタスクは確率的なタスクであり、意識的な数学的推論とは独立して行われることにも言及する必要がある。

神経科学的な特異性は、単にフィールド上での活動を意味するのではなく、試合の特異性と直接関係した活動をフィールドで行うことを意味する。よく見ると、選手たちは試合で問題を解決するよりも、五目並べやトランプの問題を解決するためにより多く考えていることに気づくだろう。そして、選手たちは違う方法で考える。

これらは実行機能を刺激する活動だろうか？　YES。では、これらはサッカー選手の実行機能が試合中に活性化する活動だろうか？　個人的には疑問だ。とはいえ、私たちが文字、数学的タスク、またはほかのリソース（資源）を使用してトレーニングを行うことができないことを意味するわけではない。

ただし、リソースが試合の本質的な論理から離れると、リソースから得られる転移も限定される。スポーツの認知トレーニング環境における生態学的欠如を批判したイアン・レンショーらによると、1922年にアメリカの心理学者エドワード・ソーンダイクは「トレーニングタスクの要素がタスクの特性（刺激および反応）に密接に結びついている必要があるために、転移が必要である」と述べた。

レンショーらによると、同じことがスポーツにおいても言える。

「トレーニングの実践による改善は、１つのトレーニングタスク、それと同種のタスクに対してのみ適用され、関連するスキルの改善にはあまり影響を与えないという、重要で実証的な証拠が存在する。一般的に非文脈依存の介入は、限られた価値しか持たない。現在の見解では、引き継ぎは連続的なスペクトル（光や信号などの波を成分に分解し、成分ごとの大小を見やすく配列したもの）の観点から理解されている。タスク間の類似性が高ければ高いほ

ど、転移が効率的になる」

また、モチベーションの特異性もある。サッカー選手の知覚能力をLED（またはほかの技術装置）に基づいて改善するとき、彼らのモチベーションはどのくらい維持できるだろうか。それと比較して、ストイックにサッカーの知覚トレーニングを実施したときのモチベーションはどのくらい維持できるだろうか。

トレーニングセッションの設計において、私たちは20年または30年前よりもはるかに高い特異性に向かって進化している。この方向性に沿って、現代ではスポーツ生態学のデザイナー（ヴィセラルトレーニングが導入されること）が必要とされている。また、実践的な神経科学または応用神経科学でも同じことが問われており、特異性、文脈に組み込まれたデザイン、生態学的な設計が求められている。

レンショーらが示唆しているように、「実験室での意思決定は、一般的により迅速でスムーズだ」ということを疑う余地はない。また、マリエット・ファン・マースフェーンらは「認知、知覚テストの成績からフィールドでのパフォーマンスを予測することはできなかった」と主張している。ヴィセラルトレーニングは、サッカーにおいて特定された文脈に沿った知覚―認知トレーニングへの介入が求められる文脈で生まれたものだ。

ザック・シェーンブルンらは明確に警告しており、私たちもその警告に同意する。

「研究室で行われている科学的な研究や厳格なテストと、現場での実際の状況には大きなギャップがある。しかし、その大きなギャップこそが問題だ。そういった方向に、進むべきではない」

神経科学者にとって、最高の研究室がサッカーフィールドではないように、サッカー選手にとって最高の研究室はサッカーフィールドだ。

ヴィセラルトレーニングが探求する10個の「特定」

ヴィセラルトレーニングは、より多くの転移と特異性を促進する原則を尊重している。アルゼンチンのバレーボールコーチであるフリオ・ベラスコは、次のように説明している。

「スポーツは歴史的に、ある状況から別の状況への転移をあまりにも妄信してきた。つまり、私たちは試合とはあまり関係のないトレーニングを実践し、トレーニングを簡単に試合に移行させようとしてきた。しかし、移行は成功しなかった。試合に近い構造、認知の観点からより類似したトレーニングを行う必要があるのだ」

認知的に豊かなトレーニングを設計するための原則として次の3つがある。

① 知覚―行動の組み合わせ
② 文脈干渉効果
③ 文脈の情報

基本的には、知覚―認知トレーニングを設計する際には、トレーニングと試合のパフォーマンス間に高いレベルの類似性と一致が必要であるということを示唆している。ウルグアイ代表の監督を務めたオスカル・タバレスは、「ほとんどのプロサッカー選手はボールを扱い、上手に蹴ることができ、技術と身体能力に優れている。しかし、本当に偉大な選手は状況に適した判断をする選手だ」と述べている。つまり、もし選手たちを判断という文脈でトレーニングしなければ、選手を試す状況は存在しない。特異性は思いつきではなく、生態学的に緊急なのだ。

そして、この特異性は、見過ごされがちな神経科学的な細部にまで及ぶことがある。ファン・マースフェーンとラウル・オーデヤンスは、「バスケットボールにおいて、ジャンプショット中の視線パターンは、相手がいる場合と相手がいない場合で大きく異なっている」と述べている。感覚入力が変化すれば、認知レベルでもすべてが変化すると推測される。

習慣は無意識的な行動に関連しており、非習慣は意識的な行動を必要とすることに同意すれば、ヴィセラルトレーニングは無意識の処理の習慣を求め、自動化による意識に到達することを避けるはずだ。これはトレーニング形式を無効にするものではなく、単にトレーニング形式を補完するものだ。結局のところ、無意識の補完は意識に対する補完であり、または特定のアナリティック（分析的、断片的）トレーニングに対するヴィセラルトレーニングの補完という隠喩に関係している。

アメリカ・イェール大学の心理学者ジョン・バーグは、次のように表現している。

「私たちは確かに自分たちの魂の船長であり、船長であることは素晴らしいことだが、どこでも、賢い船長と愚かな船長がいる。賢い船長は風や潮流を考慮し、船の進路に逆らう場合には自然に適応し、同じ方向に進む場合には自然を利用する。愚かな船長は舵だけが重要だと主張し、結局は岩礁に衝突してしまう」

データと分析の進歩により、以前に練り上げられたレシピなしに競うことは不可能になった。セビージャのスポーツディレクターだったモンチは、「1試合から800万個の情報が抽出される」と述べている。情報を無視し、ほかの方法で競うことを助けることは困難だ。しかし、トレーニングの方法によってプレーする方法が決まってくるため、ほかのトレーニング方法を助けることは可能であり、そして必要になるだろう。

ヴィセラルトレーニングでは、以下のことを探求している。

①特定の感覚刺激

②特定の知覚
③特定の注意
④特定の意思決定
⑤特定の記憶
⑥特定の実行機能
⑦特定の脳処理
⑧特定の脳処理速度
⑨特定のパフォーマンスアクション
⑩特定の応用神経科学

2 「機械的論理」対「芸術的論理」

「ペップ・グアルディオラのバルセロナでは、即興的なものは何もなかった。同時に、すべてが即興的なものだった」

——ファン・マヌエル・リージョ（マンチェスター・シティアシスタントコーチ）

サッカーは、スポーツとしての科学的側面と、ゲームとしての芸術的側面を持っている。指導者たちは科学者によく耳を傾けるが（素晴らしいことだ）、芸術家にはあまり耳を傾けない（あまりよくないことだ）。構築することと創造することは異なる。私たちは、両方を尊重してトレーニングや試合をする必要がある。

クリストファー・ホルツァプフェルは、芸術と遊びの関係性について説明した。

「科学的側面は、一般的な論理（科学がすべての人に対して提示する論理）とより関連しており、連続性は、意識的な脳処理により関連している。芸術的側面は、特別な論理（瞬間の選手の

直感によって定められる論理）により関連しており、無意識的な脳処理により関連している」

私の認識では、芸術は試合を通じて表現されるものだ。そしてヴィセラルトレーニングは常に試合であり、豊かなアナリティックトレーニングをベースにしている。端的に言えば、無意識から答えを見つけていくヴィセラルトレーニングの論理に従うと、私たちは単に迅速に解決する選手だけでなく、よりオリジナルな方法で解決する選手も育成することが可能だ。そして相手にとって予想外の方法で解決することで、相手にとっては予測が難しくなる。

3 解決と問題

「誰かが私たちが学ぶことを操作しているとき、それは、学習ではない。それは、プログラミングだ」

――ダビド・テスタル（スペインの心理学研究者）

スペインのスポーツ科学者ギル・プラ＝カンパスの発言から、本章を開始したい。

「指導者がチームスポーツを捉えている方法が、彼らのトレーニング方法を決定する。別の言い方をすれば、どのようにトレーニングするかを教えてくれれば、その指導者がスポーツをどのように捉えているかを理解できる」

「解決策をプレーする」とは、単一のギャンブルだ。解決策をプレーすることは「試合を予測し、従来のトレーニング論理に支えられた自動化という道を辿ることを強制すること」だ。解決策をプ

図2：「解決策をプレーする」

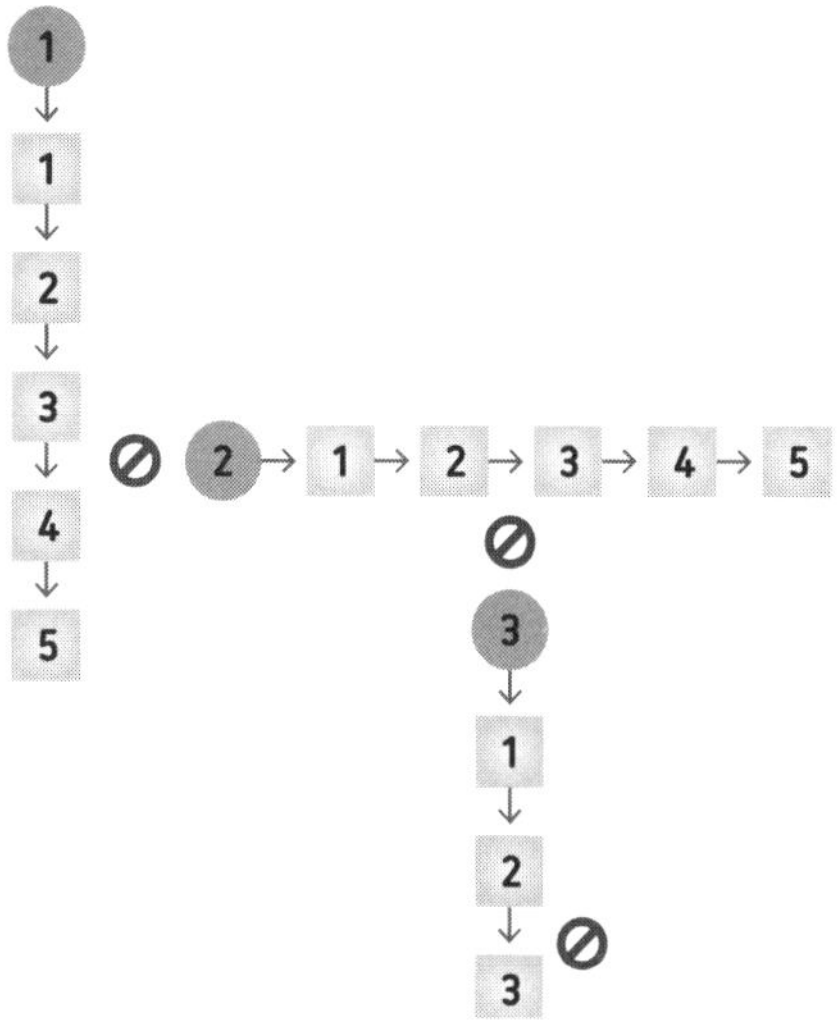

レーするには、始まり↓道筋↓終わりが必要になる。その解決策には順序があるため、その順序が変更されると正しい解決策にはならない。

「問題をプレーする」とは、多様な答えをプレーすることだ。問題をプレーすることは「試合のフロー（ある活動に完全に没頭し、集中できるような心理状態）に身を委ね、起こり得ることにオープンな態度で対応し、新しいトレーニング論理に支えられた非自動化された自動化によって応答すること」だ。問題をプレーするには、始まりも、道筋も、終わりも必要ない。始まりは多くあり、道筋も多く、終わりも多くある。

解決策をプレーすると、問題が生じる。なぜなら詳細に分析すれば、解決策は通常未完成で、妨害され、中断さ

図3：「問題をプレーする」

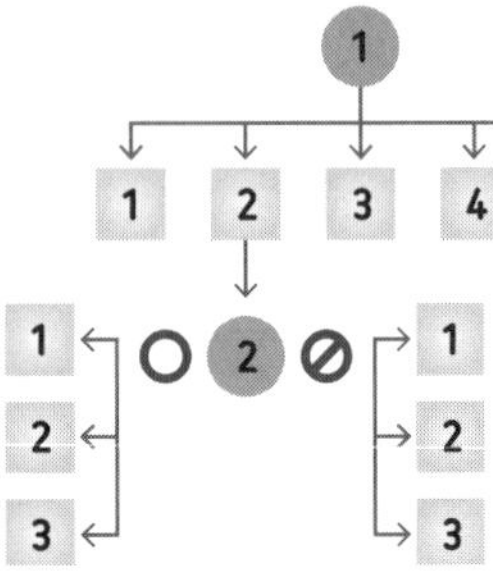

れ、ブロックされているからだ。解決策だけをプレーしてしまうと、トラブルに陥ることが多い。問題をプレーすることが解決策であり、そこに問題はない。選手は問題を解決するためにプレーしており、相手選手に問題を投げかけようとしている。問題は、試合の自然な部分なのだ。

解決策をプレーする場合、前の解決策で発生するすべての妨害に対して解決策が必要になる。そして、未定義のループが発生しまう。これは、あらかじめ自動化されたパス経路など、多くの状況で発生する。例えば、2・4・5のパスが途中で妨害された場合、どうすればいいのだろうか？ その場合の解決策は、存在するのだろうか？

解決策をプレーすることは問題だ。なぜなら解決策は、直線的かつ順序立てたプロセスを前提としているからだ。しかし、もし解決策の途中で何かが変化したらどうなるだろうか？ その問題に対して、新しい解決策が必要になる。問題は各ステップで起こり得るため、未完了のステップを補完する解決策が必要になる。そして、新しい解決策の新しい順序でプレーを実行する。サッカーをそのようにプレーすることは、不可能なのではないだろうか？

■「問題をプレーする」ことが次のパラダイムとなる

問題をプレーすることは解決策だ。なぜならすべてが問題であり、最終的には何も問題ではなくなるからだ。そして各状況で複数の可能な解決策が現れ、サッカー選手は解決策を選択することができる。その解決策は、解決策なのだろうか？　それとも、問題なのだろうか？　新しい選択肢の範囲でそれぞれに対応する必要があるため、この問いは重要ではない。これこそが、柔軟で適応性のあるサッカー選手をトレーニングする方法だ。事前の順序は存在せず、代わりにランダムな順序が文脈との相互作用で形成される。

イギリスの自然科学者チャールズ・ダーウィンは、150年以上前に「最も強い種でも最も賢い種でもなく、変化に最も適応できる種が生き残る」と述べた。私はダーウィンを尊敬しているが、1つだけ見解に相違がある。私の考えでは「変化への適応力」は切り離されたものではなく、むしろ「賢さ」だ。これはテストで評価される賢さではなく、実践的で具体的な賢さだ。

解決策をプレーするという観点では、ステップAのあとにステップBが続かなければならない。なぜなら、問題が発生しないようにするためだ。

一方、問題をプレーするという観点では、ステップAのあとにはステップBが続くかもしれないが、ステップC、F、Wなど、試合で派生するあらゆる状況で、新しい幅広い選択肢が現れ続ける。そして複数の選択肢が生じるので、問題はなく、解決策が存在する。

チームが問題を解釈するには、多くの問題をプレーすることになる。なぜなら、問題が解決しない場合であっても、そのプレーを支える柔軟性と適応能力があるからだ。一方で、解決策をプレーするように教育されてきたサッカー選手には、解決策をプレーするために追加の手助けが必要になるのだろうか?

確かなことは、解決策をプレーすることだけをトレーニングしてきたサッカー選手は、解決策をプレーすることも不可能だということだ。そのように育ってきた選手は、スケジュールに従ってプレーするようにプログラムされたロボットのような存在だ。そのような選手は、人間的な真のサッカー選手ではない。機械的なサッカー選手だ。

しかし、アナリティックトレーニングを、ヴィセラルトレーニングに置き換えることを考える必要はない。同じように、解決策をプレーすることを、問題をプレーすることに置き換える必要はない。指導者は、選手がどのような状況でこの2つを使い分けるべきかを教えなければならない。

解決策をプレーすることが、これまでは主流のパラダイム（規範となる物の見方や捉え方）だった。問題をプレーすることは、盲点になっていた。問題をプレーすることが、次のパラダイムとなるだろう。

4 「試合」対「エクササイズ」

「何か新しいものを創造するのは知性ではなく、内なる必要性に突き動かされた遊びの本能だ。創造的な心は、愛する対象と遊んでいる」

――カール・グスタフ・ユング（スイスの心理学者）

体育教師だった経験を私が指導者になったときに引き継いだことから、ここで注目したいことがある。一般的にサッカー選手を無意識のフロー状態でプレーさせたい場合、トレーニングを試合中心にすべきだ。一方で合理的に考えてプレーさせたい場合、よりエクササイズに力を入れる必要がある。「遊びは好奇心と喜びの組み合わせであり、学習にとって最も強力な武器である」と、神経教育の普及者であるフランシスコ・モラは言う。遊びは解放し、トレーニングは閉じ込めるものだ。

無意識的な脳処理の最大限に近づきたい？　試合すべきだ。

意識的な脳処理の最大限に近づきたい？　エクササイズすべきだ。

試合とエクササイズのバランスを見つけたい？　試合とエクササイズを同時に行うべきだ。

図4：「試合」対「エクササイズ」

	試合	エクササイズ
意識的な脳処理	最小	最大
無意識的な脳処理	最大	最小

ヴィセラルトレーニングにおける層状組織では、試合と試合の重なりや組み合わせだけでなく、試合とエクササイズ、エクササイズとエクササイズの組み合わせも可能だ。通常、主となる「レイヤー（層）」は試合でなければならない。エクササイズが追加されることで、エクササイズは試合の一部になる。エクササイズは試合と融合し、試合の一部になるのだ。このように、エクササイズは文脈に依存している。しかし、もしヴィセラルトレーニングを支持する最初のレイヤーがエクササイズである場合、そのレイヤーは試合の状況に選手を導くべきであり、次のレイヤーはエクササイズの遊び心を拡大させる。これにより、「エクササイズ1」と「エクササイズ2」の重ね合わせが試合を形成する。

ヴィセラルトレーニングは、すべての試合であり、アナリティックな要素にも遊び心を持たせることを目指している。

アメリカの即興ヴァイオリン奏者スティーブン・ナフマノヴィチは、次のように語っている。

「すべての創造的な行為は、遊びの形態だ。遊びがなければ、学習や進化は不可能だ。遊びは芸術の根源であり、

サッカー選手が知識と技術を引き出すための原材料なのだ」

試合は自然な組織であり、試合がなければ技術は単なる技巧にすぎない。試合があるとき、技術は無意識的に表現される。エクササイズは、自然な状態を妨げる。

「創造的な仕事は、遊びだ。選んだ方法で、素材を自由に推測するものだ。（中略）試合とは、常に文脈の問題だ。私たちが行うことではなく、どのように行うかだ。試合の中で、私たちは人々、動物、物事、アイデア、イメージ、自分自身との関係において新しく双方向な方法を示す。試合は、社会的な階層に逆らう。それまで分離されていた要素を組み合わせる。私たちの行動は新しい順序に従う。遊ぶことは恣意的な制約から解放され、行動のフィールドを拡大することだ。試合は、反応の豊かさと適応力を刺激する。これが試合の進化的な価値であり、試合は私たちを柔軟にする。現実を再解釈し、新しいものを生み出すことによって、固定化を防ぐ。試合は、予期しない方法で私たちの能力とアイデンティティを再構築し、それらを使用することを可能にする。遊ぶことで、変わりゆく状況や条件により適応しやすくなる。（中略）自由な即興演奏としての遊びは、変化する世界に立ち向かう能力を研ぎ澄ます。（中略）熟達には、トレーニングが必要だ。トレーニングは遊び心があふれる意欲的な実験と、素晴らしい何かを感じることから生まれる。陸上選手は、トラックを1周回りたくなるように強制される。音楽家は、曲をもう1度演奏したくなる。陶芸家は、夕食の前にもう1つ陶器を作りたがるのだ。音楽家、アスリート、ダンサーは、筋肉が疲れて、息切れをしているにもかかわらず、トレーニングを続ける。このようなパフォーマンスのレベルは、超自我のカルヴァン主義（すべての上にある神の主権を強調する神学体系、およびクリスチャン生活の実践）的な説教、罪悪感や義務感では達成されない。実践的には仕事は遊びであり、本質的に報酬がある。内なる子どもが『あと5分だけ遊びたい』と求めているのだ。（中略）私たちが本当にうまくいって最高の状態で働いているとき、中毒に近い症状を示すが、それは命を奪うのではなく、命を与える中毒だ」

「ガランフィング」とヴィセラルトレーニングの類似点

本書の読者は、「ガランフィング」という概念がヴィセラルトレーニングの主要なアイデアと驚くべき類似点を持つことに気づくだろう。

「人類学者が発見した『ガランフィング』は、より高度な生命の形態を特徴づける主要な才能の1つだ。ガランフィングは、子犬や子猫、子ども、そして共同体や文明の豪華で騒々しいプレーのエネルギーだ。ガランフィングは、無駄に見える活動の精緻化と装飾だ。それは無駄で、過剰で、誇張され、経済的ではない。ガランフィングは、歩く代わり

に跳び、最も風景の美しい道を選び、力の制限を要求する試合をプレーし、目的よりも手段に興味を持つ。私たちは自ら道に障害物を作り、それを乗り越えることで楽しむ。最も進化した動物や人間にとって、それは至高の進化的な価値を持っている。ガランフィングは、私たちが多様な要件に対応し続けることを保証する。この自然の基本法則によれば、情報処理に適した機能は、少なくとも多様な状況を想定する必要がある。実践、遊び、運動、探求、実験から生じる要件の多様性は、私たちの表現の可能性を開放する。トレーニング不足の影響は、心と体の硬直化と、ますます狭まる多様性の範囲だ」

古代ギリシャの哲学者プラトンはかつて、「1年間の会話よりも、1日ともに遊ぶほうが相手のことをより理解することができる」と言った。分析は多くの場合、選手よりも指導者にとってより重要だ。しかし、試合が選手を作り出す。なぜなら、試合がなければ選手は存在しないからだ。プラトンの言葉を引用するならば、「適切な制約と指導の下での1時間のプレーは、1年の分析よりも選手を成長させる」はずだ。

5 ヴィセラルトレーニングはなぜ選手の無意識的なプロセスを改善するのか？

「サッカーは、常に知性的だ。最も重要なことは、迅速に思考することだ。中盤では自分たちのチームの選手を特定する時間はない。彼らの動きを即座に把握できなければ、わからなくなることがある」

――チアゴ・アルカンタラ（スペイン代表、リヴァプールMF）

チアゴ・アルカンタラは「迅速の思考」について、論理的に思考するのではなく、瞬時に把握すると説明している。それは速く、微妙なものだ。意識的な思考よりも、無意識的な思考だろう。それは瞬間的だ。

チアゴ・アルカンタラは、次のように続けている。

「それはMFというポジションの本能であり、ボールをプレーする場所を知っていることからくるものだ。長年の経験によって、それは自然なものになる」

アイリス・グローエンらは、「被験者が、低・中・高という3段階の複雑性に分別された自然の情景で動物を検出する」という実験を行い、結果として「高度に複雑な設定では、フィードバックが選択的に改善された。第一に、機能的磁気共鳴画像法（fMRI）では、第一次視覚野の初期視覚野における対象物の活動が高い複雑な設定において増強されたが、低い複雑な設定または中程度の複雑な設定では増強されなかった。第二に、フィードバックの段階において、対象物によって誘発される事象関連電位（ERP）は、高度に複雑な設定の場合のみで選択的に増強された（約220ミリ秒以降から）」との結論に至った。

この研究は、サッカーにおいても「高度に複雑な設定における対象の検出が、フィードバックの改善に実際に役立ち、視覚皮質により大きな影響を与えること」を示唆している。低および中程度の複雑な設定には起因しない、早期視覚皮質の活性が向上したからだ。

ドン・ガンハァンらは、「簡単な状況から難しい状況に変化していく条件下では、楔前部、上側頭回、後帯状皮質、下前頭回で反復する行動よりも高い脳の活性化が観察された。これらの領域の多くは、実行機能に関連すると考えられている。反応時間が反復よりも変化で長くなっていくことは、変化している状況に対応するには脳がさらに努力しなければならないことを示している」と述べている。

つまり、変化や予測不可能性に対する反応速度を高めたい場合、変化や予測不可能な環境で相互作用しておく必要がある（変化や予測不可能性に慣れておくことで、発生したときに認知能力が驚くことを避ける。感度を高めておくことは、より無意識的な処理に集中することを助ける）。また、適応の誤った感覚を生じさせるリスクがあるため、認知能力を要求しない安定して予測可能な環境では相互作用しないようにするべきだ。

■予測不可能性を管理する2つの方法

この場合、予測不可能性を管理する方法は、基本的に2つある。減らすこと（アナリティックトレーニング）、または増やすこと（ヴィセラルトレーニング）だ。つまり、予測不可能性を避けるか、奨励するかの2つだ。そしてサッカー選手が競争する方法は、予測不可能性を避けるか、自然に受け入れるかのどちらかだ。

したがって、繰り返し可能な環境では反応速度が明らかに速くなるはずだ。そのため、私たちは変化に富んだ予測不可能な環境で繰り返しトレーニングをする必要がある。繰り返すことで、頻繁な変化がサッカー選手の脳内で繰り返しとして感じられるようになるはずだ。選択肢に多様性を持つことは、失敗が起こった場合（例えば、効果が薄い戦術的アプローチや不要な修正が行われた場合）でも、新しい多様性を生み出すことで同じ危機に対応することを可能にする。

これは、「反脆弱性」という概念と密接に関係している。「無意識の統合：無意識の処理限界を拡張する」という研究を発表したリヤド・ムドリクらは、「背景と物体の統合は、それらのどちらも意識することなく達成できる」と主張している。この研究は、知覚的な脳処理においては無意識の役割が圧倒的であることを示唆している。

アイリス・グローエンらは、「脳は自然な環境で再帰的な処理をより適応的に使用し、単純な背景には最小限のフィードバックで対応し、複雑な背景にはフィードバックを増やす」と結論づけている。

これは、私たちが主張する、ヴィセラルトレーニングの利点についての仮説にとっては良いニュースだ。なぜなら、ヴィセラルトレーニングは、自然で高度な複雑性の組み合わせに基づいて構築されており、それが科学的研究と一致しているからだ。

第2章

実践的なヴィセラルトレーニングの導入

FOOTBALL VISCERAL TRAINING

1

どのようにヴィセラルトレーニングを導入するのか？

「**思考と行動のスピードこそが、違いを生む**」

——マルセロ・ガジャルド（元アルゼンチン代表MF、元リーベル・プレート監督）

ディファレンシャルラーニングを導入した当初のトーマス・トゥヘルが選手たちを困惑させたように、ヴィセラルトレーニングを導入する指導者を選手たちは「変人」だと思うかもしれない。もし、そのような圧力に負けてしまうようであれば、ヴィセラルトレーニングの導入はあきらめるべきだ。自分のイメージや人々が何と言うかばかりが気になってしまう、臆病な指導者には向いていない。

ヴィセラルトレーニングを導入するためには、客観的な方法と主観的な方法がある。前者はより明示的なメカニズムと一致し、後者はより暗黙的だ。前者はより合理的で、意識的な手段に関連しており、後者はより感覚的で、無意識的な手段に関係している。

第一の方法（客観的な方法）では、選手たちに対してヴィセラルトレーニングの利点を説明することで、ゲームモデルや試合の局面、試合のシステムなどに関するタスクを課す。第二の方法（主観的な方法）では、別のカテゴリーでどのようにヴィセラルトレーニングをしているかを選手たちに見せる。それによって、選手たちの興味を惹くことが狙いだ。

例えば、トップチームにU―21チームがヴィセラルトレーニングを行っている様子を偶然を装って見せるという方法だ。認知能力を向上させるためにサッカー選手に補足的なタスクを与えるトレーニングセッションでヴィセラルトレーニングを使用するという方法も有用になる。

第三の方法は、ヴィセラルトレーニングを主要なトレーニングに導入することだ。チームを活性化させるゲームやレクリエーションとして、ヴィセラルトレーニングに慣れさせる方法がある。どちらの場合も、選手たちはリラックスした雰囲気でトレーニングを経験できる。

2 ヴィセラルトレーニング特有の原則：レイヤーの重なり

「創造性とは、何かをつなげることだ。創造的な人々にどのようにして何かを創造したのかと訊ねると、彼らは少し罪悪感に苛まれるだろう。実際に彼らは、何も創造していないからだ。彼らはただ、何かを見たのだ。彼らはしばらくしてから、その価値を発見した。彼らが経験をつなぎ合わせ、新たな方法でそれらを統合することができたからだ」

――スティーヴ・ジョブズ（Appleの創業者）

「組み合わせのゲームこそ、生産的な思考の本質的な特徴のように思われる」

――アルベルト・アインシュタイン（アメリカの理論物理学者）

ヴィセラルトレーニングは、「冗長目標効果（RTE）」という概念に依存している。ミッコ・ヒュルメらは、次のように定義している。

「治験者に刺激が提示されたときの純粋な反応速度に注目したとき、1つの刺激よりも2つの刺激に対してより速く反応する現象」

ヒュルメらによれば、「1つの刺激が意識的に認識されていない場合」であっても、2つの刺激に対して人間は迅速な反応を示す。私の考えでは、この効果は重なり合った「レイヤー（層）」で実現される。それぞれのレイヤーはヴィセラルトレーニングにおいて、タスクの解決を目的とした挑戦を表している。もしヴィセラルトレーニングが単一のレイヤーで構成されている場合、タスクはその本質的な性質よりも難しいものでなければならない。

複雑系を専門とするアメリカの科学者ヤニール・バー＝ヤムが示唆するように、「多様性は、複数のタスクを実行する複雑な機能によって増加し、単一のタスクに焦点を当てた複雑な機能では減少する」ということだ。

もし、ヴィセラルトレーニングが2つ以上のレイヤーで構成されている場合、その組み合わせ自体がヴィセラルトレーニングの特性を担保する。「レイヤー1」を解決し、「レイヤー2」を解決しなければならず、両方がそれぞれの特性の一部を保持しながらも、組み合わさった結果として新しく別のレイヤーも発生させる。逆に、レイヤーが重複して組み合わさらない場合には、その特性は生じない。

サッカー選手にとって、すべてが完全に新しいものにはならない。逆に、どこからともなく、完全に新しいものが出現するだろうか？　例えば、状況的な試合と分析的な試合の組み合わせ（レイヤー×2のヴィセラルトレーニング）では、選手は状況的な試合を知っている可能性があり、また分析的な試合も知っているかもしれないが、その組み合わせと重なりから生じる結果が新しいものになるはずだ。

ヴィセラルトレーニングのレイヤーを組織する複数の方法によって、常に異なったトレーニングを設計することができる。なぜなら、オリジナリティは組み合わせから生まれるからだ。そのレイヤー×2のヴィセラルトレーニングの認知効果は、状況的な試合と分析的な試合が別々に提供した効果とはまったく異なるものになるだろう。

ヴィセラルトレーニングは色のパレットよりも優れている

ヴィセラルトレーニングは、色のパレットのように機能する。赤色（レイヤー1）と黄色（レイヤー2）がある。両者の組み合わせからオレンジ色（レイヤー3）が生まれる。青色と黄色からは、緑色が生まれる。白色と赤色からはピンク色が生まれる。そして、色のリストは非常に広い範囲になる。ヴィセラルトレーニングの組み合わせは、色の組み合わせよりも優れている。なぜなら、色の組み合わせでは赤色と黄色を組み合わせるとオレンジ色しか得られないからだ。

一方、ヴィセラルトレーニングではオレンジ色を得るだけでなく、赤色と黄色も保持し続けることができる。ヴィセラルトレーニングは色のパレットよりも優れている。なぜなら、色のパレットでは黄色と黄色を組み合わせても意味がないからだ。一方、ヴィセラルトレーニングでは同じタスクを組み合わせることもできる。そして、完全に異なるものを得ることができる。

ヴィセラルトレーニングは、モアレ（1つの図形が別の図形と交差し、独自の生命を持つ第三の図形が生まれる）のように機能する。創造性とは、組み合わせることだ。2015年に出版した私の著書『ジェットコースターで考える』から一節を補足したい。

「目的は、組み合わせて創造する能力の価値を理解することだ」

アメリカの神経科学者で、2000年にノーベル生理学・医学賞を受賞したエリック・カンデルが提唱した「知的記憶の理論」に基づいて、アルゼンチンのバイオテクノロジスト、エスタニスラオ・バクラックは次のように説明している。

「アイデアは、単純に私たちがすでに保存している物語や知識の組み合わせだ。それらがランダムに結合し、新しいアイデアが出現する。これは基本的には、無意識の中で起こる。無意識は私たちの脳において80%を占めており、心が落ち着いてリラックスしているときほど、より多くのアイデアが浮かぶ」

リヴァプールのユルゲン・クロップは、パドルテニス（簡易的なテニス）用のコートをトレーニンググラウンドに併設させた。スタッフのストレス解消を目的に、クロップはそのコートを活用する。クロップとパドルテニスを楽しむとき、アシスタントコーチのペパイン・ラインダースが話している内容との類似点に注目しよう。

「プレー中は何も考えずにいるのがとてもいいことだ。そして、時々、その瞬間に素晴らしい解決策を見つけることがある」

バクラックと同じ視点から、ハンガリーの哲学者アーサー・ケストラーはエウレカ体験（何かを発見・発明したことを喜ぶこと）の基本原理として、「双重連関」という概念を導入した。それは、以前に関連づけられていなかった2つのアイデアを接触させることだ。ケストラーによれば、科学の歴史は互いに異質だったアイデアの結合として考えることができる。そして、その結合は無意識の中で起こる。無意識による創造的な活動を具体的に示すために、ケストラーはシェーカーの比喩を使用する。そこでは非常に異なる成分が混ざり合う。意識は断片化されるため、最も優れたアイデアは無意識から生まれるのだ。

再び『ジェットコースターで考える』の一部を強調したい。

「意識は断片化される。だからこそ、最良のアイデアは無意識から生まれる。『ジェットコースターで考える』は、それがシェーカーに入れられる材料（重要な刺激）と、それらの

刺激が混ぜられる力（モチベーション）、および混ぜるために費やされる時間（熟成時間）と関係していると認識している。意識を切り離すことで、すべてのつながりが現れる」

ここでは、注意すべきことがある。ヴィセラルトレーニングは、自身の成分を加えるだけでなく、アナリティックな成分を多く混ぜ合わせ、検証や変更、適応、再構築にさらすことで、シェーカーになる可能性がある。

スティーブン・ナフマノヴィチは、次のように表現している。

「意識に知恵を詰め込み、それを無意識で熟成させる活動は同時に行われることがある。それは、即興演奏で判断と自由なプレーが同じものとして行われることがあるのと同じなのだ」

■「新しいもの」は「古いもの」の組み合わせの産物である

同じような道を辿ると、アーサー・ケストラーの双重連関は、アメリカのデザインコンサルタント会社IDEOのトム・ケリーによる「交叉受粉」と、スウェーデンの実業家フランス・ヨハンソンの「メディチ効果」として表現される。ヨハンソンは「組み合わせるパーツが異なるほど、革新の機会が増え、より質の高い画期的なイノベーションが生み出される」と述べている。

また、組み合わせ、双重連関、交叉受粉の比喩として「混合」という概念にも、ここで言及する価値がある。アメリカのベストセラー作家スティーヴン・ジョンソンは同様に、アイデア自体の出現時期とメカニズムを理解しようと努めており、それらは常に多様性と組み立ての概念から派生するゆっくりとしたプロセスの結果だと述べている。

アメリカのコメディアン、トム・アーノルドは創造的な行動では、過去の経験がプレーされ、組み合わされ、新しい構造（パターン）に転送されると主張している。イギリスの経済学者キンバリー・セルツァーとトム・ベントリーも、創造性を「異なる知識領域に対応する異分野間の能力、または重なり合い」と捉えている。彼らの前には、フランスの数学者ジュール＝アンリ・ポアンカレが思考の組み合わせを評価し、無意識のプロセスに重点を置いた創造性の理論を発展させた。

本書の読者は、無意識のプロセスへの関心（本書の主な理由）が実際には数年にわたって続いていることを理解しているだろう。ちなみに『ジェットコースターで考える』の執筆には5年以上を費やした。そして無意識のプロセスだけでなく、時間の不在に対する関心もある。実際、『ジェットコースターで考える』のサブタイトルは「時間のない時代の創造性」となっている。それは、サッカーのような時間の不在によって特徴づけられるスポーツにとって予言のようなものだ。

ジョゼ・モウリーニョの元アシスタントであるルイ・ファリアはすでに言っていた。

「時間がない状況で、トレーニングをすることが必要だ」

図5：それぞれの「アイデア」

エリック・カンデル	知的記憶
アーサー・ケストラー	双重連関
スティーヴン・ジョンソン	多様性と組み立て
トム・ケリー	交叉受粉
フランス・ヨハンソン	メディチ効果
トム・アーノルド	組み合わせ
キンバリー・セルツァー／トム・ベントリー	重なり合い
ジュール＝アンリ・ポアンカレ	思考の組み合わせ

ヴィセラルトレーニングは、既存の要素を組み合わせるものだ。結局のところ、それが技術、マーケティング、ビジネスの世界で日々生まれているイノベーションだ。「新しいもの」は「古いもの」の組み合わせの産物なのだ。

3 どのように複数のレイヤーを整理するのか？

最初に決定するべきことは、トレーニングを構築する基本的なタスク（1）だ。その後、追加のタスク（2、3、4など）を設計する。常にタスクを追加する必要はない。より難しくなるが、ヴィセラルトレーニングの活動は1つのタスクにすべてを含めることもできる。

2番目に決定するべきことは、タスクの順序だ（増加、減少、単一または可変）。以下の順序（図6）がある。

3番目に決定するべきことは、タスクの順序性だ（安定、不安定）。例えば、「増加順の安定」や「減少―増加順の不安定」などの組み合わせが考えられる（図7）。

4番目に決定するべきことは、タスクの時間的継続性だ（通常、ランダム、対称的、非対称的、図8）。さらなる変動性を追加するための5番目の要素は、レイヤーの種類を決定することだ。レイヤーの種類は、固定されたレイヤーと可動性のあるレイヤーの2つに分けられる。レイヤー1（基本レイヤー）を固定し、レイヤー2を可変にし、更新されるタスクで構成する（タスク2、タスク3、タスク4など）。

図6：タスクの順序

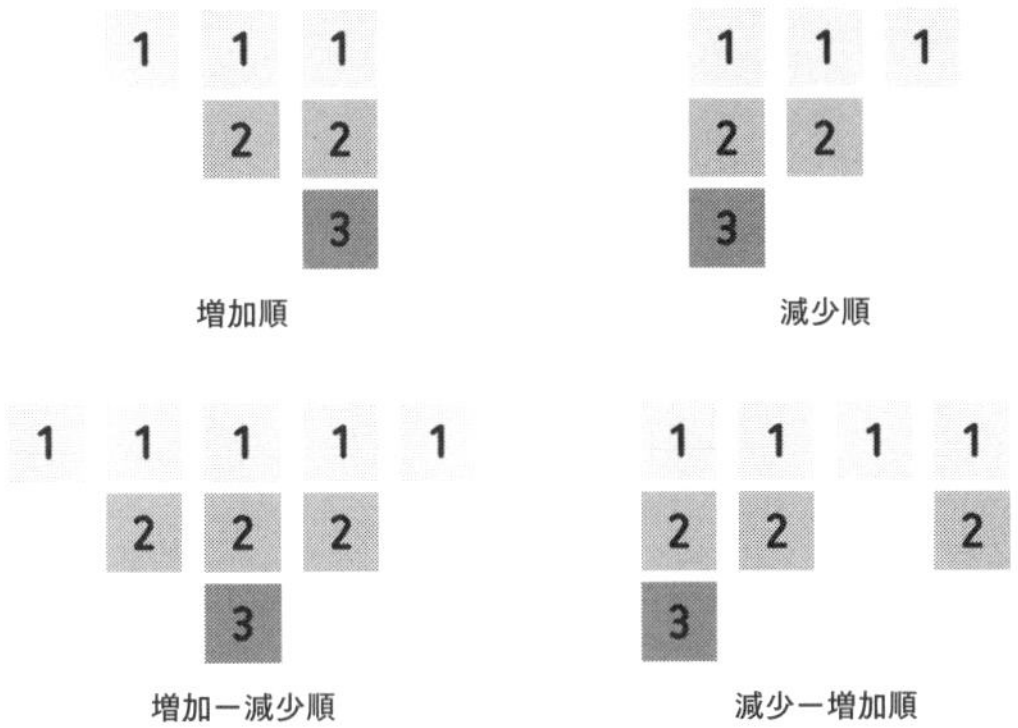

図7：タスクの順序性

図8：タスクの時間的継続性

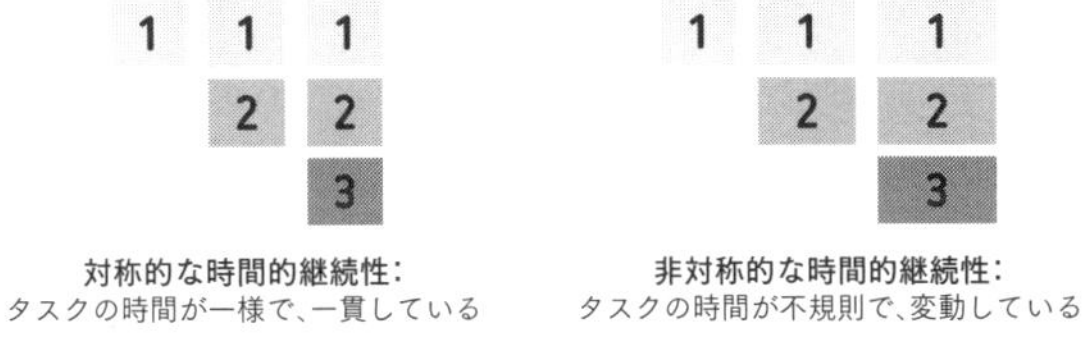

図9：ヴィセラルトレーニング設計リスト

レイヤー番号	順序			順序性		時間的継続性		レイヤーの種類	
	増加	減少	増加—減少	安定	不安定	対称的	非対称的	固定	可動
1									
2									
3									

また、レイヤー2を安定させ、レイヤー1のタスクを変更することもできる。さらに、各レイヤーに可動性を持たせることも可能だ（レイヤー1＋レイヤー2＋レイヤー1のタスク変更＋レイヤー2のタスク変更など）。

ヴィセラルトレーニングの前提に基づくトレーニングを行うだけでも、選手にとっては深い変動性が求められる。ただし、ヴィセラルトレーニングは、タスクの数、順序、順序性、時間的継続性、およびレイヤーの種類といった要素を操作することで、さらなる変数（処理の中で値を入れたり取り出したりできる箱）を変数化することができる。

各指導者やスタッフがトレーニングの設計を実行するためには、アナリティックな支援も必要だ。想像力豊かな指導者は、自分自身の想像力でトレーニングを設計する。合理的な指導者には、上記のリスト（図9）がヴィセラルトレーニングの変数を操作するために非常に役立つはずだ。

4 チームプレー形式でどのようにヴィセラルトレーニングを始めるべきか？

基本的には、3つの方法がある。

❶両チームは試合の進行方法について詳細な説明を受け、最初からプレーする方法を意識的に理解している。選手は内容を知っており、知覚的および認知的にプレーに適応する（その後は反応に対する本能的な反応だけが求められる）

❷1つのチームは完全な説明を受け、もう1つのチームは最小限の説明から始める。1つのチームは変数に対して反応するが、もう1つのチームは試合が進行するにつれて「無意識に自己組織化」しなければならない。これにより、より本能的で直感的な適応が生まれる

❸両チームは試合について完全な説明を受けず、最小限の説明で開始する。両チームは自発的な自己組織化の概念に応答する

ヴィセラルトレーニングを開始するための3つの方法は、同じ設計に対して異なる適応を可能にする。なぜなら、初期条件（およびその初期条件の相互作用）が完全に変更されることで、選手たちが抽出する経験も変わってくるからだ。

具体的には以下のことが言える。

❶事前に知っていると、作業記憶により大きな負荷がかかる

❷事前に知っていると、能動的な注意により多くの負荷がかかる

❸事前に知っていると、より意識的な自己組織化が起こる（より自発的で無意識の自己組織化よりも）

これらの組み合わせにより、ヴィセラルトレーニングの効果を増加させることができる。

5 「構造化トレーニング」や「戦術的ピリオダイゼーション」を手助けするヴィセラルトレーニングという手段

私は、本書で「構造化トレーニング」や「戦術的ピリオダイゼーション」に詳しく言及する気はない。なぜなら、その2つに関する豊富で価値ある文献がすでに存在しているからだ。しかし、私たちはサッカーを非常に複雑な現象として理解するアプローチを共有している。さらに、その2つはスポーツに応用されたさまざまな科学の新しいアプローチを取り入れ、系統的で総合的なアプローチを採用している。

ヴィセラルトレーニングは、トレーニンググラウンドにそのような複雑性と特異性を与える実践的な手法だ。例えば、元バルセロナのフィジカルトレーナー、パコ・セイルーロが提唱する構造化トレーニングでは、メンタルコンディション、コオーディネーション、認知、社会的・情緒的、意志力、表現力・創造力、生体エネルギーの7つの大きな能力群が認識されている。それぞれの能力群において、ヴィセラルトレーニングは貢献することができるだろう。

例えば、ポルトガル・ポルト大学スポーツ学部教授のビトール・フラーデが提案する戦術的ピリオダイゼーションには、組織の次元における異なるレベルと相互作用の異なる規模が存在する。そ

図10：構造化トレーニングとヴィセラルトレーニング

構造化トレーニング						
メンタルコンディション	コオーディネーション	認知	社会的・情緒的	意志力	表現力・創造力	生体エネルギー
ヴィセラルトレーニング						

れぞれの次元や規模において、ヴィセラルトレーニングが設計されることがある。

ヴィセラルトレーニングは、トレーニンググラウンドにおいて戦術的ピリオダイゼーションをもたらすための実践的な手法だ。ヴィセラルトレーニングによって、指導者の創造的な能力（トレーニングを設計するための能力）が向上し、選手の創造的な能力（トレーニングを解決するための能力）も向上する。

戦術的ピリオダイゼーションの父であるビトール・フラーデは、次のように述べている。

「指導者は単に見たことに基づいて判断するのではなく、彼らの直感（無意識的な処理）と反省（意識的な処理）に頼るべきだ。直感と反省が、目標達成に最善の道を示してくれる。指導者はトレーニングを模倣すべきではなく、トレーニングを生成するべきであり、そのプロセスは独自で個別であり、文脈に応じて行われるべきだ」

スペインのサッカー誌『パネンカ』では、ユリアン・ナーゲル

図11：戦術的ピリオダイゼーションとヴィセラルトレーニング

戦術的ピリオダイゼーション					
個人	グループ	認知	セクションごとの	交差性の	組織的な
ミクロ					
メソ（中間の）					
マクロ					
ヴィセラルトレーニング					

スマンについて「彼は同じトレーニングを2度行わないため、何百もの可能性を扱っている」と表現している。

同誌は、ナーゲルスマンが新しいトレーニングを考えついたとき、オフィスに到着した彼の表情が明るくなるというエピソードを紹介している。そして、ナーゲルスマン自身も「トレーニングの設計は非常に創造的なもので、私は本当に楽しんでいる」と述べている。

ヴィセラルトレーニングは、複雑系のパラダイム、特異性、生態学的次元などに基づくサッカートレーニングの主要な流れであるどちらにも有用な手段だ。また、同じ原則を尊重するほかのどのようなアプローチに対しても有用となる。

6 ヴィセラルトレーニングをどこで適用すべきだろうか?

私たちはヴィセラルトレーニングを利用することで、トレーニングと試合の両方において大きな利点を得ることができる。それらはアナリティックな要素と、包括的な要素の両方で活用される。適切な使用によって、ヴィセラルトレーニングはさまざまなトレーニング経験を豊かにするはずだ。アナリティックな試合や、簡略化された試合、特定の状況をシミュレーションしたトレーニング、調整された試合、さらに同じ試合であってもヴィセラルトレーニングの恩恵を受ける。また、包括的な中にアナリティックな要素を挿入することも可能であり、その場合、アナリティックな要素は包括的な構成物となり、アナリティックではなくなる。ヴィセラルトレーニングによって、試合の各要素との相互作用が可能になるのだ。

6・1　ゲームモデル

それぞれの試合の局面に応じて、チームがどのようにプレーすべきか、試合の原則や副原則に優先順位を与える方法だ。しかし、サッカーはこれよりもはるかにシンプルだ。

ペップ・グアルディオラも、次のように述べている。

「人々は目標や、副次的な目標、原則、副原則、手段、意図についての話を続けるだろう。しかし、現実はもっとシンプルだ。必要なのは、優れた選手なのだ」

6・2　ゲームシステム

ヴィセラルトレーニングには、選択したゲームシステムを最大限のストレスにさらす効果がある。これによって、同等に価値のある2つの結果が得られる。1つは、通常以上の障害が発生した場合にシステムがその強さと効率性を維持できるかどうかを確認することだ。もう1つは、システムが予想される堅牢性と効率性を維持できないことを検証し、その障害がシステムをより高い段階に引き上げることを強制する。また、ヴィセラルトレーニングを通じて、選択したシステムにパフォーマンスを安定させる「柔軟な安定性」を提供する。

【ヴィセラルトレーニング例1：レイヤー×3構造の「5―4―1」システム】

構造化された低いブロックディフェンスの下で、迅速な認知（知覚、意思決定、更新、作業記憶、スキャンなど）を最適化するために、3つの段階を経たヴィセラルトレーニングの例を紹介しよう。

レイヤー1は、11対13から11対16までの数的不利な状況にする。さらに、追加されたゴールを守るというタスクを追加する（いくつかは小さなゴールでGKを置かず、ほかのものは正規のサイズでGKを置く）。

レイヤー2は、11対13から11対16までの数的不利な状況に加えて、エリアへのクロスボールを追加する。

レイヤー3は、11対13から11対16までの数的不利な状況に加えて、敵陣と自陣のクロスボールを追加する。

6・3　試合の局面

まだ確かなことはわかっていないが、試合の各局面で意識的および無意識的な脳のプロセスがどれほど優先されるのかを推測することができる。そして、反応の速さと動きの量という2つの要素

図12：レイヤー1＝数的な不利（11対13）

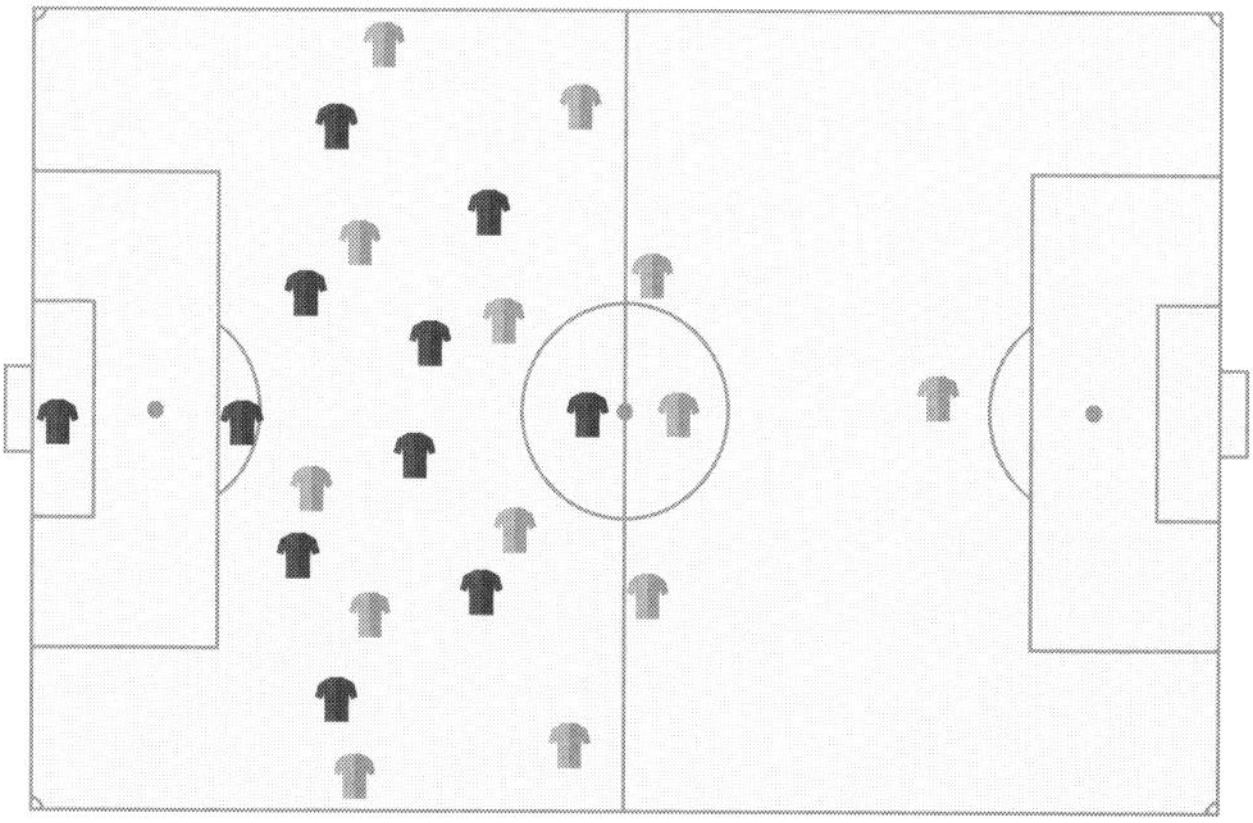

図13：レイヤー1＝数的な不利（11対14）

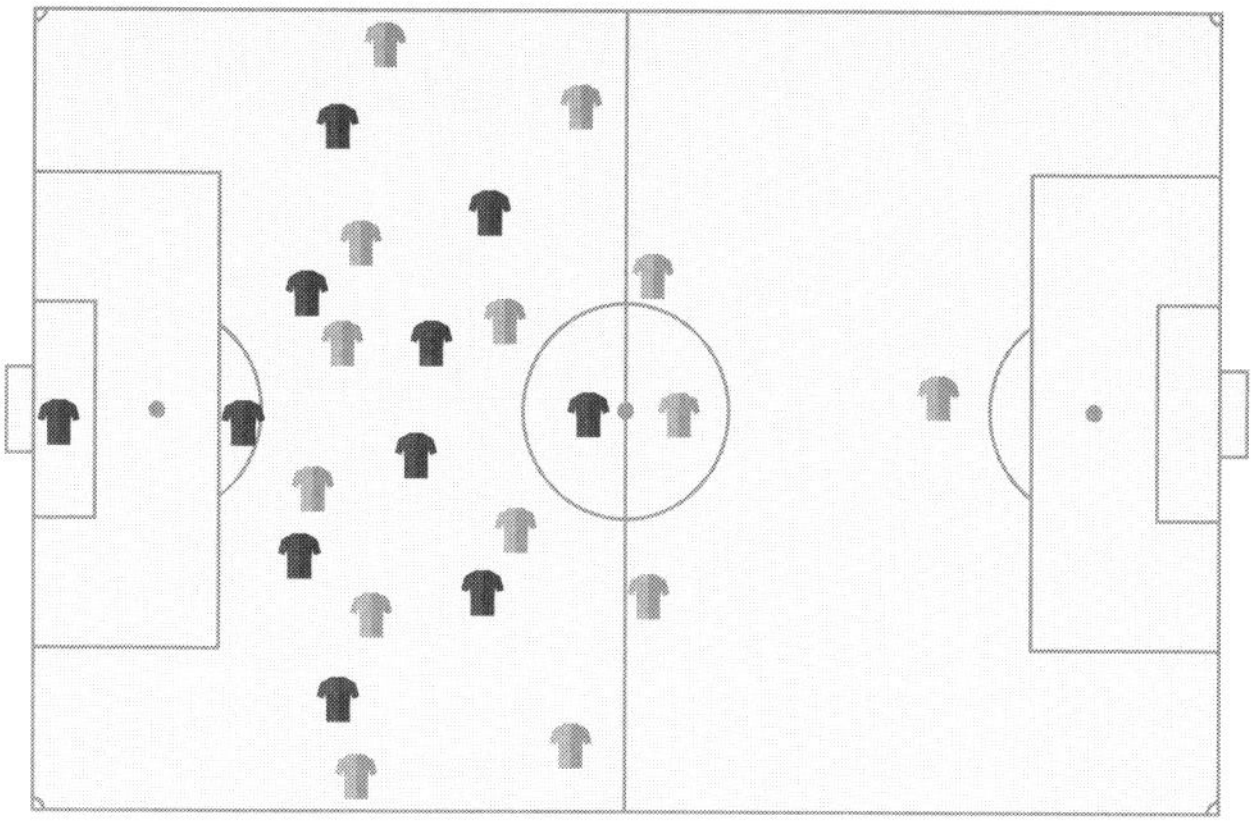

図14：レイヤー1＝数的な不利（11対15）

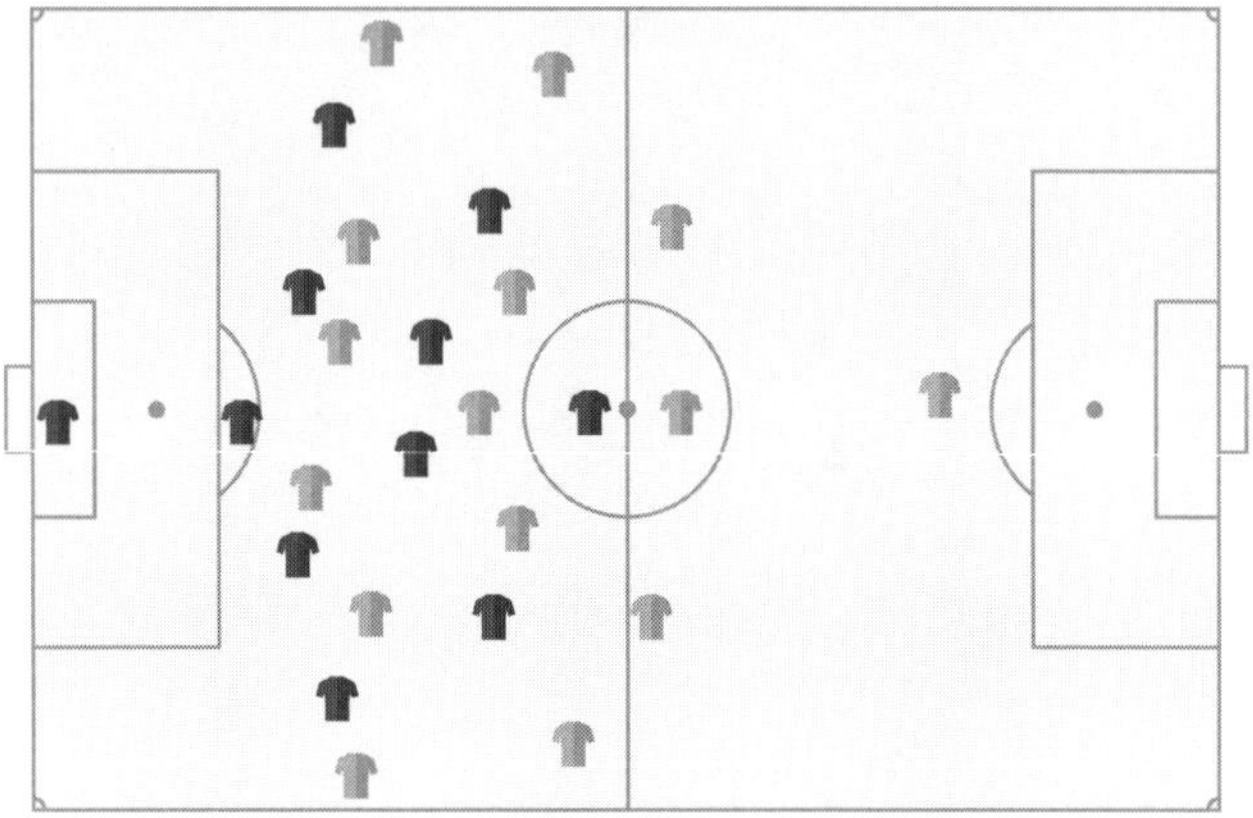

図15：レイヤー1＝数的な不利（11対16）

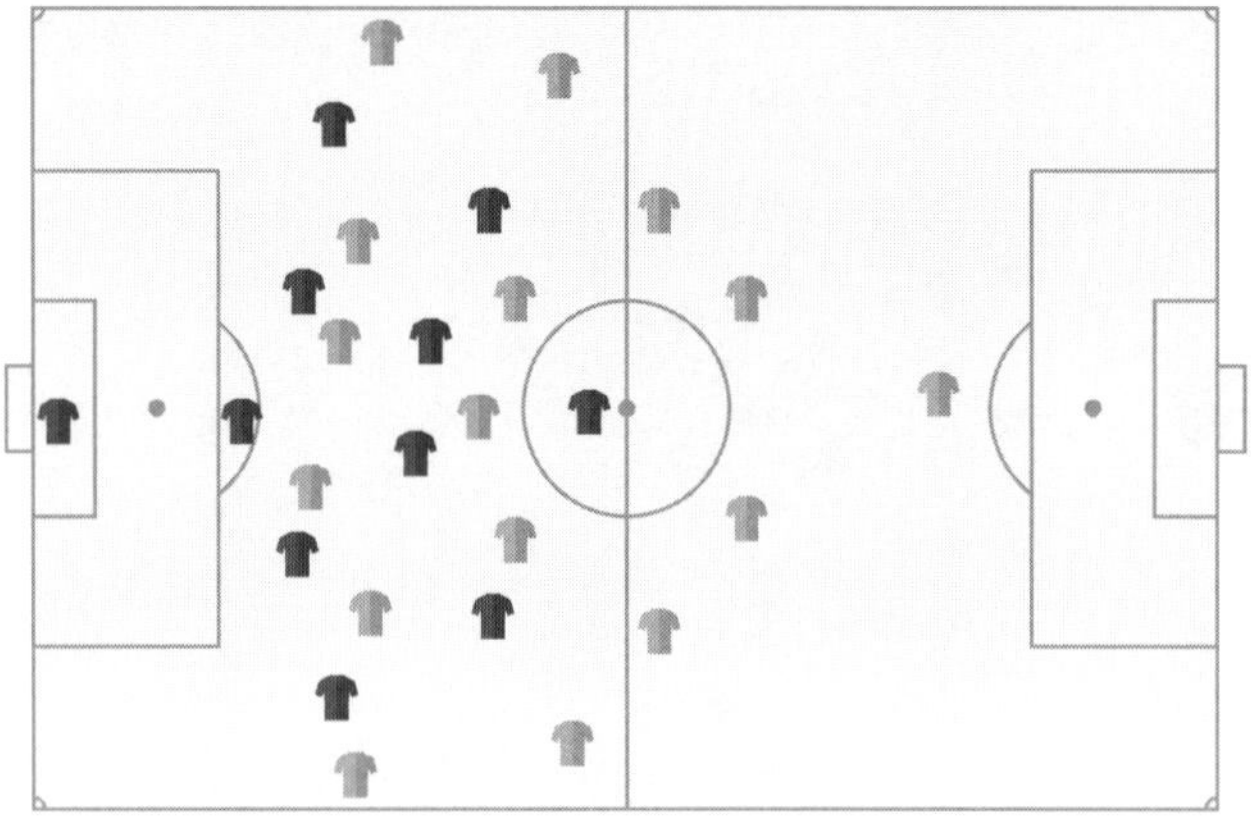

図16：レイヤー1＝数的な不利（11対13）＋正規ゴール（GK）＋ミニゴール

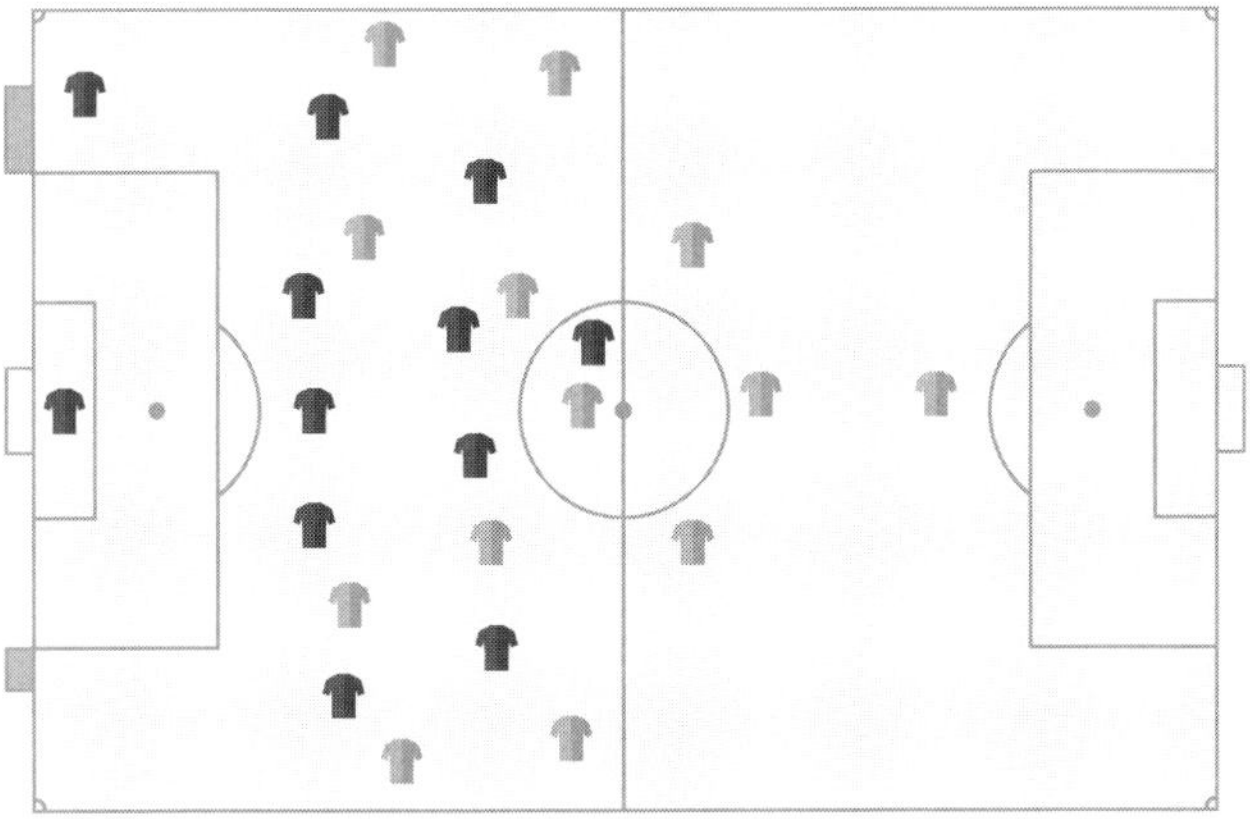

図17：レイヤー1＝数的な不利（11対13）＋ミニゴール×2

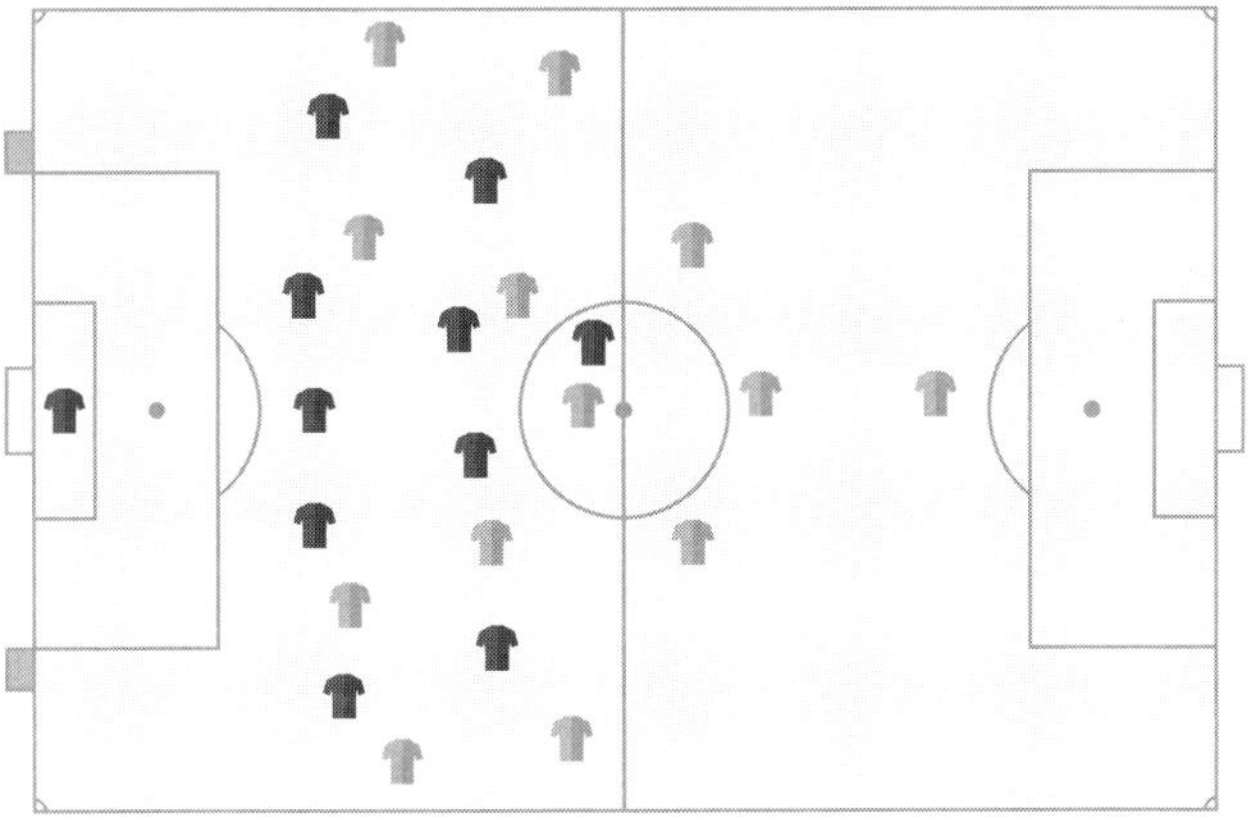

図18：レイヤー2＝数的な不利（11対13）＋正規ゴール（GK）＋ミニゴール＋クロスボール（敵陣）

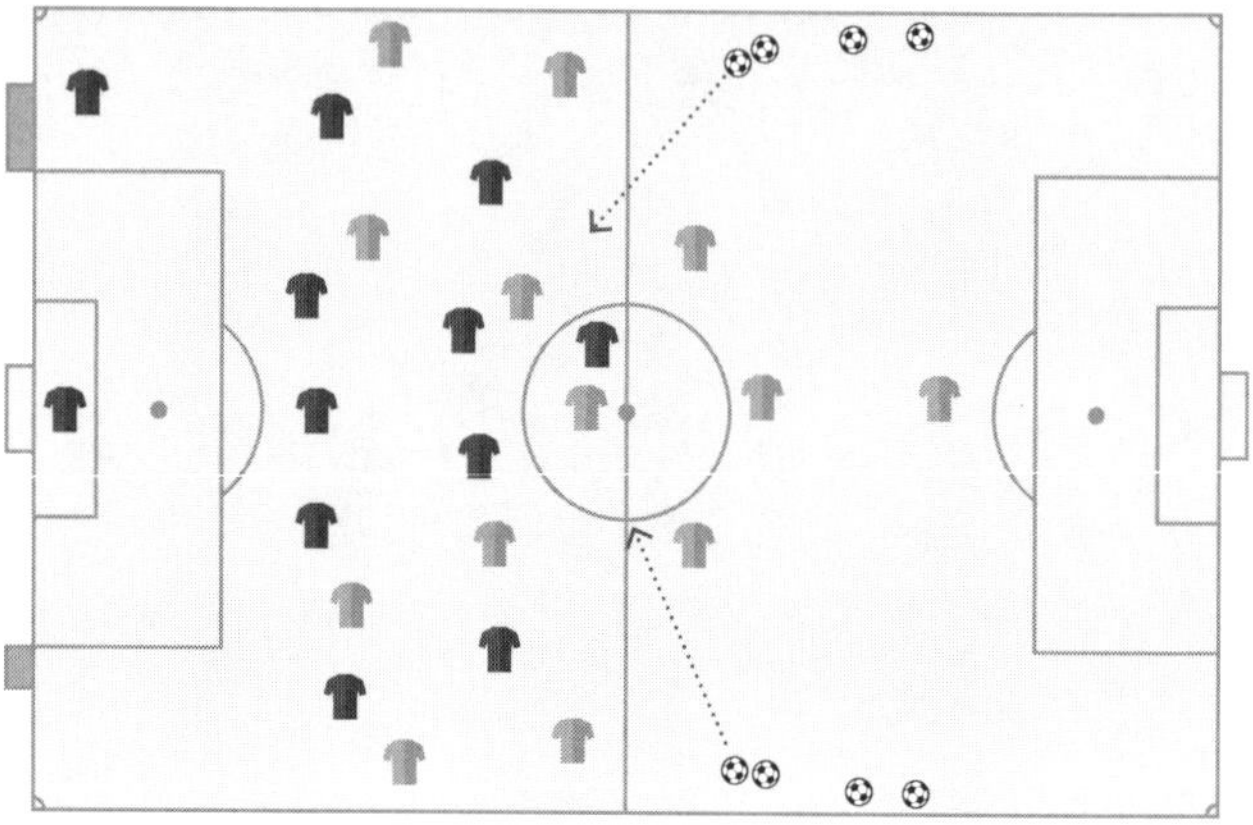

図19：レイヤー2＝数的な不利（11対13）＋正規ゴール（GK）＋ミニゴール＋クロスボール（自陣）

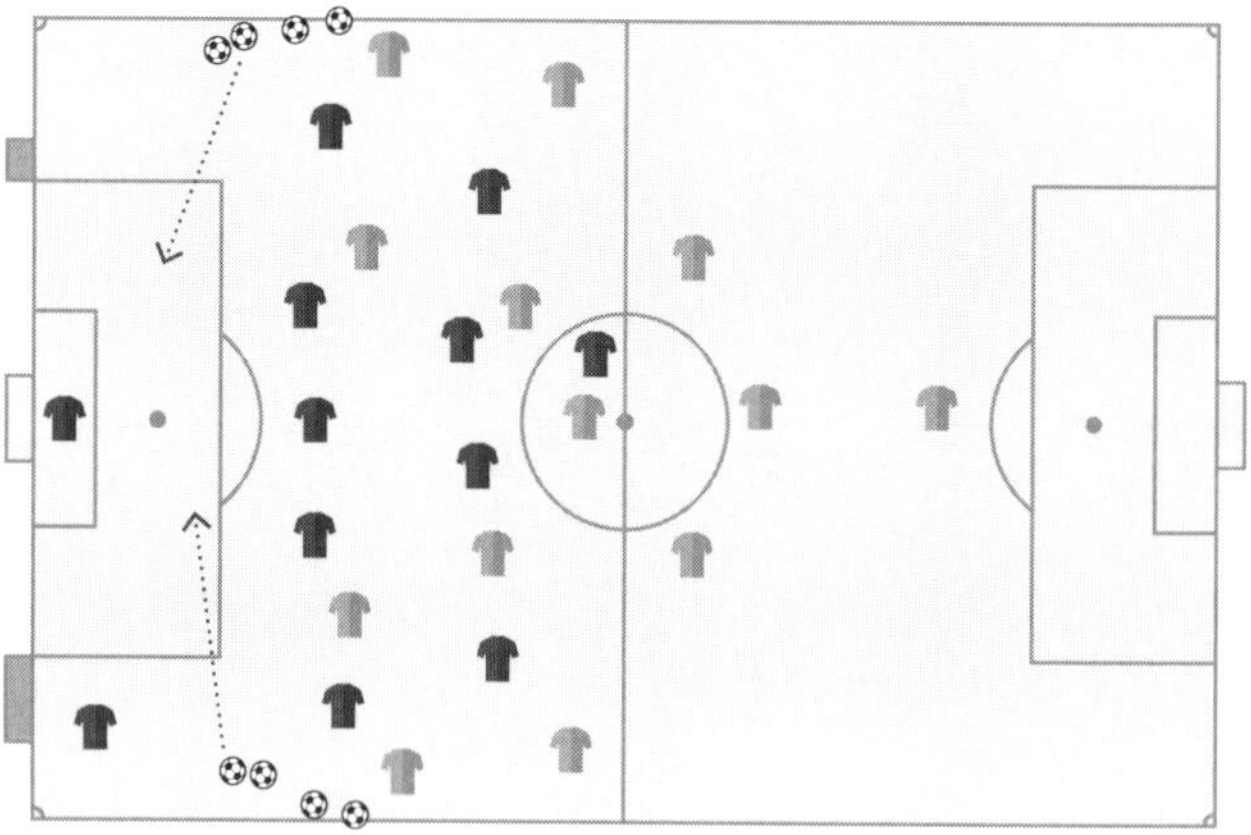

図20：レイヤー3＝数的な不利（11対13）＋正規ゴール（GK）＋ミニゴール＋クロスボール（敵陣&自陣）

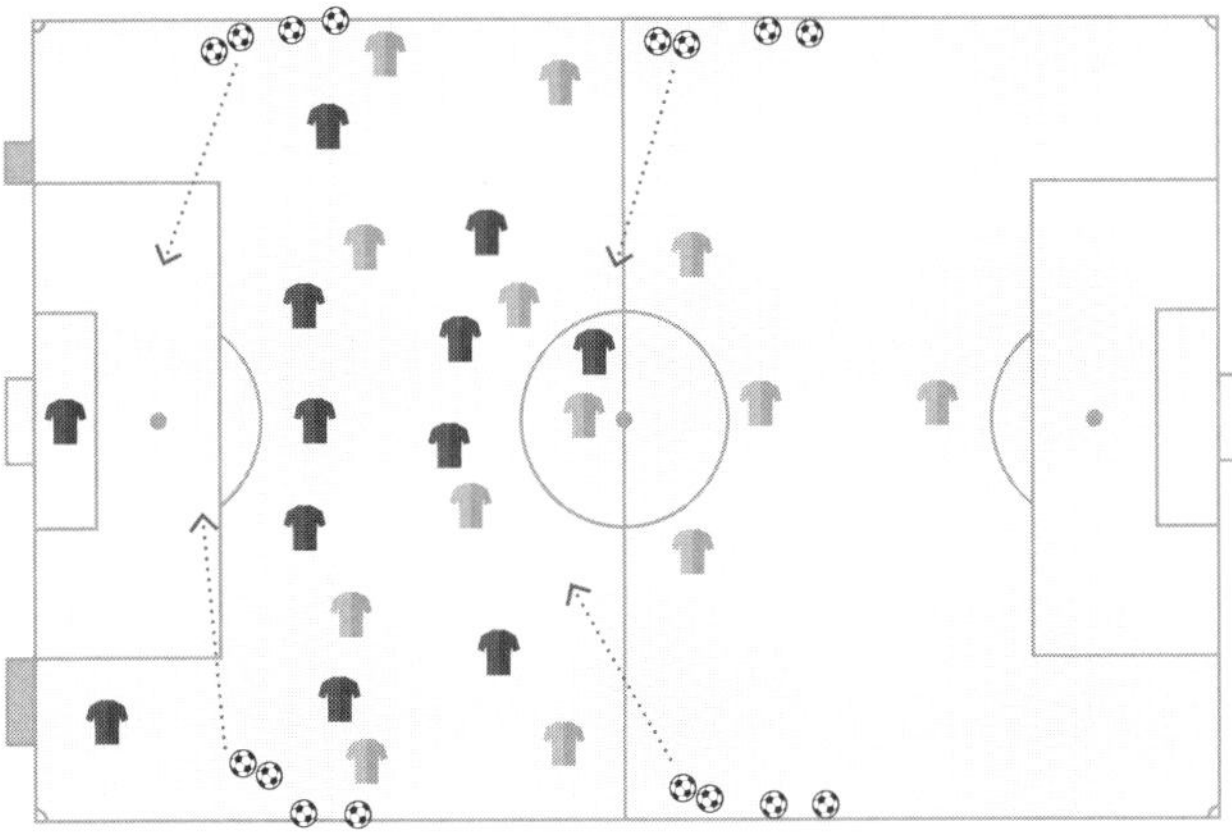

が選手を導き、それぞれのプロセスを直感的に決定する。一般的なルールとして、反応の速さが必要な場合ほど、無意識的な脳のプロセスが重視され、動きの量が低いほど、意識的な脳のプロセスを使用するために豊かな状態になる。

意思決定における脳のプロセスは1つではない。攻撃時のセットプレーか守備時のセットプレーか、守備から攻撃への切り替えか、組織的な守備か組織的な攻撃か、によって複雑性が異なる。さらに、それぞれの局面の内部には、それぞれがカバーするタスクに応じて新たな変数の複雑性がある。したがって、試合の分割情報から得られる知覚情報は異なり、それぞれには意思決定をするための異なるテンポが存在する。

ミカエル・アシュフォードらは、ラグビーの研究で次のように表現している。

図21：試合の局面における脳処理

試合の局面	意識的な脳処理	無意識的な脳処理
守備的なABP	最大レベル	最小レベル
攻撃的なABP	最大レベル	最小レベル
組織化された守備	二次的	主要
組織化された攻撃	二次的	主要
守備への切り替え	最小レベル	最大レベル
攻撃への切り替え	最小レベル	最大レベル

「時間が経つにつれて、選手たちは試合に関するタスク固有の言語化された知識、つまり精神的な表現として保持される知識により関与する傾向があった。時間が経つにつれて、選手たちは試合に関する知識を迅速に診断し、更新する傾向があった。選手たちは時間がないと感じたときには、知覚と行動の直接的なつながりを介して本能的に反応すると述べた」

具体的な神経科学は数年後に正確な割合を特定することができるだろう。その間、私は以下の仮説を提示したい。

分割された局面でヴィセラルトレーニングを実施できるように、例えば攻撃への切り替えのヴィセラルトレーニングを行うとしよう。しかし、これらの分割された局面に過度に依存せず、ほかの局面と組み合わせて統合的かつ包括的なヴィセラルトレーニングを行うことも重要になる。

なぜだろうか？　例えば、スペインのラ・リーガの統計データによると、全体のアクションのうち「わずか20％が単一の局面で行われ、残りの80％には2つ以上の統合された局面」が含まれている。

数え切れないほどのカウンターアタックが、対応する攻撃的な行動パターンのアナリティックトレーニングを行わずに、サッカー選手の脳に刻まれた結果として起こってしまう。この場合、長期増強効果と長期減弱効果が関連している。つまり、あるタスクに対して点灯した神経ネットワークは、別のタスクに対しては点滅しているのだ。

❶すべての場合において、守備側の選手は攻撃側の選手が費やす人数よりも多い（したがって、相手の行動に注意を払う必要がある）。**すべての場合において、最大可能な攻撃は守備よりも優位にある**（したがって、フロー状態になる必要がある）

❷1番目と2番目は、前記の原則に従う。無意識的な脳処理は組織化された攻撃と組織化された守備の両方にとって主要だが、前者（フロー）**に対しては少し主要であり、意識的な脳処理は両方に対して二次的だが、守備に対しては少ない**（注意深く反応する）

逆もまたしかりだ。守備的なＡＢＰ（アクション・バロン・パラード：ボールが静止している試合の瞬間≠リスタート）のトレーニングを守備的なＡＢＰに対応する攻撃的なタスクとともに行わないことで、

図22：試合の局面における相互依存性

	試合の局面	自然な連続性	不自然な連続性	混合的な連続性
2つの局面	守備的なABP	＋攻撃への切り替え ＋組織的な守備	＋組織的な攻撃 ＋攻撃的なABP ＋守備への切り替え	
	攻撃への切り替え	＋組織的な攻撃 ＋攻撃的なABP ＋守備への切り替え	＋守備的なABP ＋組織的な攻撃	
	組織的な攻撃	＋攻撃的なABP ＋守備への切り替え	＋攻撃への切り替え ＋守備的なABP ＋組織的な守備	
	守備への切り替え	＋攻撃への切り替え ＋守備的なABP ＋組織的な守備	＋組織的な攻撃 ＋攻撃的なABP	
	組織的な守備	＋攻撃への切り替え ＋守備的なABP	＋組織的な攻撃 ＋攻撃的なABP ＋守備への切り替え	
	攻撃的なABP	＋守備への切り替え ＋攻撃への切り替え	＋守備的なABP ＋組織的な攻撃 ＋組織的な守備	
3つの局面	守備的なABP	＋攻撃への切り替え ＋組織的な守備	＋組織的な攻撃 ＋攻撃的なABP ＋守備への切り替え	自然な局面2＋変化した局面3 変化した局面2＋自然な局面3
	攻撃への切り替え	＋組織的な攻撃 ＋攻撃的なABP ＋守備への切り替え	＋守備的なABP ＋組織的な攻撃	自然な局面2＋変化した局面3 変化した局面2＋自然な局面3
	組織的な攻撃	＋攻撃的なABP ＋守備への切り替え	＋攻撃への切り替え ＋守備的なABP ＋組織的な守備	自然な局面2＋変化した局面3 変化した局面2＋自然な局面3
	守備への切り替え	＋攻撃への切り替え ＋守備的なABP ＋組織的な守備	＋組織的な攻撃 ＋攻撃的なABP	自然な局面2＋変化した局面3 変化した局面2＋自然な局面3
	組織的な守備	＋攻撃への切り替え ＋守備的なABP	＋組織的な攻撃 ＋攻撃的なABP ＋守備への切り替え	自然な局面2＋変化した局面3 変化した局面2＋自然な局面3
	攻撃的なABP	＋守備への切り替え ＋攻撃への切り替え	＋守備的なABP ＋組織的な攻撃 ＋組織的な守備	自然な局面2＋変化した局面3 変化した局面2＋自然な局面3

チーム自体がいくつのカウンターアタックのチャンスを逃してきたのだろうか？　試合の各局面と、その前後においても同様だ。以下の相互依存性を提案したい。

①自然な連続性：局面ごとの新規性と認知負荷の増加、および局面間の直線的な連続性
②不自然な連続性：局面ごとの新規性と認知負荷の増加、および局面間の非線形な連続性
③混合的な連続性（3つ以上の局面に対して）：初期局面には自然な連続性が続き、その後不自然な連続性があるか、逆の場合もある

【ヴィセラルトレーニング例2：レイヤー×3構造の組織的攻撃＋攻撃─守備的ABP】

以下は、組織的攻撃＋攻撃─守備的ABPの2つの局面を含むヴィセラルトレーニングの例だ。このトレーニングには3つのレイヤーがある。

レイヤー1（試合のベース）：縮小された5×5のエリアで行われる。同時に、ほかの2つのゴールには攻撃的なジョーカーとしてプレーする2人のGKがいる。組織的な攻撃では、ゴールを決めることはできない
レイヤー2：フィールドのコーナーには4人の選手（各チームから2人ずつ）がボールを持っている。これらの選手はランダムにクロスを送り、クロスを送ったチームメイトと、クロ

図23：レイヤー×3＝組織的攻撃＋攻撃―守備的ABP

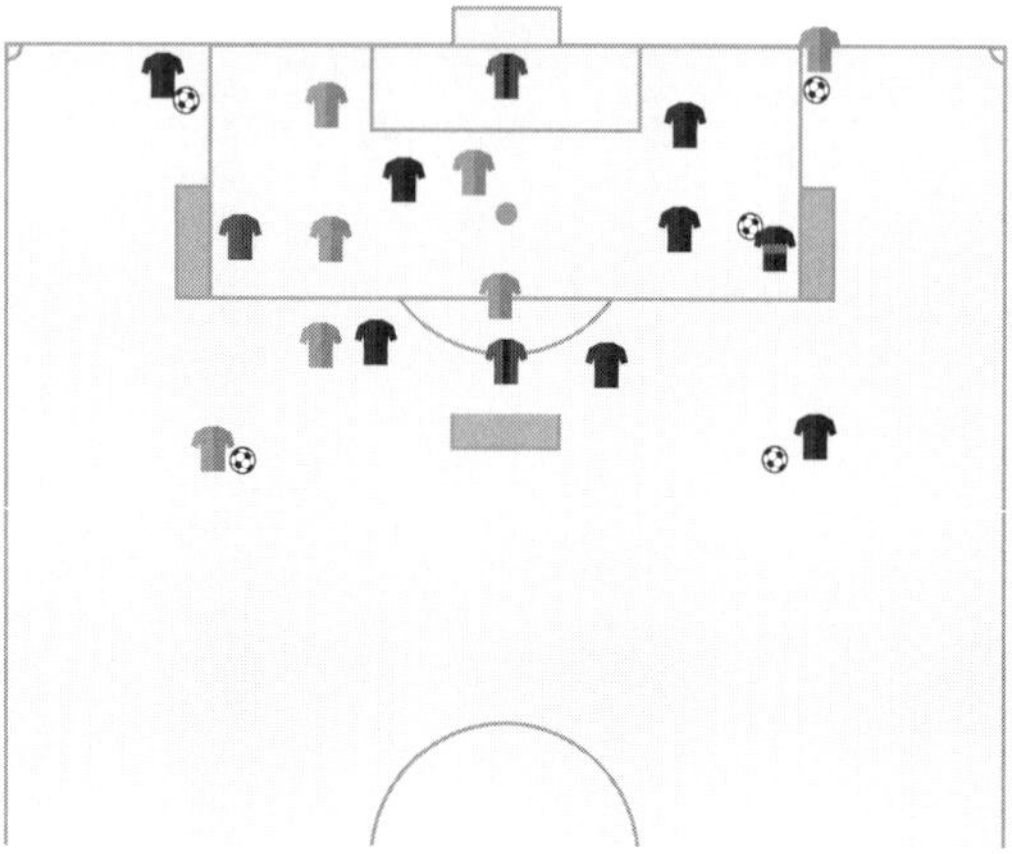

トレーニング動画

スを受けたチームメイトが攻撃しなければならない。相手のボールがフィールドから外れたときやプレーが動いているときに行うことができる（非常に難解だが、迅速な認知、カオス、変動性、意識的な脳処理を避ける反応を追求していることを覚えておいてほしい）

レイヤー3：フィールドのコーナーにいる4人の選手は、自分のチームメイトに対して低いボールをランダムに送る。そして、彼らはそのボールをゴールに直接狙ってシュートする（自分のゴール以外に3つのゴールがある）。これも、相手のボールがフィールドから外れたときや動いているときに行うことができる

前記のトレーニングは、試合の局面ごとに異なる要素と刺激を組み合わせ、迅速な認知と直感的

図24：レイヤー×3＝組織的攻撃＋攻撃―守備的ABPの詳細

ヴィセラルトレーニング（組織的攻撃＋攻撃―守備的ABP）					
レイヤー1	レイヤー2		レイヤー3		
5対5 +GK2人	4つのコーナーからランダムにクロスボール		4つのコーナーからフィニッシュのためにランダムでグラウンダーパス		
	5対5でボールがアウトした状態	5対5でボールが動いている状態	5対5でボールがアウトした状態	5対5でボールが動いている状態	セットプレーのクロスボールが蹴られた状態

な反応を促すことを目指している。

6・4　ヴィセラルアナリティクス

「無限の試合に参加する人々は制約の中でプレーし、有限の試合に参加する人々も制約の中でプレーする」

――ダドリー・リンチ&ポール・コーディスの著書『イルカの戦略』から

フランスの哲学者エドガール・モランと、彼の複雑な思考を思いだすときに「グローバルはローカルを忘れてはならず、ローカルもグローバルを忘れてはならない」ということを忘れてはいけない。真の全体性の概念は、全体性の不十分さを認識している。タイヤは車ではないが、タイヤがなければその車は存在しなくなり、車として機能することはできない。GKはサッカーチームではないが、GKがいなければサッカーチームは自身の全体性を発揮することができないのだ。

ヴィセラルアナリティクスは、試合における脳の処理要求により特化した分析手法だ。個人または小規模グループのアナリストは重要な役割を果たし、一部が全体にとって重要であることを感じさせる。

それは、誰かが別の誰かを呼び出して彼らに注意を向けるようなものだ。その一部は全体に戻り、全体の重要な一部であると感じる。したがって、私たちは分析を根絶するつもりではなく、分析を改善するために組み合わせる必要がある。

なぜ、アナリティックトレーニングとヴィセラルトレーニングを組み合わせる必要があるのだろうか？

スペインのハンドボールコーチ、シェスコ・エスパルとトニ・ジェローナは、次のようにコメントしている。


「選手は技術的な動作をアナリティックに習得することができるかもしれないが、学習条件の歪みは、試合の現実と比較して、不十分な架空の学習を生み出す」

選手にとって、実際の試合で経験することになる認知負荷をトレーニングでシミュレートすることは決定的だ。したがって、トレーニングの性質は試合の性質と一致する。何度も経験してきたことは、トレーニングの性質が試合の性質に追いつこうとするが、大抵は失敗に終わるということだ。

指導者は選手に戦術的な意図を理解させるとき、「文脈を整理する」ことを目指す。狙った動きが正しく発生することを望むだけでなく、思いどおりにその行動が現れることを願う。しかし、無意識は指導者を裏切る。修正を望む欲求に導かれ、私たちは過度に単純化してしまい、その単純化によって求めているもの（正しく発生すること）を入手する。しかし、求めているものを手にすることで試合の複雑性からは遠ざかってしまう。私たちは満足するかもしれないが、試合からの要求は先送りにされてしまう。

ポルトガルの指導者ジウ・ソウザ（バニヤステクニカルディレクター）は、的確に表現している。

「人間の行動は自動的・機械的よりも、むしろ習慣的な要素がはるかに多く、これは時間と経験が必要となる概念だ」

この単純化を求める探求の中で、私たちは試合の複雑な論理から遠ざかってしまう。まず、試合は脳にとってそれほど複雑ではないからだ。また、試合自体が要求に応える能力を持っているからだ。

ステファン・キーベル、ジャン・ドニゾー、カール・フリストンは次のように主張している。

「動的な階層モデルの変分逆解析は、知覚の単純な理論にとって扱いづらい手法に思えるかもしれないが、実際に認識力学を実装するために必要な操作は単純だ。単純というのは、すべての操作が瞬時であり、ネットワーク内のニューロン間でのメッセージのやり取

りと、それらの結合の連想性の可塑性にのみ関与することを意味する」

選手の知性は実際のタスクを解決することで育まれる

指導者が過信する「アナリティックな単純化」は、指導者の理解力を過大評価し、選手が理解に苦しむだろうという過小評価に支えられている。指導者は試合をトレーニングに解体する作業において自分を過大評価しており、「総合的にリンクした試合を理解できないと信じている」という観点で選手を過小評価している。

トレーニングが非常に閉鎖的な場合、人生においてもインドの瞑想指導者Oshoの発言が当てはまる。

「私たちの知性は、死に近づいていく。知性は成長し、広がり、流れるために、空、風、空気、太陽を必要とするからだ。生き残るためには、流れが必要だ。もし滞ってしまえば、それはゆっくりと死んだ現象に戻る」

Oshoはまた、次のように告発している。

「すべての社会は服従する者を必要とする。機械のように機能する人々が必要だ。人々ではなく、機械が必要なのだ」

指導者の歪んだエゴは最終的にサッカー選手の翼を切り落とし、飛翔を阻害する。もがれた翼では、指導者が許可する範囲でしか飛ぶことができない。そして、危険なフィードバックが生じる。選手はますます指導者に依存するようになる。さらに、指導者はその依存を好む。なぜなら、自分が大切にされていると感じるからだ。その「無意識のエゴ」が取り除かれたとき、指導者は選手をより賢くするだろう。それは指導者自身が選手を賢くするのではなく、タスクやトレーニングによって賢くするのだ。

Oshoは、次のように続ける。

「子どもたちが彼らに依存すればするほど、彼らは幸せになる。外面上は『子どもたちには独立してほしい』と言っているかもしれないが、それは外面だけのことだ。本当に独立した子どもは、親を傷つける。親は独立した子どもが好きではない。なぜなら独立した子どもは彼らを必要としないからだ」

多くの指導者は、耳が痛いかもしれない。選手が自分を必要としなくなることは、指導者にとって苦痛になるだろう。しかし、サッカー選手としてのトレーニングが正しい方向に進んだのであれば、喜ぶべきだ。「私は自己の意思決定ができるサッカー選手を育成したのだ」と、誇りに思うべきだ。

「2種類の指導者がいる。選手に考えさせる指導者と、選手の代わりに考える指導者だ」

――セサル・ルイス・メノッティ（元アルゼンチン代表監督）

もちろん、2種類の選手がいる。自分で考えるという挑戦を好む選手と、他人に考えてもらいたいと思う選手だ。

私たちは自分自身が「選手ではなく、機械化された選手がほしい」という思考に囚われていないか、自問しなければならない。本当の選手は、試合の状況を自ら解決する知性を持っている。機械化された選手は、指導者が設計したように類似した状況のみを解決する。

アナリティックトレーニングは、効率を追求する。ヴィセラルトレーニングは、知性を追求する。サッカー選手の知性は、実際のタスクを解決することで育まれる。知性に向かう道に、挑戦の欠如は許されない。知性への道は、教育的な順序ではない。ストリートサッカーがその最良の証拠だ。

セルタ・デ・ビーゴの「DO Celta Football」部門のディレクターであるカルロス・ウーゴ・ガルシア・バヨンも、次のように述べている。

「私たちの選手は挑戦を求められ、挑戦されるべきだ。より多くの挑戦に直面すれば、挑

戦をより認識し、より解決できる選手になる」

指導者が制御をあきらめることで実際に試合の変数に近づく

「乗馬の指導者は、初心者の生徒たちには鞍や手綱なしで乗るように指導する。指導者は生徒に馬を制御するための物理的手段を与えることを拒否し、重力、体重、思考だけで制御する方法を最初に学ばせる。これは馬と騎手が一体となり、騎手が馬を愛していることを意味する」

——スティーブン・ナフマノヴィチ（アメリカの即興ヴァイオニリスト）

この話は、私を助けてくれた教師のことを思いださせる。彼は当時、自分が泳ぎを教えられた方法を語ってくれた。それは船から直接水に投げ込まれることだった。今、そのような過激な方法に賛成する人はいないだろう。しかし、投げ込まれることによって自然に本質を掴むことができる。現代は、簡単になりすぎてしまっているのかもしれない。

「楽器を演奏することやボールと遊ぶことは、自己独自の生命を持つ物体と一緒に踊るスポーツだ。馬と同様に、屈服させようとすると抵抗するという特性は、無限に構造化され、自己持続的なパターンを形成し、試合全体を通じて変化し、遊び、滅び、循環する。楽器とのこの関係があるとき、支配や制御といった言葉はすべて意味を失う。私たちは楽器をマスターするのではなく、楽器を生きている相棒のように演奏することによって、自然にこの道に辿り着く。ヴァイオリン、ボール、ピアノ、ペン、筆、コンピュータ、自分自身の身体などを制御すべき物体と考えると、定義上、それらは『私』の外に存在する。私の限られた自己と自己制限された私は、本質的に結びついている。自己と楽器のアイデンティティ、制御の幻想に執着し続けることができなければ、プロセスと私は一体になることはなく、障害は残ってしまう。公約と信頼がなければ、何も達成できない」

前述した乗馬の指導者の例でも示されているように、知性への道に教育的な順序性はない。そして、もう1つ注目すべきことがある。音楽家は、制御の幻想を手放すことについて語っている。ほかの音楽家が音楽家からヴァイオリンを奪おうとしたり、常にタスクに干渉し続けたりすることはない。音楽家が制御という幻想の代償を支払わなければならないとすれば、サッカーの場合はどうなのだろうか?

トレーニングのデザインは、指導者自身、指導者の個性、指導者の恐れ、そして指導者の役割について多くを語っている。デザインがよりアナリティックであるほど、指導者はより多くの制御を望んでいる。ただし、それは制御におけるための幻想だ。指導者はトレーニング中の変数を制御しているが、それらの変数は試合中に制御を失う。指導者がその制御をしたいという要求をあきらめることで、実際に試合の変数に近づくのだ。
ナフマノヴィチは、次のように述べている。

「私たちが結果を求めて活動するとき、結果が高貴で賞賛されるべき目標であっても、私たちは完全にその活動に没頭していない。それは、子どもが自分の遊びに没頭している姿から学ぶ教訓だ」

意識的な理解だけでは、十分ではない。言い換えれば、平均的なサッカー選手であることは十分ではない。サッカー選手は、芸術家でなければならない。
アメリカの心理学者ウィリアム・ジェームズは、著書『私たちが生きる世界』の中で次のように述べている。

「人間の知的生活はほとんどが、最初に組織された知覚的な秩序の代わりに概念的な秩序を導入することで、経験が置き換えられることで構成されていく」

過剰にアナリティック（概念的な秩序）になると、知覚的な秩序を損なってしまうかもしれない。ヴィセラルトレーニングは、サッカー選手が、自分の経験を組織する知覚的な秩序を取り戻そうとする。ヴィセラルトレーニングは、トレーニングで要求をより複雑にすることで、試合が思ったほど複雑にならないようにする。選手を知覚的で決定的・実行的な文脈に置くことで、脳の処理レベルでの深い要求が促され、時間が短縮される。

GKのトレーニングに認知負荷を加える方法

ファビアン・オッテ（元ボルシアMG・現アメリカ代表GKコーチ）を中心とした、トップレベルのGKコーチ15人を対象にした研究では、次のように結論づけている。

「GK特有のトレーニングにおいてスキルを発展させるために、ほとんどの熟練した指導者がトレーニングセッションに似た微細構造を適用している。この構造は、常に単純なトレーニングタスクから複雑なトレーニングタスクに進行することを意味し、大部分では、孤立した技術トレーニングが、技術的なスキルと知覚─認知の要素（例：意思決定）を統合する全体的なトレーニングアプローチよりも優先されるようだ」

では、どのようにGKのトレーニングに認知負荷を加えるべきか、次の例で考えていこう。

最後に、攻撃のジョーカーを導入することで、1対0、1対1、2対1、2対2、3対2、3対3、4対3といった状況の変動性を最大化する。プレーのあと、攻撃を担当した選手は守備に参加

図25：認知負荷を加えたGKトレーニング①

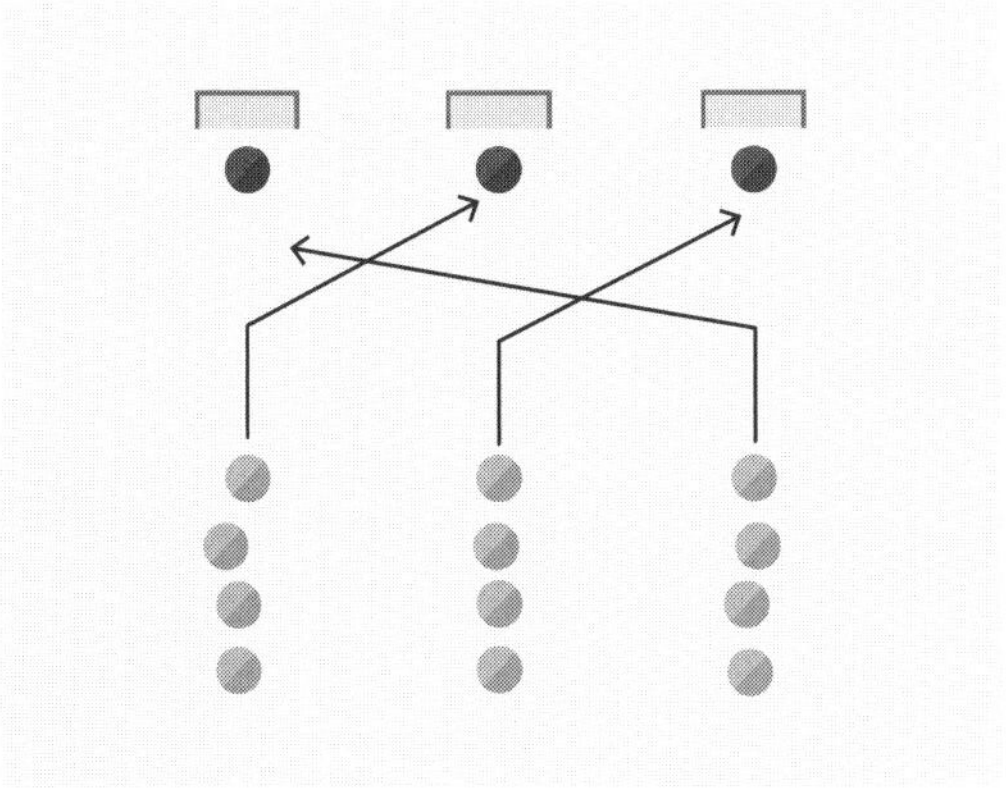

トレーニング動画

図26：認知負荷を加えたGKトレーニング②

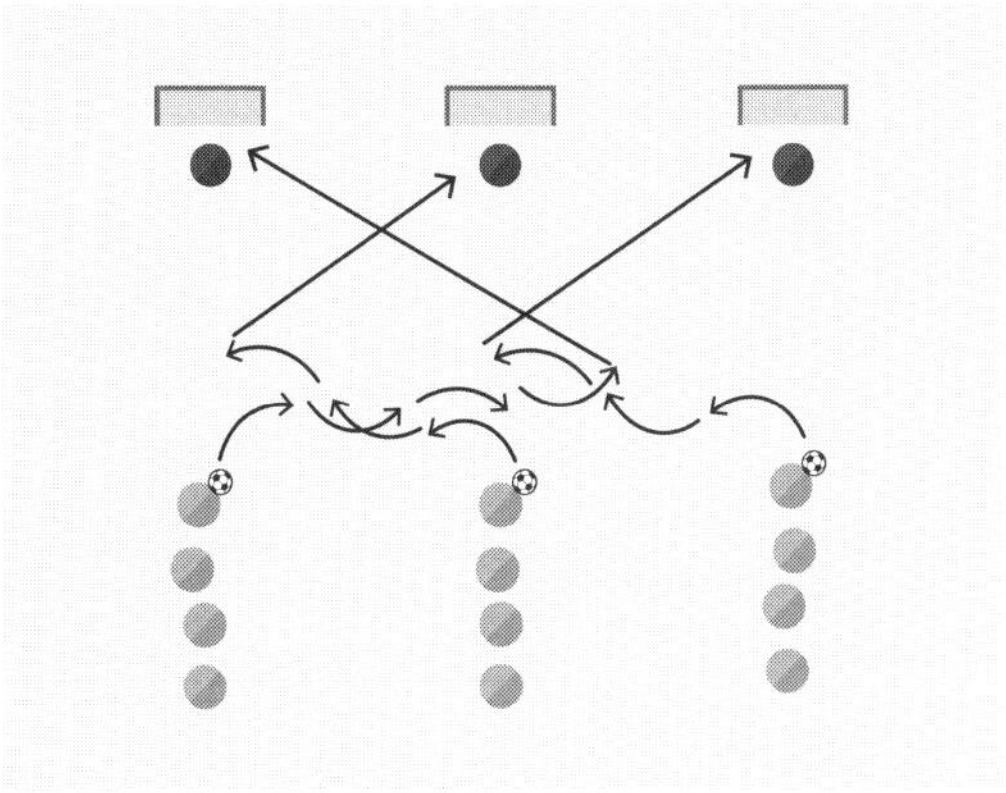

トレーニング動画

図27：認知負荷を加えたGKトレーニング ③

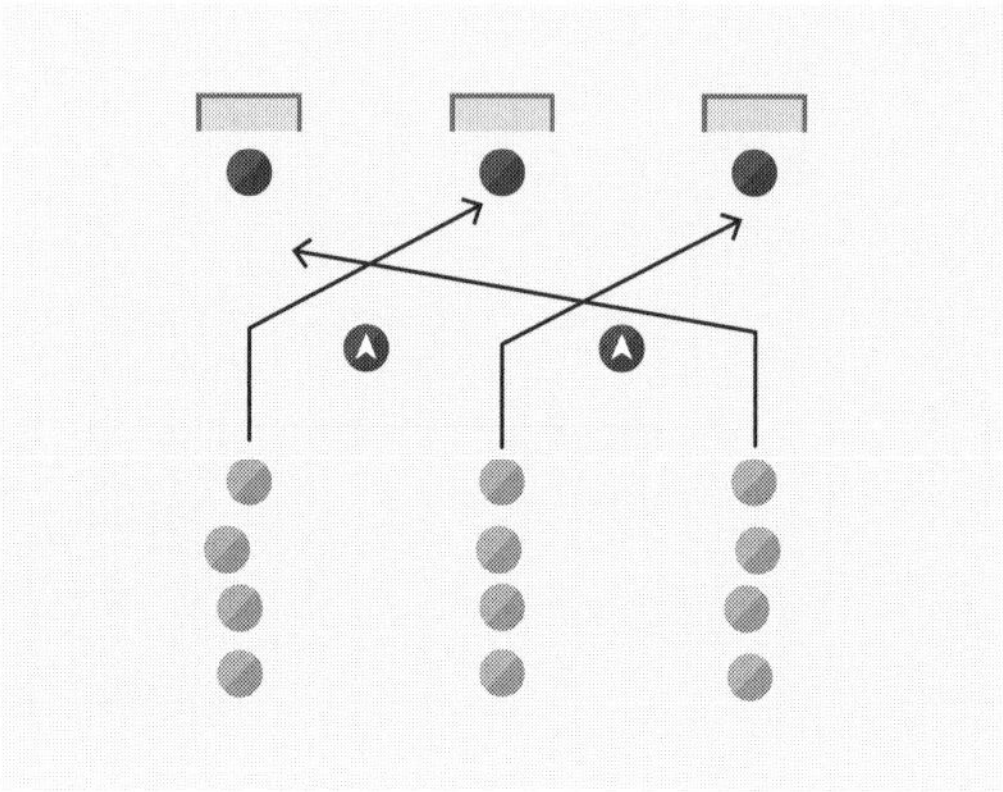

トレーニング動画

図28：認知負荷を加えたGKトレーニング ④

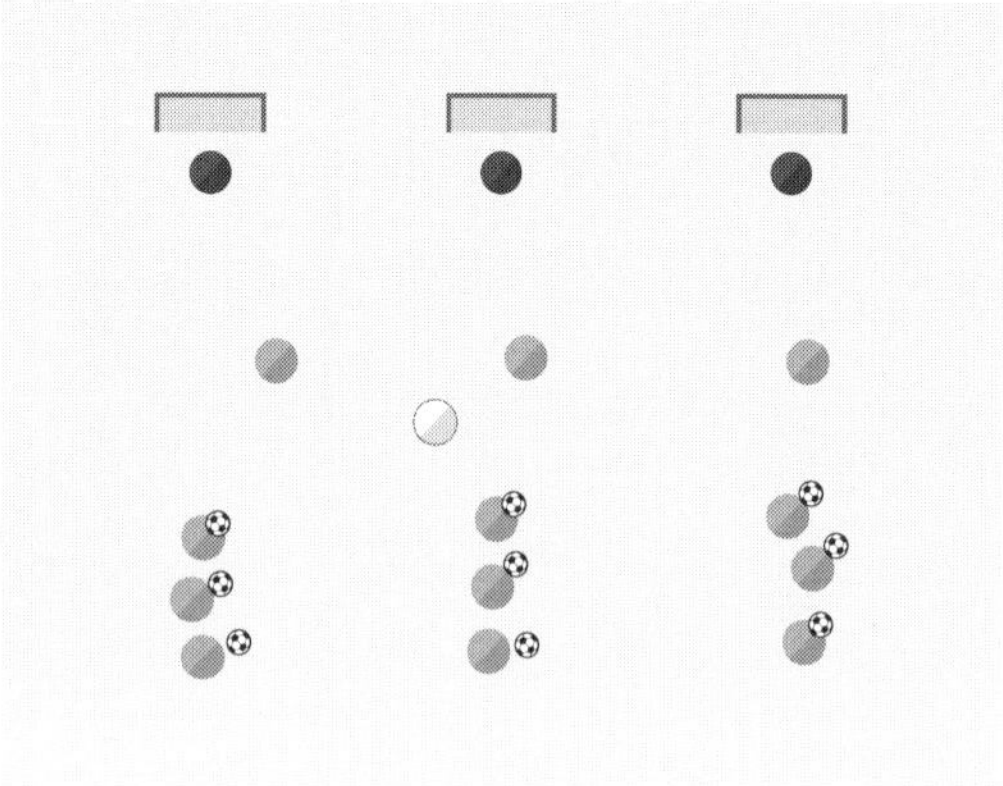

トレーニング動画

し、守備を担当した選手は次の列に戻る必要がある。

6・5　SSG・MSG・LSG・SG

デイヴィッド・カサミチャナらの研究でも証明されているように、加速と減速の要素はSSG（スモールサイドゲーム：小さなピッチでの試合）で最も刺激され、心肺的な負荷はMSG（ミディアムサイドゲーム：中サイズのピッチでの試合）で最も高く、最大速度と平均速度はLSG（ラージサイドゲーム：広いピッチでの試合）とSG（シュミレーテッドゲーム：実際の試合に近い試合）で最も要求される。SSG→MSG→LSG→SGの順で、スペースの広さと人数が実際の試合に近づいていく。ヴィセラルトレーニングは、それらの身体的な要求をさらに増加させる。

6・6　個人トレーニング

個人を改善するためのヴィセラルトレーニングには、次の2つの可能性がある。

❶補完的なトレーニングとして、特別なセッションを実施する

❷ 通常のトレーニングを、その選手に対してだけヴィセラルトレーニングに変える

6・7　小さなグループ

小さなグループを改善するためのヴィセラルトレーニングには、次の2つの可能性がある。

❶ 補完的なトレーニングとして、そのグループに特別なセッションを実施する
❷ 通常のトレーニングを、そのグループに対してだけヴィセラルトレーニングに変える
（例えば、DFからのパスを困難にするタスクを課せられた守備的なジョーカーの追加など）

6・8　チーム

最も基本的なヴィセラルトレーニングの11対11は、単一のレイヤーで構成されている。対戦相手が14人で、レフェリーが自チームに不利な判定をしても、120分（またはそれ以上）プレーを継続できるチームだ。レイヤーの追加でヴィセラルトレーニングの要素が増え、知覚的な認知負荷を増加させる刺激を増加させる。

ハンドボールの指導者時代に、私は9〜10人の対戦相手と試合をさせたことがある。具体的には、7対9の構成だ。このアプローチは、数的劣勢の難しさに加え、相手の守備における「幅と深さの両立」を可能にした。

ハンドボールのディフェンスにおける「短い毛布」は、次のようなものだ。「6—0」の関係性で守れば幅をカバーできるが、縦方向には弱くなる。一方で「3—3」（または「3—2—1」）で守れば縦方向の密度は保証されるが、幅方向が弱くなる。相手チームを9人にすると、彼らは「6—2」または「5—3」のシステムによって幅と深さが保証される。

一方で対戦相手が攻撃する局面では、数的な優位性が大きい。通常は「3—3」で攻撃するチームが「4—4」になることで、守備側のチームは密に連携することでスペースを消さなくてはならない。もはや自分のポジションを守るだけでは足りない。しかし、このようなトレーニングで蓄積されたダメージは試合で修復され、再生された。選手たちはより速く、深さと幅の両方を守れるようになった。

このトレーニング手法は、選手にとっては奇妙な体験だったかもしれない。このトレーニングは神経科学的な効果だけでなく、感情的な効果（逆境や挫折に対する耐性、忍耐力など）とモチベーション的な効果（選手たちは伝統的なトレーニングよりも、高いモチベーションを保っていた）でも、チームにとって有益だった。

11対11の試合を設計する際、その試合をヴィセラルトレーニングに変換することができる。また、試合にレイヤーを追加することで、違うトレーニングになる。レイヤーは1チームに対しても追加することができるし、両チームに対しても追加することができる。

6・9 活性化

【トレーニングの活性化】

遊び心があり、拡張されたタスクからトレーニングを始めることは、より高い認知負荷に備えるために神経系を鍛える有効な手法であり、同時に伝統的かつアナリティックな活性化に比べて、選手をより良く活性化させる（モチベーションを高める）効果も期待される。のちに、詳しく説明する「10回のパスゲーム」で例を示す。

【試合の活性化】

フィジカルコーチが、身体スピードの面で選手が迅速に反応することを求めるように、認知スピードの面でもフィールドに迅速かつ反応性の高い状態で入ることが望ましい。これは、ヴィセラルトレーニングの負荷が、迅速な認知の方向に選手をより良く活性化する場所だ。

6・10 主要なトレーニング

ヴィセラルトレーニングは、トレーニング編成において「任意のエリア」に配置することができる（前記で説明した方法のいずれかで）。トレーニングの核となるエリアにヴィセラルトレーニングを多く取り入れるほど、迅速な認知、実行機能、知覚および意思決定の重要性を選手に伝えることになる。中央から離れた位置に置かれるほど、試合のパフォーマンスにどれだけ重要性を置いているかについての間接的なメッセージとなる。

6・11 補完的なトレーニング

ヴィセラルトレーニングは個別化を促進することで、サッカー選手の改善にも役立つ。この個別化は、選手の要求（「Xを改善したい」という要求）や、コーチングスタッフの要求（「Yを改善することを推奨したい」という要求）または両方の要求から生じる。

ここで、補完的なトレーニングの価値を思いだそう。これは、過剰なアナリティックトレーニングの使用における「認知の漏洩」を補うためのものだ。

6・12　レクリエーション的なトレーニング

トレーニングにカオスが存在することで、選手は実行機能や高速の認知、知覚や意思決定をトレーニングしていることに気づかないだろう。最も重要なのはレクリエーションであり、最適化されたトレーニングの必要性が忘れ去られることだ。

その結果、より大きな即興性、楽しみ、創造性に溢れる空間が生まれるかもしれない。なぜなら、選手は解決するプロセスでパフォーマンス的な要求に追われる必要がなくなるからだ。

7 ヴィセラルトレーニングにおける計画

「試合を科学的に解釈するのは難しいが、一方で試合に科学が介入しないということも不可能だ」

——ビトール・フラーデ（ポルトガル・ポルト大学スポーツ学部教授）

ヴィセラルトレーニングは、無意識の貢献を重視し、サッカーの意思決定における脳のプロセスを理解するために、合理化や継続的な意識化に固執することがどれだけ危険であるかを警告する。同様に、指導者として私たちが考え、開発し、実行する計画も同じだ。厳密な計画を厳格に遵守させることには、無意識の感覚を無視してしまうリスクがある。私たちは必要とされている警告を、計画したことで埋めてしまうかもしれない。

考えたことに従う義務によって、経験したことを無視してしまう場合がある。それは私たちに成功していることを伝える感覚や修正しなければならないと伝える感覚だ。実際には、指導者は過去（例えば、試合の計画に利用された相手チームの直近6試合）から、現在と未来を考えなければならない。

その未来の予測は、現在から感覚的にフィードバックを受ける必要がある。私は台本を演じるが、同時に感覚に身を委ねる。

カルロス・ケイロスは、次のように述べた。

「フィールドで物事が予想どおりに進むように、指導者は準備する。言い換えれば、指導者は確信を求めている。サッカーはそのように機能しているスポーツなのだろうか？　私は懐疑的だ。（中略）音楽のようになるのだろうか？　それとも、実験室のようになるのだろうか？　より公平な比較は、人間の肉体や魂を対象として、より完全な存在に錬成する試みだろう。それは神秘主義と科学の間に存在する芸術と知識の組み合わせであり、確信よりも直感によって導かれ、証拠よりも可能性によって導かれる」

ミカエル・アシュフォードらは、次のように報告している。

「指導者は試合に特定の状況において、選手の知覚と行動を確立された役割と責任によって案内するために共有された上位下達のメンタルモデルを活用してきた。しかし、私たちの解釈によれば、選手が特定の記憶表現に過度に依存していることがあり、試合の知覚に応じて行動するのではなく、その記憶表現によって制約を受けてしまう可能性が示唆されている。選手たちは相手の欺瞞的な動きを予測できなかったことや攻撃してくる相手チー

ムの脅威を特定するための情報を理解できなかったこと、相手の動きに対して迅速に適応できなかったことを回想している。その結果、選手たちの口頭での発言は、決定が認知的に制御されていることが示されているが、こうした出来事では、共有された上位下達のメンタルモデルが選手の行動に対して制約が強すぎる場合に優勢になる可能性がある」

テニス選手のロジャー・フェデラーはビッグデータ（人間では全体を把握することが困難な巨大なデータ群）の専門家で構成されたチームを雇い、当時のライバルたちと対戦する前にデータ分析を依頼した。その調査結果は示唆に富んでおり、フェデラーはデータを使うことで利益を得られたかもしれない。

しかし、最終的にフェデラーはそのデータを使うことを拒否した。なぜなら、彼の脳が試合の中で予測し、適応する能力を失ってしまうリスクがあったからだ。前述したアシュフォードらの研究に示されていたように、フェデラーは基本的に試合の知覚に適応した行動をするべきだと考えていた。なぜなら、一方で得られるものは他方で失われる可能性があるからだ。

これは、すべてを自由意志に任せるべきということなのだろうか？　絶対的な即興演奏に任せるべきということなのだろうか？　もしくは、直感的に生じる無秩序に任せるべきということなのだろうか？　明らかに、そうではない。

トレーニングでは、選手に計画という手段を与える必要がある。かつ計画がうまくいかない場合に解決するためのリソースも提供する必要がある。もし選手が船だとすれば、彼らに地図と帆を与える必要があるが、風向きを確認しながら経路を調整する自由も与えなければならない。選手には計画に従うことを教える必要があるが、計画が良い結果を生まないことに気づいた場合には無視することも教えなければならない。一般的な戦術は、特定の本能よりも厳格であってはならない。戦術はすべてを計画することはできず、だからこそ本能、直感、そして「無意識の解決」が指示的な戦術的思考を支えるのに役立つ。

直感の叫び声は無意識が数百万の情報を処理したあとに発する

すべてが、現在形でプレーされるとは限らない。将来を予期しながら、プレーされることもあるだろう。相手がシュートをするのを待ってからブロックすると、遅れてしまうかもしれない。そのため、その選手がシュートを狙う前に、ブロックの動作を開始する必要がある。これは逆説的だが、現在形でプレーするためには、現在形の試合が私たちに与える情報から常に将来を予測しなければならない。

そのため、最高の選手たちは、その想像上の将来を活用することで相手を欺いてしまう。特定の計画は、もしかしたら正しいかもしれないが、もはや存在しない過去に応じたものかもしれない。

スティーブン・ナフマノヴィチが主張するように、「記憶と意図（過去と未来を仮定する）と直感（永遠の現在を示す）が融合する」ということだ。過去だけに基づいてプレーする場合、記憶だけでプレーしている。その場合、それはただの台本だ。そこには、直感が欠けている。そのため、自動化は還元できないものであってはならない。そして、直感は「瞬時に、その状況に応じて反応する能力である」と定義される。

選手が経験することは、指導者も経験する。ビッグデータから得られる結論に基づいて戦術的な決定をする場合、同様のことが起こる可能性がある。

ペップ・グアルディオラは、「ウニベルソ・バルダーノ」というホルヘ・バルダーノとゲストが語り合う番組に出演したとき、次のようにコメントしている。

「ビッグデータは、追加情報として役立つものだ。ビッグデータからの決定に依存すると、直感や指導者が持つべき感性が完全に失われる。ビッグデータは、ロッカールームでの雰囲気や前日のトレーニング内容、家庭での個人的な問題や子どもたちとの関係などを、教えてくれることはない。ビッグデータでは、それらは得られない。ベースを構築するための情報は、ビッグデータが提供してくれるかもしれない。しかし、指導者には嗅覚がある。ピッチでしか見えないものがあり、それは再現できないものだ」

サッカーの試合だけでなく、人生自体もダイナミックなものだ。繰り返すことはできない。そのため、計画も同じ道筋を辿る必要がある。つまり、変化に対応できる柔軟な計画が求められる。直感の叫び声は、無意識が数百万の情報を処理したあとに発するものであり、戦術やトレーニングセッションの設計を変更することを可能にする。計画は、特定の目標を達成するための指針を与えるものだ。サッカーでは、計画は一定の不変性や確かな安全性と同義ではない。

アメリカ・ブランダイス大学の研究者ロイス・アイゼンマンは、次のような結論に至っている。

「直感は、無意識的な知識と理解に依存している。過去20年間の実験的な証拠は、無意識の心が通常の機能において非常に活発であることを明らかにした。（中略）直感は異なる一連の情報が意識の下で融合し、新しい意味を持つ理解の断片となるときに生まれる。直感の典型的な経験では、私たちは瞬時に重要な何かを知ることになるが、直感がどのようにして起こったのかを知らないまま、直感が真実であることを理解する。（中略）無意識は、最終的により深い統合のレベルで収束する複数の異なる理解のレベルをエンコード（データをある一定の規則に従って別の形式のデータに変換すること）することができ、豊かで共鳴する理解を形成する」

言い換えると、直感は運任せではない。それは月を砲撃するようなものではなく、宝くじでもない。それは知識と無意識の理解なのだ。

私たちは自ら放棄を禁じており、だからこそ放棄が不可能に見える

ウルグアイ代表のFWとして活躍し、セレッソ大阪でもプレーしたディエゴ・フォルランは次のように告白した。

「引退して指導者になる決断をしてからは、コーチングスタッフと一緒にトレーニングを計画している。私たちは決まった方向に進みたいと思っているが、週の予定をベースにトレーニングを計画しても、完全に予定とは異なる方向に進んでいくことも珍しくない。計画は続けるが、日々の状況に応じて進まなければならない」

ヨハン・クライフの息子として知られるジョルディ・クライフは、次のような経験を語っている。

「父は直感に逆らわず、即座に決断を下していた。父は寸前で、スターティングメンバーを変更したこともある。例えば、トレーニングの計画が紙に書かれていても、更衣室からフィールドまでの途中で、その100~200メートルの間に、父はチームの雰囲気を感じ、（カルロス・）レシャック（アシスタントコーチ）に言ったはずだ。『この雰囲気を変えなければならない』。そして、彼らは瞬時にすべてを変更した。今、そのように対応することは不可能だ」

数年前の国際サッカー学会で、私はファン・マヌエル・リージョやほかの著名な人物とともにスピーカーとして登壇した。その中にはGKコーチのパスクア・イバロラ（ベティス、バルセロナ、マルセイユなどで指導）も含まれており、彼の非常に人間味のある柔軟なアプローチでオーディエンスを驚かせた。彼はTwitterでも多くの注目すべき考えを共有しており、クライフのような直感的で柔軟なスピリットを持っている。彼は次のように述べている。

「目的を見失うことなく、準備したものを放棄することを許容するトレーニングほど優れたものはない。トレーニングセッションは手段であり、目的ではないのだ」

実は、準備を放棄することは不可能ではない。私たちは自ら放棄を禁じており、だからこそ放棄が不可能に見えるのだ。よりプロフェッショナルに見せるために私たちは直感的な処理を抑えてきた。指導者が直感を自身やスタッフに強要するほど、直感は選手にも強要される。そのように見せるためではなく、実際になる必要がある。

それには、2つの次元の脳処理で自己表現しなければならない。それらは一緒に働き、助け合い、補完し合う。プロフェッショナリズムに基づいてある次元を拒否すると、プロフェッショナルではなくなる。それどころか、プロフェッショナルが遠ざかっていく。なぜなら、試合や選手が頻繁に要求してくるものを失ってしまうからだ。

8 通常のヴィセラルトレーニングと特別なヴィセラルトレーニング

脳は、外部環境からの刺激に反応して予測を連続的に生成するため、積極的な器官だと考えられている。脳の予測を生成しないようなトレーニングは、ある種の押しつけられた反応を優先する代わりに、積極的な機能を失ってしまうだろう。試合では、予測能力が繰り返しテストされることになる。

高い予測能力を持った指導者が選手たちのシナリオを容易にすることは可能だが、チームが単に指導者の予測能力に頼るべきだという考えは早計だ。選手自身の予測能力にも依存しなければならない。そのためには、選手の予測能力に基づいてトレーニングを行う必要がある。選手自身の予測能力を促進するためにもトレーニング（通常のヴィセラルトレーニング）を行う必要がある。

さらに重要なのは、両者の予測能力を重視し、そして刺激する相互作用の中で選手をトレーニングすることだ。言い換えれば、指導者の予測を活かし、選手の予測を更新するような試合の状況（特別なヴィセラルトレーニング）を作り出すことだ。この試合の状況は、指導者が期待し、意図していることであり、また選手は試合で予想されるよりも困難な問題を解決しなければならない。

図29：指導者と選手の予測

予測	指導者の予測	選手の予測	指導者と選手の予測
集中	指導者	選手	指導者と選手のシナジー
積極性のレベル	積極的な指導者 受動的な選手	積極的な選手	積極的な指導者 積極的な選手
トレーニングの種類	アナリティック	ヴィセラル	特異性のあるヴィセラル
競争力	部分的に競争力がある	全体的に競争力がない	全体的に競争力がある
性質	部分的	全体的	特異性のある全体性

一般的な予測的成長は部分的な競争的アプローチよりも、試合の状況を解決するのに役立つ。
なぜなら、選手は試合内で指導者が予測できなかった状況も理解しているからだ

指導者、選手は、マイクロサイクル（1～6週の短いサイクル）で発生することについて、それぞれの予測を最適化する必要がある。

それによって、指導者と選手の両者が高い予測能力（特に予測結果を再調整する能力）で困難に立ち向かうことができる。指導者にとって、避けられない問題がある。マイクロサイクルとヴィセラルトレーニングを、どのように両立させるべきだろうか？

❶どのようにプレーすべきかが決まっていない場合、通常のヴィセラルトレーニングを使用する（自チームのゲームモデルにリンクさせたトレーニング）

❷どのようにプレーすべきかが決まっている場合、特別なヴィセラルトレーニングを使用する（ゲームモデルにリンクしつつ、相手チームに対応するために設計された特別なトレーニング）

9 育成年代からプロまでのヴィセラルトレーニング

サッカークラブのスポーツディレクターやメソッド部門は、ユース世代とプロを統一したスタイルでプレーさせるためのゲームモデルにだけ固執してはならない。サッカー選手が彼らの知覚、迅速な認知、意思決定、本能的な反応に関連する質問によって刺激を受けることを想像してみよう。彼らは、選手が5年後、10年後、15年後のサッカーに対応できるように、迅速で適応力のある脳をどのように育成するかについても考える必要がある。

多くのクラブが現在プレーしているサッカーに合わせてメソッドを作っている一方で、数年後にプレーされるサッカーのことも同時に考えているクラブはどれくらいあるだろうか？　未来を知ることは不可能だが、使えるスペースと時間がますます減っていくことは予測できる。過去のサッカーを考えても、そのような傾向が確認できるはずだ。

メソッド部門は、選手に課す無意識的で暗黙的な負荷と、意識的で明示的な負荷を評価、決定、実施するための重要な議論を続けなければならない。

現時点では、「大脳皮質の魅力」が世界のサッカー界で広まっている状況だ。教育の伝統による教育―学習の循環が普及しているため、世界の教育界でも慢延している問題といっていい。伝統は、私たちが学ぶには教える人が必要であると教えている。そして、誰かが介入し、より多くの教えがその誰かによって行われれば行われるほど、より多くの学びが生まれるとされている。これは完全な誤りだ。

スポーツマネジメントやメソッド部門は、ゲームモデル、アイデンティティ、スタイルを確立するための方法論的な進化について関心を持ち続けているが、彼らは自身のサッカー選手の脳処理に影響を与える方法論的な進化についてもより関心を増していく必要がある。

10

すべてのトレーニングや試合をヴィセラルトレーニングに変換する方法

すべての試合やトレーニングは、ヴィセラルトレーニングに変換することができる。その変換に求められるのは、タスクの難易度を上げるか、新しいタスクやレイヤーを追加する、またはその両方を行うことだ。

11 守備のポジショントレーニング

守備のトレーニングにおいて、ブロック内で8対6をするタスクは一般的だ。攻撃側の8人が［4－2］という2ラインで構成された守備に対して、ゴールを奪おうとする。このタスクは守備側にとって（数的不利に対応するという意味で）ヴィセラルトレーニング的な要素を持っており、多くの変数を許容する。

例えば、以下の2つの4対3の状況が考えられる。

バリエーション1：攻撃側のチームは相手陣内に2つ目のボールを入れることができ、選手たちは2つのボールに適応しなければならない

バリエーション2：3つのボールを使った試合

もともとは守備側の選手を鍛えるトレーニングなので、DFとGKにとってのヴィセラルトレーニングとなる。

図30：2つの4対3の状況＋ボール×2

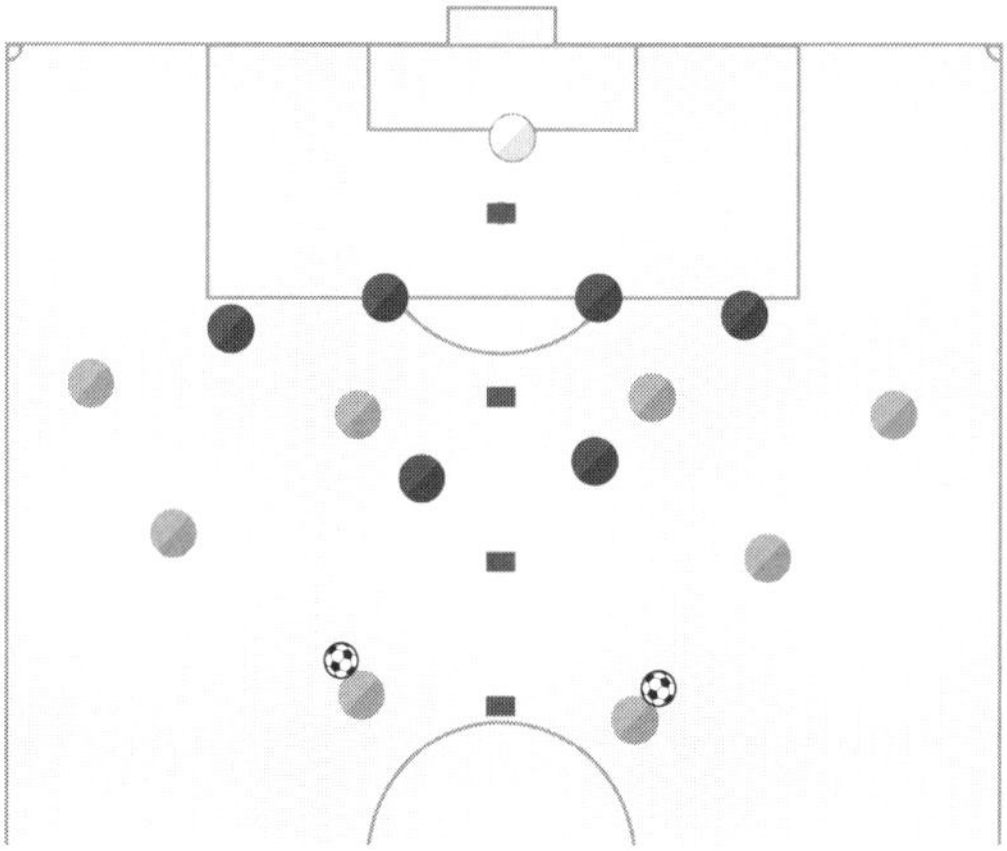

トレーニング動画

図31：2つの4対3の状況＋ボール×2＋守備側ジョーカー

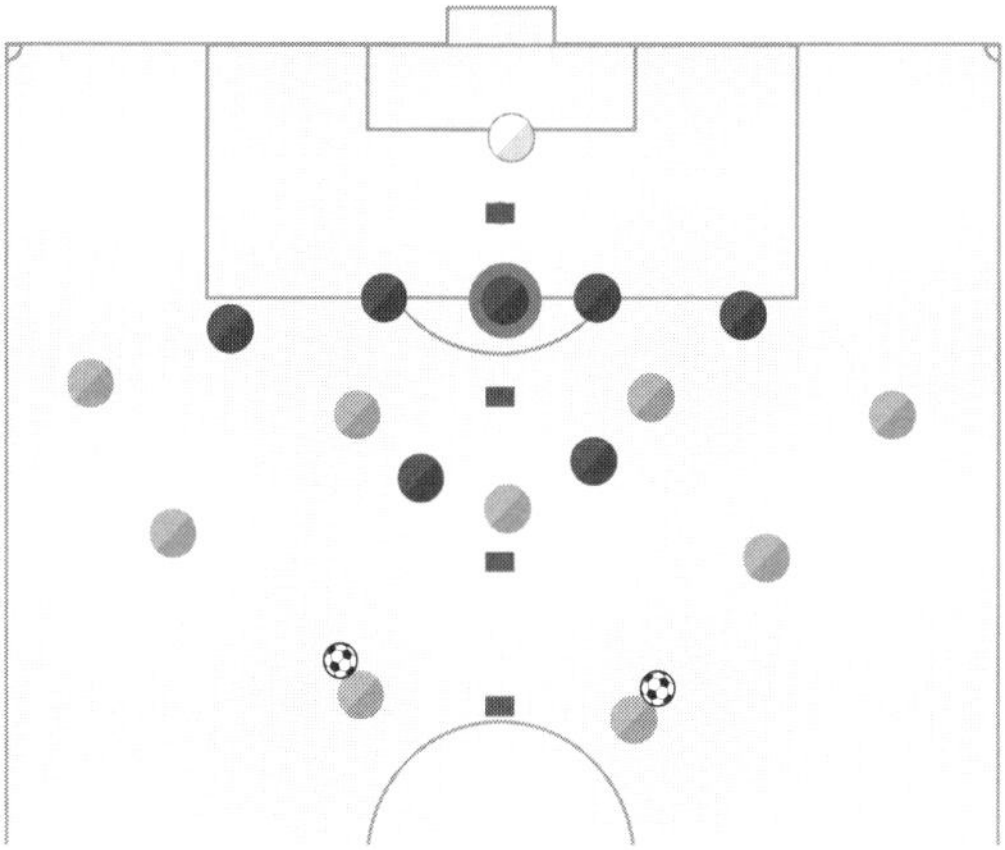

トレーニング動画

図32：2つの4対3の状況＋ボール×2＋攻撃側ジョーカー

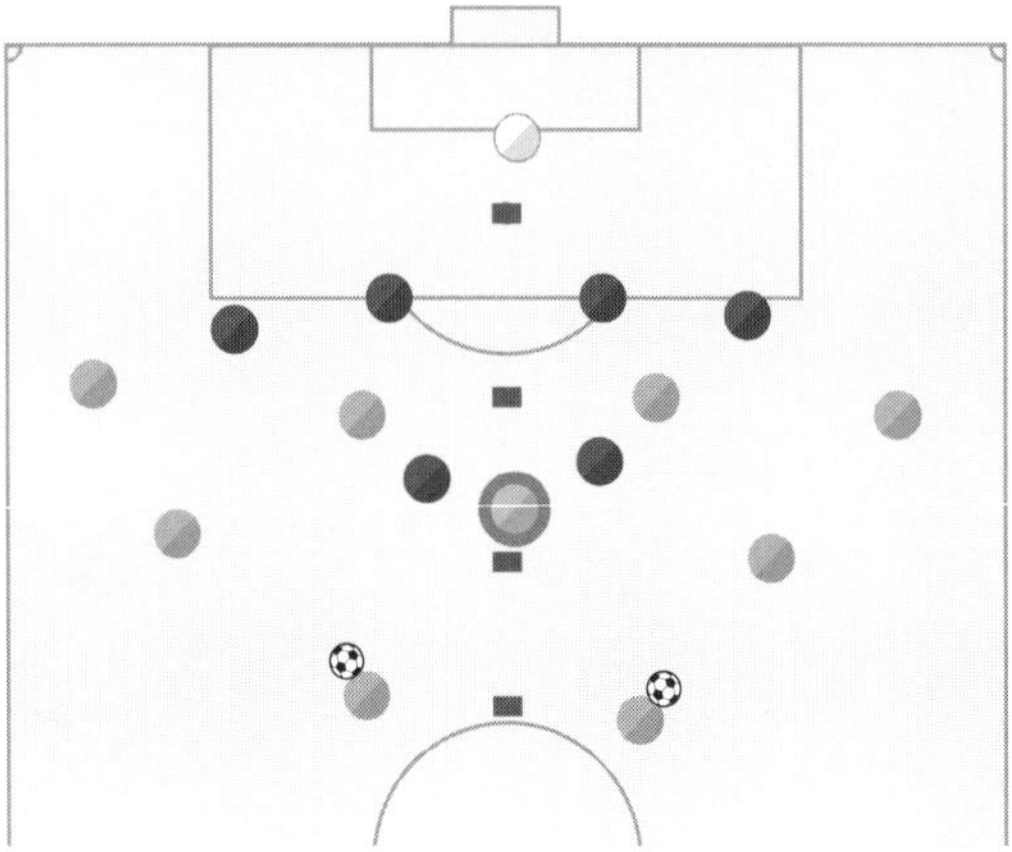

トレーニング動画

11・2 ロンド

頻繁にトレーニングで使われるロンドは6対3であり、守備と攻撃の役割を簡単に交換できるため、ロンド間の移行もスムーズになる。これをヴィセラルトレーニングに変換する方法について、考えてみよう。

レイヤー1：ロンド

レイヤー2：追加で投入されたボールが、ロンドのボールになる。直前まで使われていたボールを保持している選手は、急いでそのボールをミニゴールにシュートすることが求められる。守備側の選手は循環しているボールだけではなく、ミニゴールへのシュートもブロックしなければ

図33：ロンド×レイヤー1

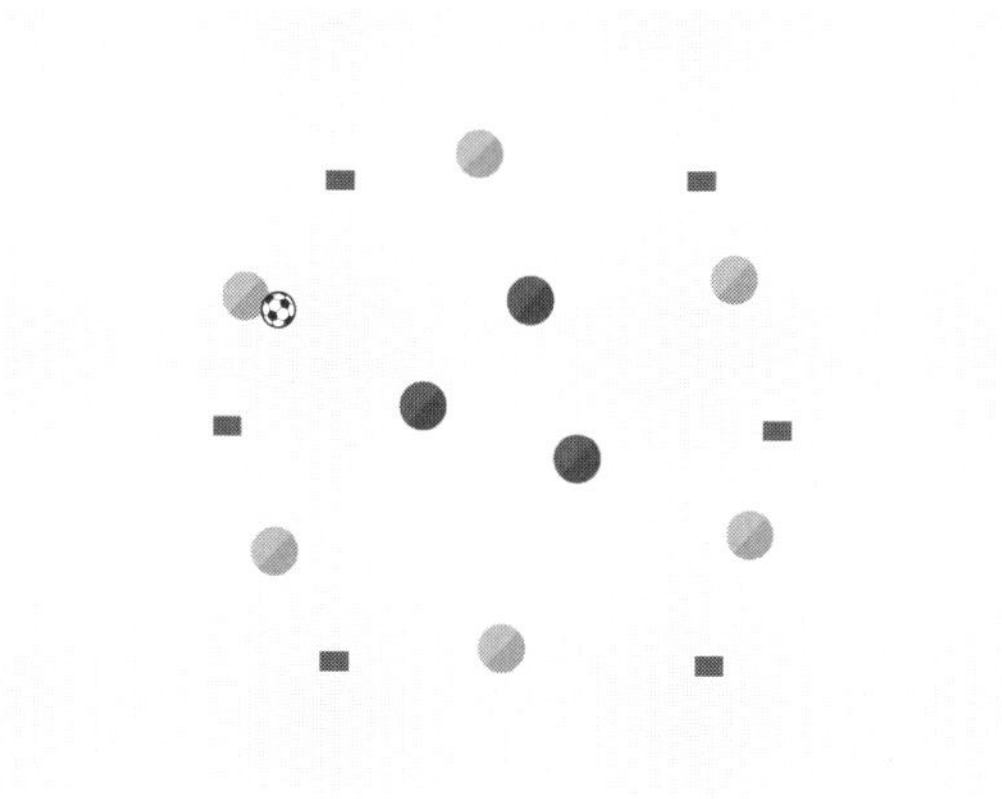

トレーニング動画

図34：ロンド×レイヤー2 or レイヤー3

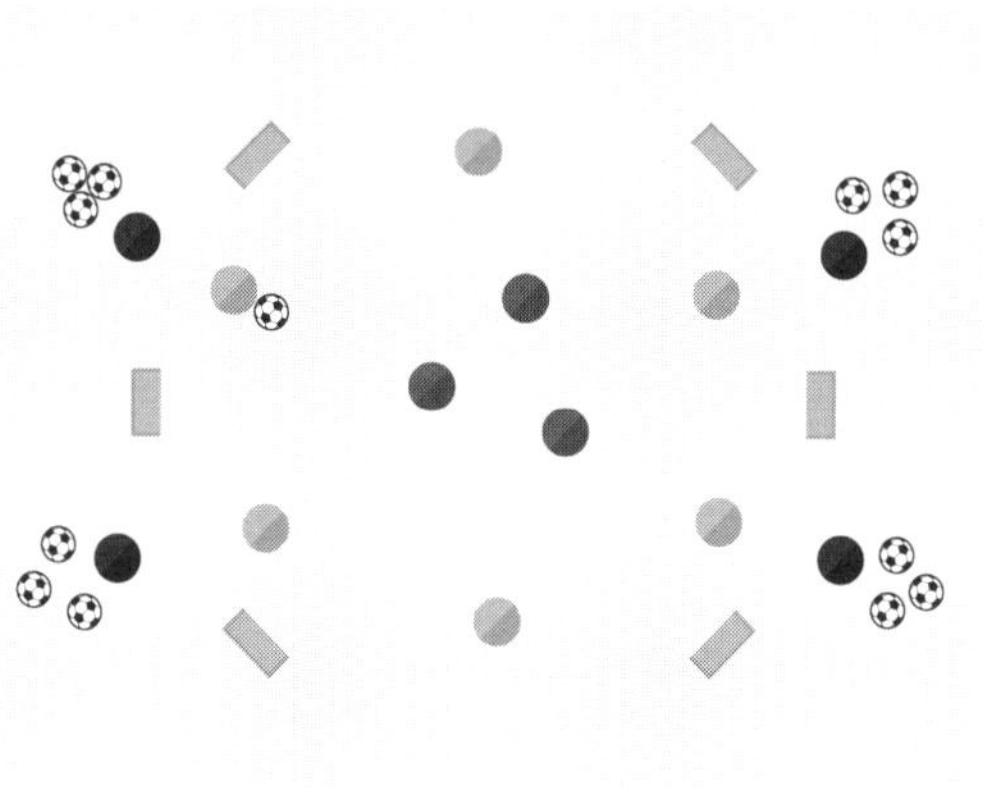

トレーニング動画

トレーニング動画

ならない
レイヤー3：前記のレイヤー2に加えて、サポートしている選手からのパスをDFが受け、ゴールにシュートを決めるというタスクが追加される。これにより、攻撃側はそれらのシュートをブロックする必要がある。したがって、攻撃しているチームも守備の役割を課され、守備側のチームも攻撃のタスクに対応する

12 ヴィセラルトレーニングと育成年代

「私たちが子どもに対して行っていることを、私たちは社会全体に対しても行っている」

――ブッダ（仏教の開祖）

ブッダの発言を言い換えると、「私たちが子どもに対して行っていることを、私たちはサッカーに対しても行っている」。そこには、修復不可能な損害がある。「無意識の中で、無意識に損害を与えている」のだ。

なぜなら、ジョン・バーグは次のように述べている。

「幼少期に私たちが無邪気に過ごしていた文化的な環境は、大人になってからの生活の背後にも常に存在し、私たちの心の舞台裏で作用し続けているのだ」

そして、私たちは子どもたちに対して、アルゼンチンの元サッカー選手であるセザール・ラ・パリアが告発したようなことをしてしまっている。

「子どもたちは混乱し、ミスを恐れる。それは、創造性に影響を与える。サッカーはゲームであり、遊びの段階がある。プロとして契約を結ぶ時間は必ずやってくる。子どもたちは学び、ミスをすることを覚えなければならないし、楽しむことを忘れてはならない」

子どもたちは探求を愛している。その探求への自然な愛によって、彼らは結果に対する判断の専制に服従することはない。つまり、探求が探求の結果よりも重要なのだ。子どもたちはより自由だ。他人の判断の視線を、彼らは排除している。子どもたちが自分自身で探求し、答えを見つけることが常に最善だ。

たとえ指導者が与えてくれる答えよりも正確でないとしても、自分で探求して解決策を見つける余地がなければならない。この空間で、子どもたちは自分自身の本性を発見する。特定の原点に戻る理由はない。例えば、バルセロナの育成組織ラ・マシアでは、「サッカーを自然に戻す」というフレーズが頻繁に使われている。

Oshoは、次のように語っている。

「より良い世界では、子どもたちはできるだけ早く自己に依存するようになる。子どもは繰り返し、自分自身の知性に依存しなければならない。依存によって知性を発展させ、知

性を使えるようになる。（中略）子どもたちを観察すると、私たちは驚くだろう。私たちは正しい答えに過度に固執することで、彼らの知性を破壊し始めている。賢い答えではなく、正しい答えに固執している。それは、間違った発想だ。答えは知的であるべきだし、オリジナルであるべきだ。それは、子ども自身の答えであるべきなのだ。正しい答えに固執する必要はない。急いで正しい答えを求める必要もない。正しい答えは自然にやってくる。子どもに探させ、彼ら自身に見つけさせなければならない。なぜ、私たちはそんなに急いでいるのだろうか？」

Oshoが一般的な人生について言及したことに酷似したことを、歴史的な指導者であるホースト・ウェイン（ホッケーとサッカーという2つのスポーツを横断し、30冊以上の著書がある）も述べている。

「子どもたちは知的な状態で生まれてくるが、指導者は彼らが持っている才能を制限してしまう。そのため、子どもたちは人生やサッカーで成功するために必要な想像力、空想力、創造性などの重要な能力を奪われている」

大人は一般的に、子どもとはまったく逆の方法で機能している。他人の考えが、自分の考えよりも重要だ。それが、自分を抑制する。たとえこの世界に安全なものは何もないとわかっていても、大人は安全を求める。大人には、正しい答えが必要だ。それが、自分を守るためだ。だから、多くの指導者が勝利を求めてほかから方法論を求めているのだ。それは、勇気がないからだ。

ヴィセラルトレーニングのような試合で子どもが犯す間違いは、ほかのどんな間違いよりも感情的な負荷が少ない。ヴィセラルトレーニングでは、エラーは複数回、継続的に、さまざまな形で発生する。誰もが間違いを経験し、試合の要求は能力を上回る。

初期のストレスについて、非常に興味深い進化論的な視点がある。

マルコ・デル・ジュディスらは、次のような結論に至っている。

「人生の初期段階で経験したストレスは、発達に強力で持続的な影響を与える。収束する経験的な結果は、ストレス体験が子どもの神経生物学に深く組み込まれており、認知・感情・行動に長期的な影響を及ぼすことを示している。これらの影響が有毒なストレスの不適応的な結果であるという従来の見方とは対照的に、適応型のモデルではそれらを進化の発達的可塑性だと考えている」

子ども向けのヴィセラルトレーニングの例

「発達的可塑性」という概念を理解するために、子どもたちは異なる状況への変動性と適応が必要であるということを念頭に置く必要がある。子ども向けのヴィセラルトレーニングの例を紹介し

図35：子ども向けのヴィセラルトレーニング

トレーニング動画

よう。

チームの選手数に対して半分の数のボールを用意し、試合をプレーするという案がある。最初はすべてのボールを同時に使い、ゴールに入ったボールはゴール内に保持される。最後のボールが残るまで、その状態が続く。個々の探求から集団の探求まで、すべてが1つの試合で展開される。

子どもたちは成功によって評価されるべきなのだろうか？　その答えは、YESだ。しかし、成功よりも重視するべきは探求の精神だ。探求が成功に直結しない場合でも、探求を継続することだ。これによって、創造的な精神を形成する忍耐力を持つことが可能になる。その忍耐力は、結果から独立しているべきだ。

ヴィセラルトレーニングは、暗黙の学習を通じて子どもたちが実験するのに役立つ。

ウラジミール・スロウツキーとアンナ・フィッ

シャーは、次のように主張している。

「幼児は頻繁に異なる状況で異なる種類の情報に応じ、柔軟な行動を示す。この柔軟性は従来、概念的な知識に帰属すると考えられていた。最近の研究では、柔軟性は暗黙的に獲得され、概念的な知識を必要としないことを示している」

非常にシンプルな例を紹介しよう。私の娘は、直感的にSNS（特にInstagramやTikTokなど）と対話することで、その使い方を学習した。また、学校の課題にGoogle Classroomを使い、ワードプロセッサとしてのWordの使い方に慣れ、興味があるトピックをGoogleの検索エンジンやYouTubeで検索する方法もマスターした。数日前、彼女は学校でハードウェアとソフトウェアの違いを学んでいることを説明し、ソフトウェアとは何かを私に訊ねた。

明示的な学習は、暗黙的な学習に比べて大きく遅れている。教育システムも自然な学習に大きく遅れている。それぞれのツールの使い方を学ぶために、明示的な学習は必要なかった。少なくとも本質を学ぶためには、教える必要はない。探求的な相互作用だけで、多くのことを学ぶのに十分だった。子どもたちが日常生活から学ぶべきことには、サッカーに転用できるものがたくさんあるのだ。

フアン・マヌエル・リージョは、何度も次のようにコメントしている。

「私たちは選手を誘導し、刺激することしかできない。私たちは知性を与えることはできない。知性は、内的なプロセスだ。私たちは、何も教えることはできない。選手は学ぶことができるが、それは異なるものだ」

私たちが必要としているのは、明示的な学習のためのより多くのトレーニングではなく、彼らの暗黙的な学習を発展させるためのより多くの試合だ。

単に概念化を増やすことで、知性に到達するわけではない。むしろ、そのプロセスでは知性に辿り着けない可能性がある。適応的なプロセスを結びつけることによって、人々は知性に到達する。メキシコ代表などを指揮したファン・カルロス・オソリオは「64の平方根を知る必要はない」と言っており、それは正しい。

子どものヴィセラルトレーニングとは神経可塑性を失わせないこと

成人のサッカー選手を考えるとき、なぜ神経可塑性に重点が置かれるのだろう？　それは単純に、彼らが神経可塑性を失っているからだ。子どものヴィセラルトレーニングは、神経可塑性の開発を目指していない。子どもは、すでに神経可塑性を持っているからだ。求めているのは、神経可塑性を失わせないこと、次に向上させることだ。言い換えれば、失われるのを防げれば、神経可塑

図36：逆足を使わせるヴィセラルトレーニング①

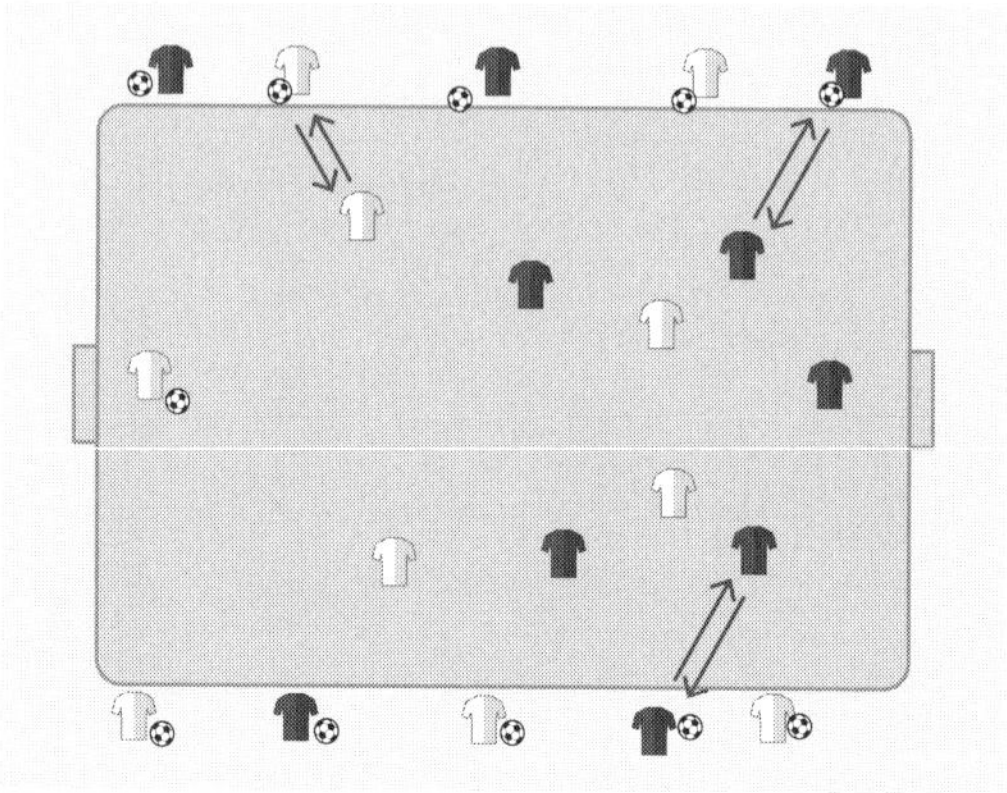

トレーニング動画

図37：逆足を使わせるヴィセラルトレーニング②

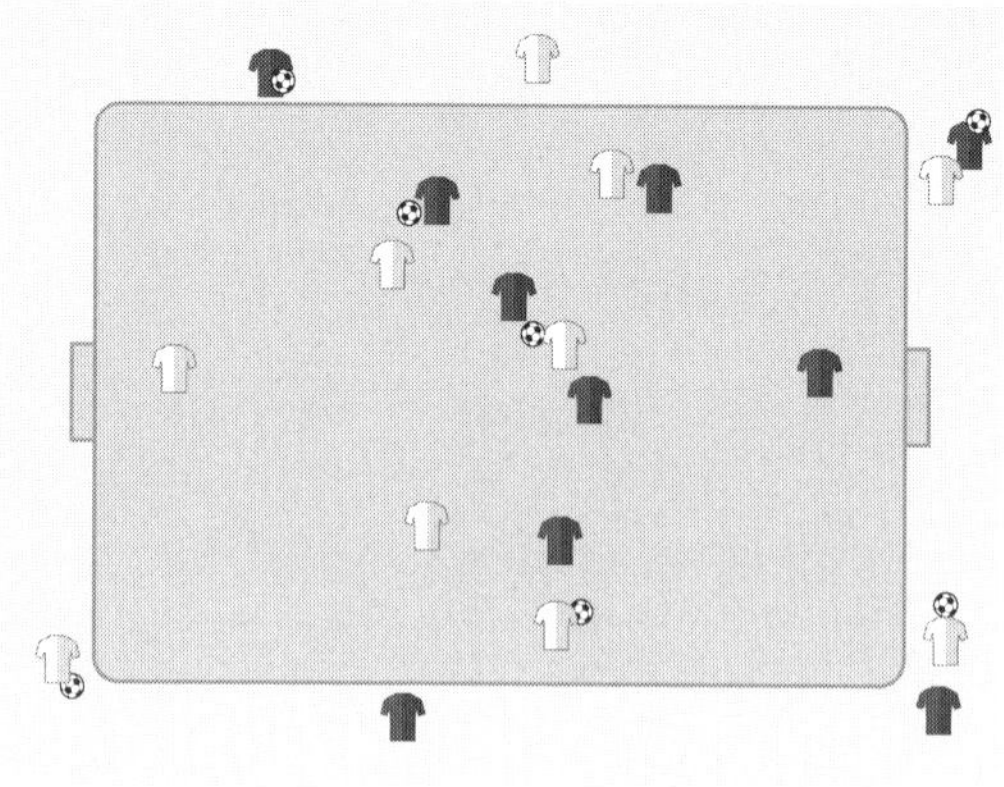

トレーニング動画

性を開発する必要はない。

利き足ではない足を使わせるトレーニングは、従来、ドリル形式のアナリティックトレーニングや逆足でプレーすることを強制された試合で訓練されてきた。では、この問題に対してヴィセラルトレーニングは何ができるのだろう?

例えば、ボールを使った狭いフィールドの試合で、苦手な足でプレーする試合をイメージしてみよう。

チームメイトが外から時々ボールをパスしてくるので、そのボールを逆足で返す必要がある（そのチームメイトはピッチの外で1対1をしていて、相手にボールを奪われないようにする必要がある）。同じトレーニングの変種として、外側の選手がそのアクションのサイクル（ボール保持+パス+リターン+コントロール）を完了することができれば、ゴールを狙うためにボールを持ったまま試合に参加することを許可する選択肢がある（そしてサイクルを再開する）。

2つのボールを使う試合もある（赤いボールは右足、黄色いボールは左足で扱う）。

いずれの場合も、制約的なルールが作業記憶に保持されていることに依存している。外部のパートナーからのパスの前には、逆足でのリターンを行う必要がある。または、別の色のボールを視認したら、逆足でプレーする必要がある。これを防ぐためには、子どもが利き足を使えない方法を見つける必要がある。

図38：逆足を使わせるヴィセラルトレーニング ③

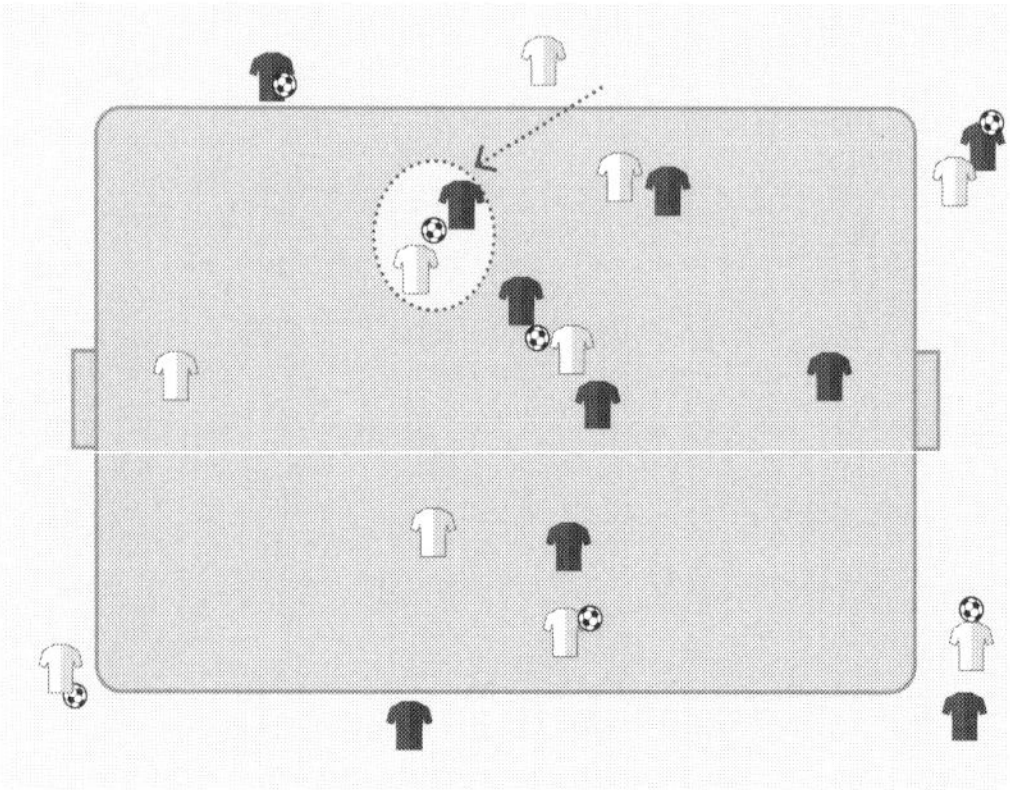

トレーニング動画

図39：逆足を使わせるヴィセラルトレーニング ④

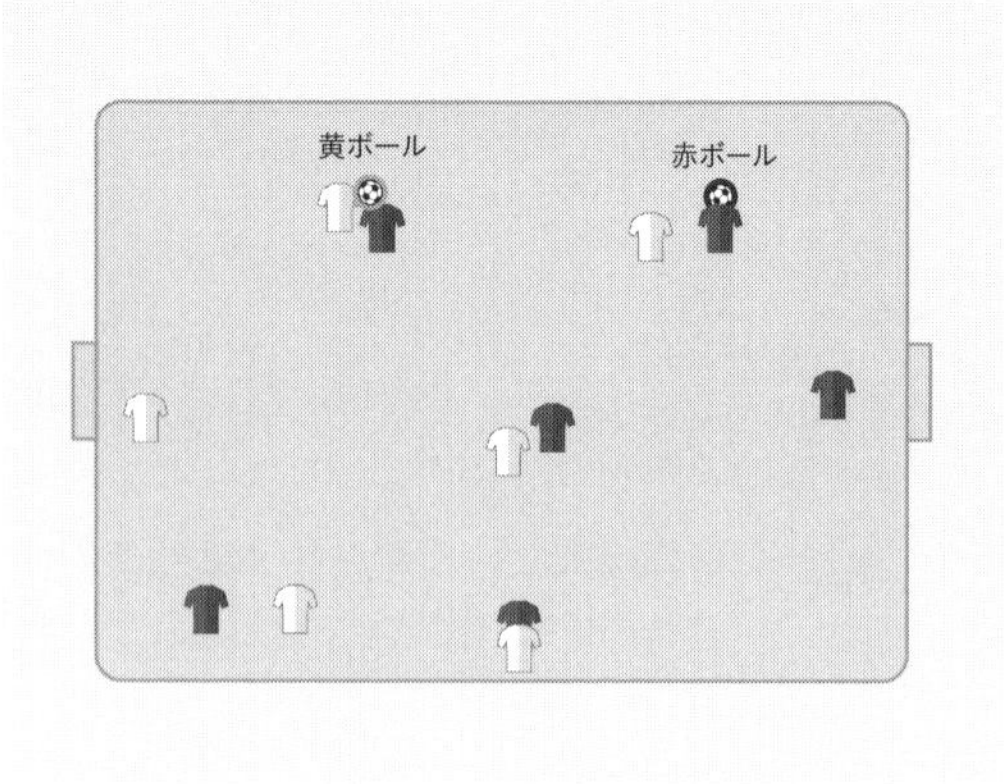

トレーニング動画

サッカースクールとは真逆のヴィセラルトレーニング

スティーブン・ナフマノヴィチは、次のような考察をしている。

「私たちが定型的に使うフレーズ『トレーニングを重ねることで、完璧になる』は、いくつかの微妙で重要な問題を抱えている。私たちは、トレーニングが『本番』という特別な文脈で行われるパフォーマンスを準備するための活動だと考えている。しかし、トレーニングと本番を分けて考えると、どちらも実感が薄くなってしまう。この分離のために、多くの子どもたちはピアノやヴァイオリン、音楽自体の堅苦しい単調さによって、不快で退屈なトレーニングのせいで、それらを不可逆的に嫌いになってしまった。多くのほかの子どもたちは文学や数学、生産的な仕事の概念自体を嫌いになった」

そして、多くの少年や少女はサッカーを嫌いになったのだ。

注意しなければならない。なぜなら、インサイドでボールを蹴ることを子どもに学ばせたいと思ったとき、それによって学習が無意味になる可能性があるからだ。なぜなら、その少年、少女はサッカースクールにインサイドでボールを蹴ることを学ぶために行っているのではなく、サッカーをするために行っているからだ。であれば、子どもがサッカーをやめたいと感じることなく、インサイドキックを学ぶ方法を見つけるほうがいいに決まっている。

要約すると、手と比べて不利だとされている足のコントロールをスムーズに行えるようにする脳機能のレベルアップやテクニックを磨くのに必要なトレーニング時間、少年や少女が自由にプレーする最小の時間を考えると、トレーニングセッションは刺激の量を増加させるためにヴィセラルトレーニングを求めるはずだ。

これは、多くのサッカースクールが子どもたちを教えている方法とは真逆の方法だ。彼らは時間がないため、凝縮されたアナリティックな方法で教える傾向にある。時間がないため、価値のある部分を切り取り、必要なものをコンパクトにまとめようとする。しかし、その切り取りは恣意的で有害だ。なぜなら、特に思春期の子どもたちは、論理的・連続的・合理的な思考構造に向かって進むからだ。

リカルド・フェシェラは、次のように指摘している。

「長期的な増強と同様に、鬱病とシナプス接触の剪定も重要だ。脳のシナプス数は発達のプロセスで著しく減少し、特に思春期に減少する。これにより連想的な枠組みが切り取られる。脳の発達は、神話的な幼児期の視点から、より正確で厳密で合理的な成人の姿勢に向かって成熟していく」

機械的なトレーニングが大人にとって有害であるとするならば、子どもや思春期の子どもにとってはどれほど有害であるかを想像してみてほしい。子どもたちを、まだ準備ができていない脳の作業に連れて行ってしまうのだ。この時点で、ヴィセラルトレーニングの遊び心と暗黙的な性質は、この段階において有用であるという理由で正当化される。

13 ほかのスポーツを導入したヴィセラルトレーニング

サッカーの意思決定は、ほかのスポーツのスキルや意思決定とともに行われる必要がある。例えば、「守備的な密度」というコンセプトのトレーニングにおいて、ラグビーのパスを使用することがある。

私たち自身が指導者である場合でも、選手である場合でも、一緒にハンドボールやバスケットボールをプレーする必要はない。サッカーをプレーすることをやめ、ハンドボールやバスケットボールを行う必要もない。

ほかのスポーツからの暗黙的な知識を自分のスポーツに移行することはできる。選手は自分が風変わりなタスクを行っていると「信じている」（当時のトーマス・トゥヘルの選手たちが信じていたように）が、実は「基本的なスポーツと密接な概念的関係を持つ戦術的な動きを暗黙的に経験している」だけなのだ。

したがって、私たちのチームは11対11のときに低いブロックの3ラインディフェンスでプレーしているかもしれないが、同時に各チームのメンバーはハンドボールの試合（「3—2—1」のディフェ

図40：ハンドボールを取り入れたヴィセラルトレーニング

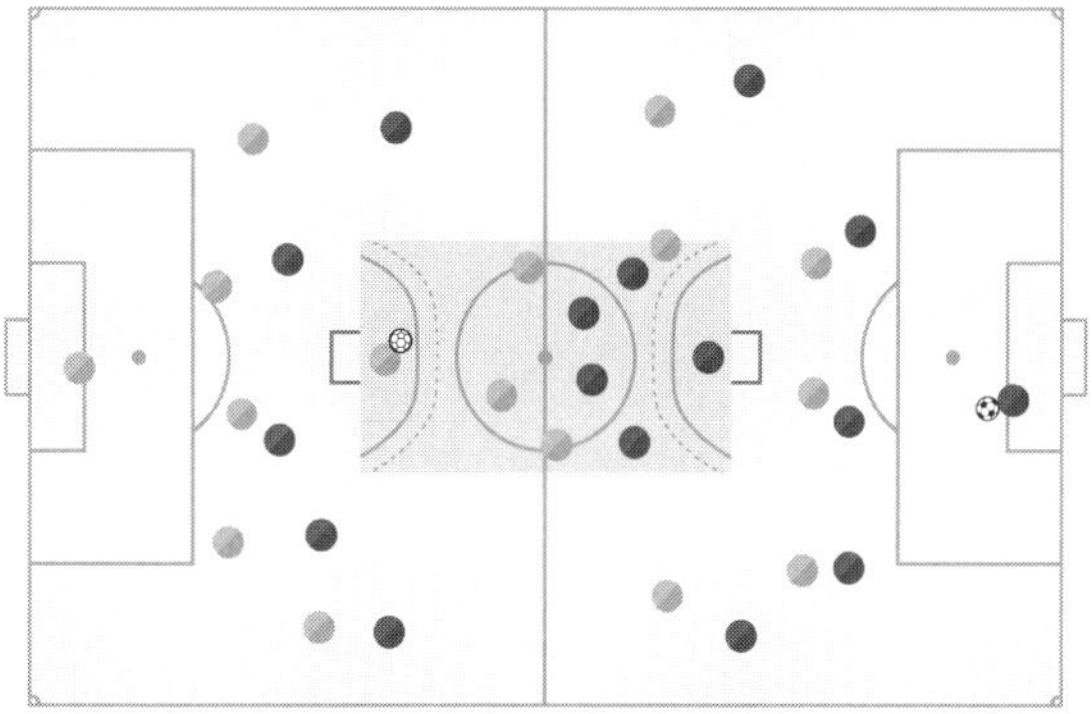

トレーニング動画

ンス）を行っている。類似した守備的・攻撃的な行動は無限に存在する。

守備的な行動：3ラインでのディフェンス、内側へのパスを避ける、対人のディフェンス、守備的なサポートなど

攻撃的な行動：ボールを動かす、選手を動かす、ライン間のパス、パス&ゴーなど

ハンドボールに当てはまることは、バスケットボールにも当てはまる。

このヴィセラルトレーニングは、概念的に同期（システムが一致する）、または非同期（システムが一致しない）で行うことができる。

例えば、サッカーではゾーンのブロックでディフェンスする一方、ハンドボールではサッカーのハイプレッシャーに似た個別のフィールド全体をディフェンスする。逆もまたしかりで、サッカーでハイプレッ

図41：バスケットボールを取り入れたヴィセラルトレーニング

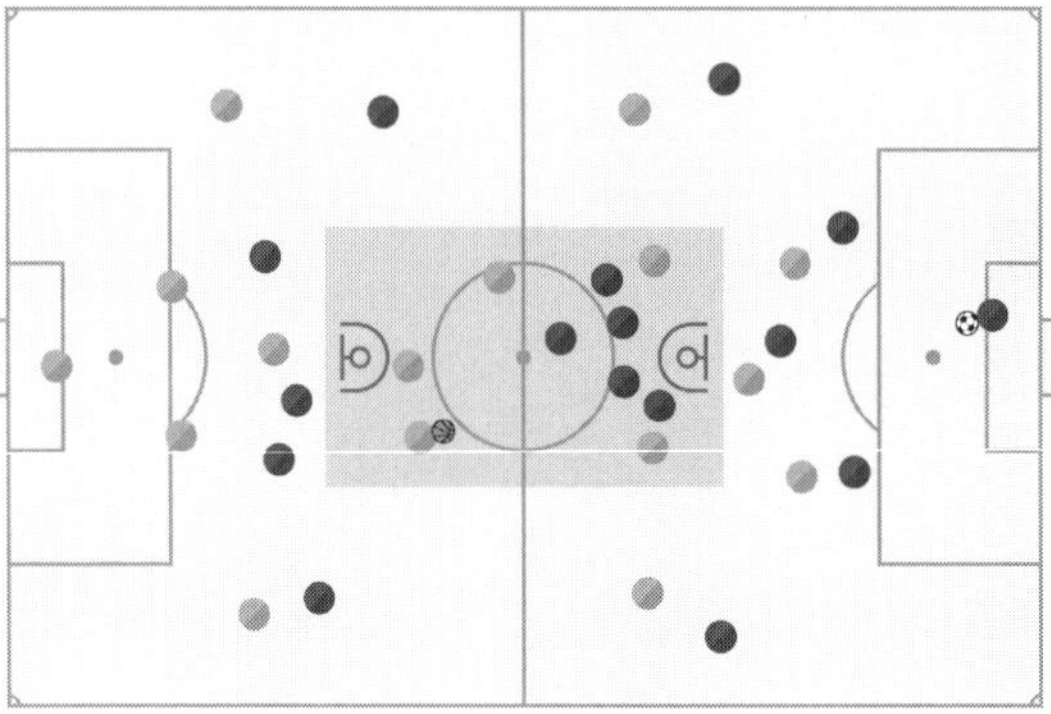

トレーニング動画

シャーを行う場合、敵陣のエリアをハンドボールのようにディフェンスしている。

しかし、トレーニングの可変性を増やすためには、それ以上に選択肢がある（創造性は設計というプロセスに存在しなければならず、特にヴィセラルトレーニングを設計するためには重要だ）。例えば、ハンドボール（またはバスケットボール）の試合の選手が攻撃の局面でサッカーに自由に攻撃的なジョーカーとして参加することを許可するトレーニングだ。したがって、11対11（サッカー）と7対7（7人制ハンドボール）を同時にプレーしている場合、攻撃の局面では13対11（サッカー）と5対7（5人制ハンドボール）に移行し、攻撃が終了すると基本的な構造に戻ることができる。

最後に、区分化された方法で視覚的な要素を増やすこともできる。例えば、ハンドボールのGKでは、ハンドボールのシュートだけでなく、サッカー選手がゴールの裏からシュートできる場合も防ぐ必要がある。したがって、そのGKは正面からのハン

図42：サッカーとハンドボール

	サッカー	ハンドボール
同期的	ハイプレッシャー	［3—2—1］のフォーメーション
	ミドルもしくは低いブロック	マンツーマン
非同期的	ハイプレッシャー	マンツーマン
	ミドルもしくは低いブロック	［3—2—1］のフォーメーション

ドボールと、背後からのサッカーボールを意識しなければならない。それが通常よりも、認知的な知覚と意思決定の負荷を高めることになる。

このような遊び心のある拡張された可変性のあるトレーニングは、純粋な状態で使用することができる（暗黙的学習が無意識に組み込まれることを許容し）、または指導者のフィードバックとともに行うこともできる（ここではハンドボールの指導者の存在も重要になる）。そうすることで概念的な要素が不可避に導入され、より明示的学習への入り口も提供される（それによって意識的にも回復できるようになる）。

考慮すべきほかのポイント：ローテーションは、フィールドプレーヤーに限定されるべきではない。GKも含める必要があり、彼らがのちにサッカーで使用するスキルをハンドボールでトレーニングすることを許可することが重要だ（脚を開いて反射的にボールをキャッチするプレーやGKとの1対1の最小距離のシチュエーションにおける対応など）

14 ヴィセラルトレーニングにおける最大限の特異性

認知的な適応を促すために最大の脳の特異性は、私たちのチームが非常に優れたチームと対戦する実際の試合だ。しかし、私たちは負けるためではなく勝つために競争しているので、長期的には適応的（より優れた相手と競争すること）になる可能性があるが、短期的には否定的な影響を与えることがある（連敗の繰り返しは指導者の即時解雇を引き起こす可能性がある）。

中長期的な視点は、欠かせない。しかし、ここでは最善ではなく次善の選択肢も考慮するべきだろう。それはできるだけ実際の試合に近いものであり、それはフレンドリーマッチと関連している。

私が率いたハンドボールチームは、韓国のバレーボールコーチであるソン・ヤンワンの影響を受けて、国内のトップチームが集まる場所をツアーすることがあった。そして、午前、午後、夜に試合を組んだ。

いくつかの場合、大差の敗北だったが、私の選手たちの知覚的および認知的なパフォーマンスを前後で比較すると、非常に大きな違いが見られた。彼らは、別人になった。「ツアーメソッド」の信頼性を示してくれたのは、2つの機会だ。

❶1997年：ツアー中、私たちのチームはブエノスアイレスのチームに20点以上の差で敗れた。数カ月後、トーナメントの準決勝で再び対戦したが、その試合は最後まで点差のない接戦になった

❷2010年：ツアー中（アルゼンチン代表との親善試合も含まれ、結果は25対42で敗れた）、私たちは国内3位になったチームとも対戦した。10点以上の差で敗れたが、1カ月後に全国Aクラブ選手権で再び対戦した。その試合も最後まで点差のない接戦となった

どちらの場合でも、選手たちは力の差がいかに縮まったか（その短期間で）を信じることができなかった。

より優れた選手たちと繰り返し対戦すること（ストレスにさらされる環境を受け入れる感情的なキャパシティがあるのであれば）が、劣ったチームを優れたチームに近づける。「多くの試合を戦いながら敗北を学び、探し求めている才能を発見した」と、バレーボール・元アルゼンチン代表のセッターだったワルド・カントールは、過去に経験した過酷なツアーについてコメントしている。

自分のチームよりも優れたチームとのトレーニング形式の試合は、指導者にとって選手を魅了し、彼らを奮起させるために多くの力とリーダーシップを必要とする。そして、可能であればそのチームのレベルに近づくこと、そして超えることを目指すように促すのだ。そして何よりも重要なことは、敗北がプロセスの結果とは何の関係もないということだ。単にプロセスをより良くし、その結果もより良くするために、「敗北を追い求める」のだ。

バレーボール・元アルゼンチン代表のダニエル・カステラーニは、彼の価値観を揺るがした韓国人指導者について次のように述べている。

「ソンは、私たちが知らなかったたくさんのことを習得させてくれた。例えば、限界を押し進める東洋の哲学や、逆境に挑む覚悟のある人々を求めることだ」

ヴィセラルトレーニングの実践において、私たちはより優れた想像上のライバルと対峙する。各トレーニングセッションで「世界チャンピオン」と対峙するように、トレーニングを設計する必要がある。守備をするチームがペップ・グアルディオラのバルセロナを抑制し、攻撃をするチームがジョゼ・モウリーニョのインテルを打ち破らなければならない。高いハードル、困難なタスクだ。

これらの高まった要求は、優れたライバルの試合環境を再現しようとするものだ。限界を押し進め、逆境に立ち向かうことで、無意識の脳の処理を強調し、知覚と意思決定の要素を批判的に刺激する。そして、ヴィセラルトレーニングと「ヴィセラルフレンドリーマッチ」の組み合わせにおいて、私たちは上位のパフォーマンスの舞台に自分たちを位置づけるための最大限の要求を見つけるだろう。それは私たちが尊敬し、自分たちのものにしたいと思うチームのパフォーマンスだ。

第3章

賢いサッカー選手

FOOTBALL VISCERAL TRAINING

1 実行機能

「実行機能」は比較的、古い表現だ。現在は、実行制御や認知制御という表現も使われている。本書では、意図的に古い表現を使用することを選んだ。なぜなら、最も広く普及しているだけでなく、誰にとっても理解しやすいからだ。

サカモト・ショウタらの研究者は、次のように説明している。

「実行機能は、行動の認知制御に必要となる一連の認知プロセスだ。実行機能は、基本的な機能と上位の機能に分けることができる。主要な実行機能は、複数の下位機能で構成されている。それが作業記憶、認知的柔軟性（精神的柔軟性とも呼ばれており、創造性と密接に関連している）、抑制制御（認知的抑制、自己制御、選択的または集中した変更）、注意だ。上位の実行機能は、推論、問題解決、計画の立案であり、これらは基本的な実行機能を基礎に構築されている」

特定の領域が機能を決定しているのではなく、相互作用する領域の集合が機能を決定している脳の領域と同様に、ここでは異なる実行機能の区別さえも、私たち人間が説明するために作り出した概念的な抽象化である可能性がある。実際の実行機能は、多くの機能が複雑に重なり合っているのだ。

この実行機能を区分する思想を批評している専門家の中には、それらすべてが強く関連しており、姉妹または従兄弟のようなものだと主張する人もいる。例えば、メキシコの神経心理学の専門家ウンベルト・レオン・ドミンゲスは、「私にとって、注意と作業記憶は同じ認知プロセスであり、異なる機能的な状態を持っている。注意のリソースがより必要とされるほど、作業記憶に有利に変換・変異する」と述べている。

イギリスのライター、ロブ・ウォーは2012年に発表した記事において、「サッカー選手はIQテストでは低い領域に位置しているが、一部の実行機能では非常に高い領域（人口の上位2％）に位置している」ことを強調した。そして、エリート選手のほうが平均的な選手よりも脳的に優れていることも証明された。

しかし、ここで最も驚くべきことは、エリート選手が実行機能のパフォーマンスに優れていたという事実ではない。この相関関係は、ウルトラマラソン（42・195キロメートル以上の距離を走るマラソン）のように脳のタスクが少ないと推測されるスポーツでも発見されているのだ。

ウルトラマラソンでは、より速いランナーのほうが抑制制御に優れており、運動反応だけでなく、無関係の情報を処理するプロセスを抑制する能力のテストでも優れていた。もし実行機能がウルトラマラソンのランナーにとって差別化要因であるとすれば、それはサッカー選手にとっても無視できないパフォーマンス要因であることは明らかだ。

スウェーデン・ストックホルムのカロリンスカ研究所（カロリンスカ医科大学）で実施された研究では、サッカー選手が実行機能の高い数値を示しており、これがほかの脳の機能を「監督」することで、新しい状況に素早く反応することを可能にすると主張した。

サカモトらの研究でも、同様の結論に至っている。

「サッカーのパフォーマンスによって合否が決定されたにもかかわらず、プログラムに合格した選手と不合格だった選手の間には、有意な差が観察された。プログラムに合格したサッカー選手は実行機能のテストにおいて、不合格だった選手よりも高い数値を示した」

実行機能で要求されるリソースは、静止状態と運動状態では異なっている。

ジュリアン・ライザーらは比較的シンプルな実験で証明している。

「主観的評価、行動パフォーマンス、および電気生理学的テストによって、立っている状態と移動している状態を比べると、移動している状態のほうが認知タスクの実行に費やされる認知リソースが少なかったことが証明された」

「認知的柔軟性はサッカー選手にとって開発すべき重要な機能の1つ」

さて、身体的、感情的、認知的な要求をすべて合算したサッカーの試合で消費される認知リソースの量を想像してみてほしい。実行機能の重要性を明確にしたうえで、いくつかの実行機能の区別について考えていこう。

①計画：目標を設定し、目標を達成するためのアクションを連続して生成し、結果の予測に基づいて生成されたさまざまな計画の中から最適なものを選択する能力。意識と密接に関連している実行機能の1つだ

②意思決定：同時に提示される複数の選択肢から1つを選択する能力。サッカーでの意思決定は意識と完全に切り離されることができることをすでに見てきており、これからも見ていくことになる

③ゴール設定：動機づけと密接に関連しており、エネルギーやリソースをどのように投資するか、行動をどこに向けるかの戦略を立てることができる能力

④組織化：情報を効率的に収集し、構造化し、順序化する能力。これらのタスクは意識の領域に属しているが、意識的な知覚が現れる前のミリ秒では、無意識の処理も特にこれらのタスクを実行している

⑤タスクの開始と終了：タスクを開始し、終了するときの決定は、同時に複数の側面を考慮に入れた緻密な思考を必要とする。サッカーの試合中にはどれだけの開始と終了のタスクと補助タスクがあるだろうか？　それらは、すべて意識だけで統括できるだろうか？

⑥認知的柔軟性：最も重要な3つの実行機能の1つ。異なる2つ以上の概念の周りで思考を変え、環境の変化に適応する能力とされている

ホルヘ・バルダーノがディエゴ・マラドーナによるイングランド戦のゴール（5人抜き）について述べたように、「アイデアは迅速に生じては捨てられ、使われていたが、ディエゴの脳はそれらを積み上げることなく、最良のものだけを保持していた」ということだ。認知的柔軟性は、複数の概念について同時に考えることを含んでおり、適応的な目的を持って行動や心構えを変える能力、およびすでに進行中の行動を変更する能力によって示される。

ドリブルするか、パスするか、プレスでの即時奪回を狙うか、引いて守るか、これらは極端な単純化として機能する。これは、ある程度安定した環境では意識の領域に属する可能性があることを示唆している。しかし、ボールが動き続け、変化する環境では、認知的柔軟性は無意識の処理能力としても必要とされるだろう。

クイーンズ・パーク・レンジャーズの監督だったクリス・ラムジーは、次のように語った。

「最初に意識がある。もしFWなら、ボールを持っている選手に対してどのような意識を持っているだろうか？　時間があるか、クロスするのか、ボディランゲージはどうだろうか？　何をするのか理解したあと、どのように動くのだろう？　DFをどのように回避するのだろう？　クロスが入るのを見たとき、遅いのか、速いのか？　そして最後に、実行だ。どのようにフィニッシュするのだろう？　足のどの部分で蹴るのか？」

読者の方々は、どう思うだろうか？　個人的には、この意見に反対だ。理由は、非常に単純で、意識では、このように多くの情報を持つことは不可能だからだ。神経リソースの節約は、フィールド上で必ず起こる適応プロセスにとって不可欠だ。サッカー選手自身の神経ネットワークの力学は啓蒙された指導者の遺産ではなく、リソースを最適化し神経投資を最小限に抑えるための自然の産物といえる。その意味では、プロセスが無意識であるほど効率的だ。

試合の混沌とした環境でますます反復的な状況では、意識的に情報を処理するのがいかに不可能なことか想像してみてほしい。17秒間でどれだけの意思決定が必要だろうか？　その時間内にどれだけの知覚の変化があったのだろうか？　それらすべてに気づくことは可能だろうか？　熟考に時間を取る余裕はあるだろうか？　それとも私たちは実際には完全に無意識の影響下で行動しているのだろうか？　それとも私たちは環境・周囲が私たちに課している直接の影響にただ反射的に対応しているのだろうか？　サッカーにおける意識については、議論の余地がある。

フレデリック・クレヴクールらは、「最近の研究では、適応は進行中の運動の制御戦略を変えるほど速い可能性があると示唆されている」と述べている。

「運動コマンドと感覚フィードバックは、四肢の動態について連続的な情報を提供するので、私たちは神経系が予期しないオンラインの干渉に適応する可能性があると仮説を立てた。私たちはランダムに速度依存性の力場を適用した2つのスコーピング実験（研究文献の総数や範囲についての目安を把握するための初期評価で、研究の内容と規模を特定することを目指している実験）でこの仮説を検証した。予期せぬ干渉にもかかわらず、運動内でのフィードバック修正が徐々に改善されたことがわかった。これらの結果は、速い運動学習の時間規模を示しており、フィードバック制御を補完し、進行中の運動の適応を手助けしている」

メキシコのスポーツ神経心理学者パメラ・エレーラ＝ディアスは、「認知的柔軟性はサッカー選手にとって開発すべき重要な機能の1つであり、変化に適応する能力と関連している」と提案している。認知的柔軟性は、背外側前頭前皮質回路の機能と関連している。私たちは、選手に異なる文脈で異なる解決策や答えを探す必要があるタスクを提案する必要がある。複雑であっても連続した運動を繰り返すだけでは、認知的柔軟性は発達しない。

認知的に迅速で優れた選手ほど、進行中の動きを変える能力を持っている。普通の選手がシュートをすることを決めた場合、最終的にはシュートになる。しかし、優れた選手がシュートをすることを決めた場合、シュートするだけでなく、シュートのフェイントやパスに変化することも可能だ。

私自身も、ハンドボールのコーチとして直に経験した。2006年に私たちは国内クラブのトーナメントを戦っていた。数人のアルゼンチン代表選手が所属するチームと対戦し、試合は非常に拮抗していた。ある時点で、相手チームのエースであるディエゴ・シモネットがジャンプシュートを試みた。

私は何度も頭の中でゆっくりと再生される光景を覚えている。同時に、自チームの2人の選手がブロックするためにジャンプした。私の頭の中では、シュートは「終わり」、ブロックが完了することを予想した。しかし、シモネットは私が外から見ていたことが起こることを理解していたのか、まるで魔法のように手首を曲げてアシストに切り替え、ほかの選手がゴールを決めた。彼らは2点差で試合に勝ち、のちにチャンピオンになった。

認知的に優れた選手の重要性に気づいただろうか？　シモネットは完全な実行機能を持つ選手だ。彼はヨーロッパのチャンピオンズリーグでも優勝し、MVPに選ばれた。数ミリ秒でレパートリー全体を更新できるような選手は、常に異なる選択肢を持っている。1対1でそのような相手にどのように対処すればいいのだろうか？　必要に応じてデッキから望むカードを引き出せる対戦相手とどのように対峙すればいいのだろうか？

流動性は集中型の処理よりも探求型の処理により近い

もう1つ、認知的柔軟性の例を見てみよう。コパ・リベルタドーレスの試合だ。サントス対ボカ・ジュニアーズの準決勝2ndレグで、サントスのMFチエゴ・ピトゥカ（現・鹿島アントラーズ）はペナルティエリア内で直感的にPKを要求した（意思決定1）。しかし、すぐに彼の迅速な認知が彼に告げる。彼はゴールを狙うことができ、もし外してもPKが与えられる（意思決定2）。彼はシュートを決断し、ゴールを決めた。すべてがミリ秒の間に行われた。柔軟性のない選手は、意思決定1（変えることはできない）をする。または意思決定2（同時に意思決定1を考慮しない）をするだけだ。

①監視：タスクに注意を集中し、実行中の作業や進行状況を考慮して、必要な場合に問題や予期しない事態を修正できる能力。認知的柔軟性に関連する実行機能だ（ディエゴ・シモネットのエピソードにも当てはまる）。さまざまな研究では、DFはMFやFWよりも持続的な注意力を持っている傾向があることがわかっている

②予測：行動の結果や派生する結果を事前に予測することができる能力。例えば、フィルタリング（所定の条件に基づいて情報を選別、除外すること）されたパスが成功すると予測する選手がいる。実際に感知、意思決定、実行が意識を通過した場合、ボールをフィルタリングするための空間は存在しなくなる。正しい無意識の処理は予測において決定

的だ（シモネットのエピソードにも当てはまる）

③応答抑制：最も重要な機能の1つとされている。刺激によって刺激されるはずだった自発的な行動を意図的に抑制することだ。運動制御に関連する行動的抑制と、ほかの実行機能に影響を与える認知的抑制がある。私たちは本当に試合での行動の抑制が意志に関連していると信じるべきだろうか？「走るな。今はスローダウンしろ」「ドリブルするな。今はボールをパスしろ」「シュートするな。今は脅威を与えろ」など、そのように考えて発言するのだろうか？　なぜなら、脳内では抑制が強く速くなければならず、無意識の抑制が起こる可能性があることが合理的なのだ

シモーネ・キューンとマルセル・ブラスは、「私たちの意識が最後の瞬間にいくつかの行動を禁止する原因ではないかもしれない」と示唆している。スワガタ・サーカールらによれば、「患者を対象とした実験的研究は、応答抑制に脳底前頭前皮質構造の寄与を明確にするのに役立った。これらの研究の証拠は、補足運動野・前頭葉回と視床下核の接続が応答抑制制御に重要であることを示唆している」。

④そのほか：それに加えて、常に私たちに指示を与えることは不可能であり、それはサッカーの試合をするには拷問になるだろう。そんなふうに振る舞うサッカー選手を見せられるのは、非常に退屈だ

再び、シモネットのエピソードがここでも当てはまり、また、ロット・ヴァーバラらの研究結果とも共通している。

「優れた才能を持つ若いサッカー選手は、フィールド上での運動反応を抑制する能力において、若いアマチュアのサッカー選手を上回っている」

最終的に抑制能力が高いサッカー選手は、早期に停止する能力と初期の加速を開始する能力が向上し、そのスピードは単にフィジカル的な問題ではなくなる。リオネル・メッシ、ネイマール、エデン・アザールなどは多くの面で優れているが、特に停止と急激な方向転換によって平均的な選手をはるかに上回る。

⑤言語的および非言語的作業記憶：もう1つの重要な機能で、作業記憶は認知における一般的な要因だ。一時的にデータを保存し、処理する能力だ。それによってオンラインで作業できる。私たちは本当にサッカーの試合で意識的にどの情報を保持し、どの情報を破棄するかを決めると信じるべきだろうか？

ナカノ・シュンらは「作業記憶は視覚的な意識にアクセスせずに、2つの視覚要素を比較することができる」と述べている。

スティーヴ・アヤンは、興味深いことを付け加えている。

「アメリカ・メリーランド大学の哲学者ピーター・カラザースは、私たちが作業記憶内の素材にしか気づかないと主張している。言わば『ユーザーインターフェース』だ。しかし、作業記憶には私たちが受け取る情報のごく一部しか含まれていない。私たちは、脳に洪水のように押し寄せる情報の大部分に気づかないままであり、それは機能1が自動的かつ迅速に処理する情報だ。脳はこのデータをどのように扱っているのだろうか？　脳は常に未来に注目し、次に何が起こるかを考えている。どのような刺激が現れる可能性があるのだろうか？　危険が迫っているのだろうか？　ほかの人たちは何をしているのだろうか？このような予測は外部世界だけでなく、私たちの身体の内部環境にも関連している」

⑥変化：刺激のさまざまな側面や特性に注意を切り替える能力。私たちは本当に試合が要求するすべての注意の切り替えを、意識的に誘導できると信じるべきだろうか？むしろ、そのように誘導することができるのはごく一部であり、ほとんどは無意識の脳の処理から誘導されている

実際に、研究者のダニエル・シュナイダーは、「無意識のアクセスなしに変化のサインに適切に応答することは可能だ。これは、視覚領域間の情報処理に責任を持つ再入反応性の神経相互作用が

注意とは独立して発生し、アクセスや報告に依存しない統合された視覚表現につながるためだ」と述べている。

⑦更新：作業記憶において不可欠な機能であり、記憶に保存された内容の置換を行う。サッカーは哲学の本が1番目の棚に置かれ、経済学の本が2番目に置かれ、心理学や社会学の本が3番目に置かれるといった図書館ではない。サッカーの「精神の棚」は、スペース、要素、関係が変化する要求に対してよりステレオタイプ化されていないため、より効率的に精神の棚に収容される。予期される出来事（ミス、反則）だけでなく、各対戦、各シチュエーション、各瞬間に発生する予期せぬ出来事によっても、私たちは常に更新されている。試合は自己の持続的再生の中にあり、そこで予期せぬ出来事が私たちを襲う。怪我の可能性があるタックル、退場につながる侮辱、ゴールを獲得または阻止する珍しい技術的なミス、私たちの指導者（または対戦相手の指導者）による説明できない交代などだ

⑧流動性：これは以前の知識から新しい情報を生成し、特定の問題を解決することと関連している。実行機能のリストで、最後に流動性が位置しているのは偶然ではない。フローの感覚は完全に無意識の世界に属している。フローに入ると喜びを感じるが、フローに入らないと苦しい。意識の独立性こそが、芸術家が最大の潜在能力を発揮する可能性を見出すことができる場所だ。そして、サッカー選手の最も芸術的な行動は、この

領域で起こる。フロー状態では、外部の重要性は抑制される。フロー状態では、他人の視線は存在しない。アメリカ・ジョージア大学の科学者アルネ・ディートリッヒは、流動性を一時的な前頭前野の低活性状態と神経科学的に定義している。2018年のロシア・ワールドカップでドイツ代表を破ったメキシコ代表のフアン・カルロス・オソリオも同様に述べている。「アイデアを説明するために前頭葉と側頭葉が使用されるが、サッカーの試合ではその部分は使用されない」。言い換えれば、流動性は集中型の処理よりも探求型の処理（デフォルトモードネットワーク：DMN、ぼんやりした状態の脳が行っている神経活動）により近い状態にあるといえる。しかし、ディエゴ・マラドーナがイングランド代表を抜き去る瞬間、彼は集中していなかったのだろうか？　もちろん、彼は集中していたが、適切な脳の処理を行っていたのだ

ヴィセラルトレーニングは広義において「ギブソニアン」だ

サッカー選手の実行機能の成功は、実行機能を一部意識から独立させることができる無意識の飛翔に支えられている。なぜなら、実行機能は互いに独立して処理されることはなく、試合は常に動的な相互作用を必要とするからだ。純粋で集中的な思考だけではないことを直感的に知っているように、独自の探求的な思考だけではないことも徐々に発見され始めている。少なくとも特定の神経

ネットワークからはそうではないということだ。

キーラン・フォックスらによると、いくつかの重要なDMNの領域が一貫して活性化されることが示されている。その領域には、前頭前野、後部扣状皮質、内側側頭葉、両側の後頭下頭葉などが含まれる。しかし、DMNの外側でも多くの異なる領域が定期的に活性化されており、例えば側外前頭皮質、前頭帯状回、脳島皮質、側頭極皮質、二次体性感覚皮質、舌回などだ。これらのメタ分析（複数の研究の結果を統合したより高い見地からの分析）の結果からは、DMNの活性化だけでは自発的思考の神経ベースを適切に捉えることは不十分であり、前頭頭頂制御ネットワークの領域やDMN外のほかの領域も同様に重要であることが示唆されている。

また、ヴィセラルトレーニングの目的は、実行機能が試合で必要とされる以上の要求環境で表現されるのを支援することだ。このより高い要求は、最初の段階では意識のより強い参加を強制するかもしれない。よく知られているように、新しい要求があると、高度に集中した脳の処理が活性化される。これは、サッカー選手が予測に失敗した場合（サッカー選手が予測したことが起こらない場合）に、ヴィセラルトレーニングが提案する活動に向けて（例えば、その難しさを過小評価すること）起こることだ。

ただ、予測の失敗を避けたいのが私たちの本意ではないだろうか？　しかし、予測の失敗を避けるためにはまず予測の失敗と共存することを学ぶ必要がある。それによって共存するほど、予測の失敗を無視することを学ぶことができる。無視されるほど、予測の失敗は私たちが予測の失敗が現れる必要のない瞬間により顕著に現れる。

図43：実行機能のプロセス①

1	2	3
多くの刺激	短い時間	最大の意識的な処理

ヴィセラルトレーニングは、広義において「ギブソニアン」（直接知覚説の第一人者ジェームズ・ギブソンの思想を受け継ぐ者）だ。

アンドリュー・ウィルソンとサブリナ・ゴロンカは次のように述べている。

「具体化された認識は、複雑な行動を手助けする可能性のある環境のすべてのリソースと、それらを結びつけるのに役立つ情報を調べる。過去40年間で最も重要な発見の1つは、実際には環境が豊かで多様な情報があり、それらを使用してさまざまな複雑な行動を生み出すことができるということだ。高品質の知覚情報の利用可能性により、興味深い行動を説明するために追加の認知構築を導入する必要はない。私たちの行動は、身体、環境、そしてもちろん脳を含む一連の潜在的なタスクリソースから生じる。特定のタスクを解決するために使用される実際の解決策を形成するこれらのリソースとその関係を正確に発見するためには、注意深い分析が必要だ」

したがって、伝統的な論理からは、ヴィセラルトレーニングによって要

図44：実行機能のプロセス②

1	2	3	4
多くの刺激	短い時間	最大の意識的な処理	あきらめ

図45：実行機能のプロセス③

1	2	3	4	5	6
多くの刺激	短い時間	最大の意識的な処理	あきらめ	認知的な限界	フロー状態への没入

求される刺激が増え、時間が短くなるほど、その追加された複雑性を解決するためにより多くの意識を加える必要があるとされる。

その論理は機能しない。サッカー選手は、意識的な注意を払うことによって、彼らに課される増加したタスクの量を解決することはできないと認識している。そのようにプレーすることはできないことを知っている。

認知的な過負荷を内面化し、慣れることができると、より考え込まれて、結果としてより流動的な試合に向けて一歩を踏み出すことができる。

それから、トレーニングと試合という2つの適応プロセスがある。トレーニングでは適応が起こり、試合における適応もある。通常のトレーニングや同レベル、もしくは格下の対戦相手とのトレーニングマッチにおいては、適応の利益を早く感じることができるだ

図46：ヴィセラルトレーニングのプロセス

1	2	3	4	5
ヴィセラルトレーニング	トレーニングマッチ	劣ったもしくは同等レベルのチームとの競争	ヴィセラルトレーニング	優れたレベルのチームとの競争

ろう。言い換えれば、選手は同じトレーニングマッチや公式戦において、ヴィセラルトレーニングよりも流動的に感じる。つまり、トレーニングが試合よりも難しくなるのだ。実際にヴィセラルトレーニングでもこの適応が実現すると感じるとき、それがより熟練した対戦相手との試合においてポジティブな適応を感じるときだ。

アイマールは引退するまで「3人目の動き」という概念を知らなかった

脳のプロセスを信頼することを学ぶべきだ。

ジョン・バーグは、次のように言う。

「私たちは見えない脳のプロセスに気づいていないかもしれないが、今や科学はプロセスを検出することができるし、私たちもプロセスを検出することを学ぶことができる。隠されたものを見ることで、新しい目を手に入れるのだ。または、私たちが必要性を知らなかった新しい眼鏡だ」

これは、新しい知識や改善された認知の適応に到達する方法についての盲点だ。

多くの研究では、無意識の脳の「隠れた知性」を評価している。その評価は悪いことではないが、実際には隠れた知性ではなく、私たちが「見ることを拒否していた知性」だ。なぜなら、無意識は常に現れ、常に生命の兆候を示していたからだ。私たちは明白なことを見ることを拒否してきた。

歴史上、最も偉大な発明家の1人であるニコラ・テスラは、「私の脳はただの受信機だ。宇宙には私たちが知識、力、そして創造性を得る核がある。私はこの核の秘密についてはわからないが、存在することはわかっている」と述べた。つまり、テスラは無意識の処理について現在の私たちが持つ証拠は持っていなかったが、直感によって無意識を持っていることと、無意識が非常に役立つことに気づいていたのだ。

サッカー選手や指導者にとっても同様に役立つように、無意識は私たちが思っている以上に多くのことを知っている。意識は私たちが想像している制約よりもはるかに限定されている。知識を持つ選手よりも、少ない知識を持つ選手のほうが実際にはより多くのことを知っている可能性が非常に高い。

真の知識は、フィールドと試合において検証される。守備ラインを通過するパスをするためのすべての要件を説明できる選手が、フィールドで何も実現できない場合、知識は何の役にも立っていない。私が知識を説明することができない選手（チーム）を好むのは、彼らが知識を実行できることを知っているからだ。その選手（チーム）は落ち着いて、自信を持ってプレーするに違いない。

元選手であり、アルゼンチン代表のコーチであるパブロ・アイマールは、「私は引退するまで『3

人目の動き』という概念を知らなかった。私たちは常に、あとから名づけられたこのプレーを好んでいた。リーベル・プレート時代、私たちはこのメカニズムで多くのゴールを決めた。私はファン・パブロ・アンヘルにボールを預け、彼がテクニカルにボールをコントロールする。彼がボールを返してくれると、私は弾丸のようにスペースを狙うハビエル・サビオラを使った。私たちは3人目の動きをトレーニングしたことはなかった。それは自然なプレーだった。あとでこのプレーが3人目の動きと呼ばれていることを知った」と述べている。

指導者から3人目の動きが説明されたのだろうか？　そうではない。したがって、意識的な認識は排除されている。3人目の動きを機械化するためにアナリティックトレーニングを繰り返したのだろうか？　そうではない。したがって、無意識に到達するための無限の反復サイクルが省かれている。

では、どうやってアイマールはこの3人目の動きを知ったのだろうか？　無意識が持つ直感的で暗黙的で柔軟で適応性のある学習能力を受け入れるしかない。その3人目の動きは、最も自然で流動的な目に見えない存在が安心をもたらす動きだ。原始的な認識があることを、過小評価すべきではない。これは初期設定でやってくるものだ。

現代サッカーにおいて、徹底的に機械化しようとされている3人目の動きは、選手の自発的な行動から生まれた。言い換えれば、3人目の動きのような多くの概念は直感的に、無意識的に生まれ、それを捕足し、切り抜き、意識の世界に伝え、そこから分析を使ってトレーニングが開始された。意識は、あとからきた。意識に名前をつけ、その実践を体系化するために。しかし、意識は遅かったのだ。無意識（特に集団の同期の中で）はすでに、名前や方法論なしでその実践を行っていた。アイマールは直感的にアンヘルがボールをうまくリターンすることを知っており、ボールが戻ってくる時点でサビオラがすでにスペースを狙っていることを直感的に知っていた。

アメリカの作家メーガン・オギーブリンは、明示的と暗黙的の違いを示している。

「私たちは自分たちがどんな人間なのかを理解しようと生涯を過ごすが、ほかの人は一瞥で私たちを完全に理解することができる」

アメリカの思想家ハンナ・アーレントは「私たちのアイデンティティは、私たちが言葉や行動の中で暗黙的に示しているものだ」と言っていた。言葉や行動の中に私たちのアイデンティティが暗黙的に含まれている。言葉どおり一瞥で私たちはすべてを理解することができる。人生でもサッカーでもそうだ。それが無意識の認知の力だ。

相互のニューロン同期がさまざまな相互作用の重要な神経マーカーであることがすでに示されている（特に背外側前頭葉領域は、より感受性が高いことが示されている）。今後数年間でこの分野は飛躍的に発展するだろう。脳科学から、ニューロンの指紋や署名によってチームの固定化を診断または評価する場合、相互のニューロン同期指標を見つけることは非現実的ではない。例えば、2人組の中でより少ないまたは大きなニューロン同期がフィールド上でのパスのコミュニケーション（または守備のサポート）を反映しているかもしれない。

サッカーは教えられるのだろうか？　ＹＥＳしかし同時にＮＯだ

宣言的知識と手続き的知識の違いは、指導者にも適用される。サッカーをうまく説明するほうが、サッカーをうまくプレーさせるよりも常に簡単だ。説明の中では、相手の指導者が戦術で妨げようとしたり、自分の選手のエゴを調整する必要はない。私の祖母は、「言葉と行動の間には長い道のりがある」と述べていた。

ドイツの現象学者オイゲン・フィンクを研究したクリストファー・ホルツァプフェルによれば、「私たちは何よりも『証人』であり、その『証言』では行動（手続き的なもの）に重点が置かれ、それと一緒に生活に焦点が当てられる。単に知ることや理解すること（宣言的なもの）ではない」。

神経科学が暗黙的または明示的なもの、宣言的または手続き的なものに特定の神経相関をテストする前に、イギリスの哲学者アラン・ワッツは次のように述べている。

「私たちが何かを理解したと思うとき、ほとんどの人はそれを言葉に変換することに成功したことを意味する。生活全体が私たちが合理的または学問的に適切だと考える枠組みには収まらない方法がある」

言い換えれば、私たちは理解したときに理解したと思い込む傾向があるが、理解する必要もなく理解することもあることを知らないのだ。ワッツが言うように、それは人生で起こり、サッカーでも起こることだ。

ディエゴ・フォルランは、「何も理解していないと言っている選手がいる」と告白した。選手は本質的に、手続き的だ（試合の本質がそれを刺激するため）。彼らは、実践することで学ぶ。しかし、フォルランが言及するような一部の選手は、さらに手続き的だ。彼らは実践することで学び、ただ実践するだけなのだ。

意思決定は合理的に導かれる訳ではなく、多くの場合は合理的でもなく、情報に基づいてもいない。選手Aは「3人目の動き」という概念を知っており、平均して試合ごとに3回使用する。一方、パブロ・アイマールは「3人目」の概念を知らないが、平均して試合ごとに5回成功させる。では、3人目について誰がより詳しいのだろうか？

私たちが教育されてきた学校の伝統的な考え方では、選手Aがより詳しい。なぜなら、彼は自分のプレーを合理的に説明できるからだ。しかし、私の意見では、詳しいのはアイマールのほうだ。なぜなら、事実は言葉よりも多くを語るからだ。一方はより理論的な知識を持ち、もう一方はより実践的な知識を持っている。一方はより多くの「本の知識」を持ち、もう一方はより多くの「生活の知識」を持っている。

サッカーは教えられるのだろうか？　YES、しかし同時にNOだ。あるいは、暗黙的で無意識的にも教えられる。明示的で意識的なプロセスは、その補完的な対極を知らないこと、一方でデザインの観点から、選手が自分自身のために解決策を見つけるのを助ける活動や試合を生成する能力を欠いている。明示的なプロセスは認知リソースを必要とし、意識的に行われる。一方、暗黙的なプロセスには次のいずれかが少なくとも必要となる。意図の欠如、管理の欠如、どこから答えがきているのかに対する意識の低さ、最後に高い処理効率性だ。

指導は、必ずしも知識ではない。私たちが何かを知っていることを示す最良の方法は、その何かを実際に行うことだ。それは動詞であり、名詞ではない。優れた選手は、フィールド上での表現によって知られている。優れた指導者は、彼らのチームがどのようにプレーするかによって知られている。

実行のレベルが高くなるにつれて（特に創造的な場合）、説明は難しくなる。宣言的知識が手続き的知識と組み合わされるのは、それほど大きな問題ではない。特別なものではない場合は、説明可能だ。ただ、手続き的知識が特別な場合、宣言的知識では特別なものを実現することはできない。言葉だけでは十分ではない。「どうやって説明すればいいのかわからない」と答えるほかない。リオネル・メッシはすでに何千回も彼がどのようにプレーしているのかと訊ねられ、何千回も彼は「よくわからない」と答え、ただ「即興でやっている」と告げている。

最も思考に適さない概念的な条件で思考に最適で実践的な条件が発生する

有名なシンガーソングライターのボブ・ディランは、自分自身の歌詞の出所や意味を知らなかった。ジョン・バーグは、次のように彼のエピソードを紹介している。

「賞を受賞したあと、彼は自分の歌詞と古代ギリシャの詩との比較が行われたことを聞かされたとき、『それらの分析は学者に任せるほうがいい』と述べ、自分自身が歌詞を説明するのに適任ではないと感じた」

数年後、同じような状況がアンドレス・イニエスタでも繰り返される。スペインの生物科学学者ペレ・エストゥピニャンに彼がフィールドで行っている驚異について訊ねられたとき、彼は明確に答えられなかった。私の知る限り、イニエスタはディランと意見を一致させるために相談したことはない。

ヴィセラルトレーニングの目的は、選手に最優先で実践的知識を提供することだ。もしあとで理論的知識を実践的知識に加えることができれば、さらに良い。実践的知識から生じる認識と実行は、理論的知識から生じるものよりもはるかに速い。なぜなら、バーグの言うように、「私たちの脳と心は、考えることと知ることだけでなく、すべての中で行動し、必要な場合には素早く行動するために進化してきた」からだ。好むと好まざるにかかわらず、サッカーは私たちに迅速な行動を求める。

さらに、神経科学は高い神経効率性が皮質活性の低下と積極的に関連していることをすでに証明している。アルネ・ディートリッヒは「脳の処理が競合的であり、脳は有限の代謝リソースを持っているという基本原則に基づき、一時的な低前頭脳仮説は、運動中に広範な神経活性化が必要であり、運動に関係のない前頭前野などの脳の構造における神経活動の一時的な減少が生じることを示唆している。運動による前頭部の低機能状態は、運動が情動と認知に及ぼす影響を一貫して説明できる。新しい仮説は、その発見的な価値に基づいて提案されており、いくつかの新しい研究の道を示唆する」と提案している。

また、マイケル・オーディフレンらの研究を引用しよう。

「急性運動の網様体活性化低前頭性モデルは、神経認知的アプローチに基づいた理論的な枠組みを提供し、以下の2つの相乗的なメカニズムによって矛盾した結果を説明する。運動タスク上の感覚と、暗黙の運動プロセスにおける急性運動の助長効果のベースとなる網様体活性化プロセス、および運動タスク上の実行機能に対する急性運動の弱化効果を維持する低前頭性プロセスの2つだ」

もしリソースが有限であり、感覚、運動に対してより多くの割り当てが行われ、その結果として前頭前野の非活性化が存在するとすれば、以下のことを説明できるだろう。

❶サッカー選手が試合の状況を解決するための最良の認知戦略として「考えずに行動する」と述べる理由だ

❷感覚入力を無効にすること（多くのアナリティックトレーニングが典型的に行うこと）は、行動が要求するものとは正反対だ

しかし、下記は論点になる。

❶もし急性運動が実行機能を弱めるのであれば、サッカー選手が実行機能のテストで2％以上高いスコアを出す理由はどのように説明されるのだろうか？

❷ディートリッヒが言及するように、「流暢性は一時的な低前頭脳状態である」ということであれば、サッカー選手は意識的な認知制御の幻想をすべて手放すしかない

ファン・アンヘル・コラドとダニエル・アードイの言葉によれば、「サッカー選手がよりリラックスし、彼らの上昇機能を信頼するほど、彼らの心はより自由で敏捷になる」。

したがって、リン・チーチュンらの研究結果は、このような低前頭脳状態の場合ではないだろうか。彼らは「サッカー選手は非スポーツ選手の対照群と比較して、より大きな作業能力を持ち、より迅速な意思決定を行った」と結論づけている。

「最も思考に適さない概念的な条件」こそが、「思考に最適で実践的な条件」が発生する場所だ。サッカー選手の思考は、医師や建築家、エンジニアの思考とは違っている。ただし、思考する時間がない緊急事態のような極限の状況では、医師や建築家、エンジニアの思考に似ているかもしれない。例えば、生死の境をさまよう患者がいる救急室での場面では、医師もサッカー選手のように考えることを強いられる。

そして、チェスプレーヤーが思考する方法とも異なっている。そこでは「正面性」の傾向が高い。近年のコネクトミクス研究（脳の神経網の研究）は、より短い神経経路、より効率的な経路についての研究を進めている。したがって、サッカー選手の脳の使用は、道をショートカットすることを無視することがあり、一部の場合には「正面の駅」を経由しない、より短く効率的な経路を意味する可能性がある。

したがって、彼らをトレーニングする方法は、この相反する特異性により近づくべきではないだろうか？　それはヴィセラルトレーニングの際に、サッカー選手が認知的に行うべきだ。

ここで、私はロビン・カーハート＝ハリスのエントロピー脳仮説を紹介したい。これは、エントロピー（この場合は無秩序と見なされるエントロピー）に基づく意識の状態における理論だ。基本的には、「脳の活動は主要な状態では、よりランダムで予測しにくくなる」と述べている。

カーハート＝ハリスとマイケル・ヘルツォークは、次のように語っている。

「主観的な体験の豊かさは、継続的な神経活動の豊かさに直接関連しており、この豊かさはより単純に多様性と定義される」

この時点で、ヴィセラルトレーニングは、イギリスの作家オルダス・ハクスリーが著書『知覚の扉』（1954年）で幻覚剤の使用について描写した内容に似ている。

「視覚的な印象は非常に強まり、目は、概念にすぐ自動的に従属しない幼少期の知覚の無邪気さを一部取り戻す」

知覚を高めるための非幻覚的な幻覚剤としてヴィセラルトレーニングを理解し、受け入れることが求められる。ヴィセラルトレーニングでは、動きが概念に従うのではなく（もしそうなら、意識的に従う時間はない）、動きは原始的で迅速な適応を経験し、動きがのちに概念を表現するためのプラットフォームを提供する。

2 ピッチ外における実行機能の評価

実行機能の評価には、以下のような方法がある。

①デザイン流暢性タスク
②数字符号置換検査
③Nバックタスク
④サイモンタスク
⑤コルシブロックタスク
⑥デジットスパンタスク
⑦ストループテスト
⑧ウィスコンシンカードソーティングテスト
⑨CANTAB神経心理学的検査法

私たちは、サッカー選手を含めるか除外するかという決定が身体測定的な要素だけに基づくべきではないと考えており、実行機能の評価結果だけに基づいてこの決定をすることにも同意できない。ほかの章でも主張してきたように、これらの評価は補完的で、代替ではない。これらのテストは鉛筆と紙、もしくはPowerPointで完了できる単純な方法だが、私は実行機能の評価をより生態学的な方法で行うことも提唱している。サッカー選手は、フィールドとボールが本来の試合の性質と異なる要素に置き換えられた状態での評価に、常に満足しているわけではない。この評価方法には、以下が含まれる。

① 特定のフィールドテスト
② 完全な試合状況下での評価

「実行機能は、活動や行動に変換されることで意味を持つ。この意味で、行動は認知処理の要求に従属するものではなく、逆に実行機能は運動行動のより良い調節手段だ」

——アルベルト・ガルシア＝モリーナ（スペイン・グットマン研究所の研究者）

パメラ・エレーラ＝ディアスは、「運動は、究極的な認知の表現だ」と述べている。言い換えれば、実行機能の向上は「フィールドでより良い意思決定をする」ことに役立たなければ意味がない。そして、実行機能にフィールドでより良い意思決定を手助けするように求めることはできない。なぜなら、トレーニングが実際の試合から遠く離れたものだからだ。

レナード・コジオールは「『実世界』の環境で人間の行動を観察することは、人工的なテスト環境で実施された標準化された評価のパフォーマンスよりも、実行機能についての情報を与えてくれる」とコメントしていた。

3 記憶

「作業記憶のプロセスは、無意識的および意識的な認知の意識外で動作することが可能であり、動作する。これらの認知プロセスは自動的に動作する」

――レナード・コジオール（アメリカの神経科学者）

ギリシャの哲学者ヘラクレイトスはあらゆる存在は時の流れとともに変化していくことを、「誰も同じ川に2度入ることはできない」と表現した。それと同じように、同じ試合や同じ状況は存在しない。しかし、私たちはその川を認識することができる。また、試合のパターン（決定論的または確率的な規則性）も認識することができる。それらは常に異なっているが、それでも認識は可能だ。それ自体が、トレーニングであるはずだ。流れる川の水を停滞させる必要はなく、流れるままにさせるべきだ。

マルセロ・ビエルサは、機械的な反復について興味深い説明をしている。

「私は、完全に反復に反対だ。反復は暗記のために使われ、暗記は創造性に逆らう。サッカーは、創造的なスポーツだ。選手を従順にすると、彼らを向上させるのではなく、彼らを制約してしまう。記憶は、選手を制約してしまう。記憶には限界がある。暗記させるためには、選手に3つのアイデアを与えることができる。繰り返す、繰り返す、繰り返す。しかし、彼らは3つのアイデアを自分自身のものにする必要がある。そして、繰り返しが私にとっては選手に有害である理由だ。すべてを暗記することはできないので、暗記することは悪いことだ。特定のことだけを行ってしまう。サッカーは、独立性を要求する。独立するためには、短縮されたレシピを持っている必要はない。だから、私にとってトレーニングは常に集中力を活性化させるメッセージを変えることであり、選手は常に異なるメッセージに適応しなければならず、メッセージは暗記できないようなものでなければならない。選手は解決方法を学ぶために区別するのではなく、解決する方法を学ぶのだ」

暗記への執着は、論理的かつ妥当な手順に従うことを私たちに強制する。これらは、絶対的な単純化から始まることに関連している。例えば、ある動作を覚えるまで、その動作を第二の動作と関連づけないことだ。これは最も細かな分析だ。これはおそらく、古いニュートン主義の遺産（詩人ウィリアム・ブレイクは、神にニュートンの単純な視点から私たちを解放してほしいと願った）やデカルト的なものであり、自然の機械論的な見通しと絶対的な決定論を含んでいる。すべてはある因果関係に応じており、ある影響を引き起こす原因がある。

スティーブン・ナフマノヴィッチは、以下のように批判している。

「ルネサンス以後、唯物論的な合理的認識論が西洋文化の方向性を規定するようになって以来、私たちは、私たちを文脈や媒体と関連づけるプロセス、すなわち芸術・夢・宗教・そのほかの無意識的な道の実在性を否定してきた。グレゴリー・ベイトソンは、芸術・宗教・夢が意識的な目的の狭さを補正するために必要な療法であることを示している」

わかりやすく言えば、クラゲは意識的な脳デバイスを必要とせずに6億5千万年生き残ってきた。

築き上げられた記憶は課せられた記憶よりも効率的である

最新の結論によれば、記憶は過小評価するにはあまりにも堅牢だ。私たちは、豊富な詳細を含む、約1万の場面を思いだすことができる。したがって、単純化は論理的であるからといって、それが正しい選択肢であるとは限らない。少なくとも唯一の選択肢ではない。この点については、異なる結論を示唆する多くの研究がある。

デヤン・ドラシュクフらは、次のように結論づけている。

「本研究では、自然な場面における物体の偶発的なエンコード（記録）と、それらの場面を明示的に記憶することを比較した。驚くべきことに、参加者に場面を思い出すように頼まれたとき、被験者の記憶のパフォーマンスは『明示的な指示によって記憶しようとした場合』よりも『自然に記憶された場合』のほうが著しく優れていた。探索条件の被験者は物体を明示的に記憶するように求められていなかったが、この効果が現れた。この結果は両方の条件で、物体を同じ時間観察した場合にも成立した。重要なのは、物体が一様な背景ではなく、完全な場面の文脈で提示された場合、場面の意味が私たちが自然な場面で物体を検索するのを助けるだけでなく、意図的な記憶を超えて物体の記憶を助ける表現を生成するということだ。この研究からの結論は、意図的な記憶に比べて自然な場面内の物体の検索において、偶発的なエンコードが優れた記憶のパフォーマンスを示すことが理解できる。さらに、場面の意味が物体の記憶を助ける表現を生成する役割を果たしていることも示唆されている」

①暗黙的な記憶（無意識的で意図しない記憶）は、明示的な記憶（意図的な記憶の探索、意識的な記憶）よりも優れて機能する。ジョン・バーグは「無意識の力の存在と自由意志の限界を認識することによって、実際にその自由意志を増やすことができる」と述べている。「私たちには認識できない影響があるという事実は、私たちが思ったことに対する制御が少ないことを意味するだけであり、制御がない訳ではない」とも補足している

②自然主義的な場面（できるだけ実際に近い試合の状況）での記憶が、非自然主義的な場面（試合の状況が同じ文脈で再現されない状況）での記憶よりも優れている

また、暗黙的な記憶と明示的な記憶の間にも区別を追加したい。例えば、アルツハイマー病では、前者は保たれる一方、後者は衰える。私は、神経心理学の教授ウンベルト・レオン・ドミンゲスが述べたエピソードに驚かされた。

老人が、人生の最後に「あなたが言っていることは面白いが、あなたが誰かは知らない。でも、あなたをとても愛していることはわかる」と述べたのだ。名前は外部からくるが、名前は明示的なものだ。感情は内からくるものであり、感情は暗黙的なものだ。のちに、統合失調症でも暗黙的学習は完全であることが判明した。

認知は、私たちが通常認知と考えているものだけではない。したがって、学習も私たちが通常学習と考えるものだけではない。そのため、その方法は推移的ではない。ここでヴィセラルトレーニングが登場する。

注意深く観察すると、明示的な認知は前頭前皮質の成熟と一緒に成長する。そして、年を重ねるにつれて衰える。しかし、暗黙的な認知は私たちとともに始まり、ほかの認知が衰えても維持される。それは、私たちの存在の始まりと終わりを助ける。

そこには「生き残るための理由」がある。なぜ私たちはこの理由に注意を払わずに、サッカー選手を最適化するためにこの理由を活用しないのだろうか？　記憶に暗黙的に染み込んでいるものは

固定されたもののように思われるが、明示的なものは同じように固定されていないように思われる。

一方、築き上げられた記憶は、課せられた記憶よりも効率的だ。なぜなら、「解決策を見つける」ことと「解決策を受け取る」ことは同じではないからだ。前者の場合、より愉快な感情反応が生じ、同時に記憶をより良く定着させるのに役立つ。

ハリエット・パーヴィスらはしばしば（科学的な認証のソースがないことを認めているが）「脳に新しいシナプスを作り出すには400回の反復が必要だ。ただし、それが遊びを通じて行われる場合は、10～20回の反復で足りる」と主張している。

課せられた記憶には何千回もの反復が必要だ。「創造的な不在」は、記憶するために反復を増やす必要がある。「創造的な存在」は、反復を減らして記憶することができる。解決策を素早く見つけても、たった1度の反復でも記憶を保存できる。

これは映画を観るのと同じだ。集中するために努力する必要がある場合、それは良い映画ではない。最高の映画は、暗黙的で自然な集中に導かれ、私たちを吸収し、自分自身の一部であるかのように感じる。

トレーニングでも同じことが起こる。外部にいるか、内部にいるかによって、集中するための努力は必要なくなる。なぜなら、集中は自然にやってくるからだ。

私が解決策の積極的な構築者であるとき、解決策をよりよく記憶する。

この結論は、ヴィセラルトレーニングの構造的な形成を尊重している。

3・1 作業記憶

ここでは、すでに実行機能の章で取り上げた「作業記憶」については詳しく説明しない。ただし、作業記憶は広範な脳のネットワーク（海馬、帯状回皮質、前帯状皮質、眼窩前頭皮質）を呼び起こし、同時に非常に狭い制限があることを追加で述べることができる。

ウンベルト・レオン・ドミンゲスは、「ジョージ・ミラーが提案した作業記憶の容量が7（－2／＋2）である」という考えに反対し、より新しい研究では作業記憶の幅が1から5の物体の間で飽和することを示している。作業記憶の制限は、私たちがアカウントを使った情報とアカウントを無視した情報を非常に選択的にすることを強制する。そのため、試合で起こるすべての情報に注意を向けることは不可能であり、さらに、すべての情報を意識的に注意することも不可能だ。ドミンゲスは「サルのほうが、私たちよりも視覚空間の作業記憶に優れている」と述べている。

「この仮説は、言語を持つことで私たちが支払わなければならなかった『通行料』によるものだ」とドミンゲスは主張している。これは、より概念的であることがより知覚的であることを妨げたのだろうか？　もしそうであるならば、トレーニングセッションで概念性を追求することによって、試合の知覚的な要素が中断されることで、サッカー選手の知覚的な能力が低下することになる。

3・2　前方視野的記憶

「前方視野的記憶」は、適切なタイミングまで実行を遅らせる能力と定義される。これは、サッカーにおいて常に鍛えられている。適切なタイミングでプレッシャーをかけるために待つ、展開するために待つ、ポゼッションから攻撃するために待つ……正しいタイミングを待つことだ。この待つことは、相手によって仲介される。相手との相互作用がなければ、実行を遅らせる必要はない。トレーニング中に相手との相互作用を犠牲にするような行動は、予期的記憶に悪影響を与えてしまう。

セス・コスロフらによれば、「前方視野的記憶は、次の2つの異なる認知制御戦略によって助けられる可能性がある。前方視野的記憶は、作業記憶の目標を維持し、環境を積極的に監視することを含む。反応的制御は、エピソード記憶から目標情報を適時に回復することに依存する」。また、彼らは「認知的柔軟性は、のちの意図的な記憶を向上させる」と結論づけている。

ヤン・ルンメルらは、「前方視野的な事象基準の記憶（PM）は、環境の信号に応じて意図を実行することを記憶する能力だ。最近のマイクロストラクチャーモデル（市場の微細構造モデル）では、成功した事象基準のPM適合には4つの区別可能な段階があるとされている。つまり、(a) 事象を警告する必要があり、(b) 意図を呼び起こす必要があり、(c) 状況を確認する必要があり、(d) 意図したアクションを進行中のタスクの要求と調整する必要がある。段階1、2、3の認知プロセスについては、多かれ少なかれ研究が行われているが、段階4のプロセスについてはほとんど知られていなかった。このギャップを埋めるために、私たちは進行中のタスクとPMタスクの反応の重複レベルを操作し、段階4のプロセスを分離した。結果は、反応の重複が存在する場合にPMのパフォーマンスが改善することを示している」と述べている。

この研究の結論から推測すると、前方視野的記憶はアナリティックトレーニング的な刺激よりもヴィセラルトレーニング的な刺激のほうが向上しやすいと示唆されている。

この視点から見ると、ヴィセラルトレーニングは前方視野的記憶を最大限に活性化させることを目指し、認知的柔軟性を高めることを目指している。結晶化された知性よりも流動的な知性を重視する。

3・3 エピソード記憶

「エピソード記憶」は、過去の経験における時間的・空間的文脈を記憶するものだ。エピソード記憶は、主に海馬で起こっている。

マイケル・グレイシウスらは、次のように示唆している。

「デフォルトモードネットワークは海馬を含んでおり、エピソード記憶がデフォルトモードネットワークの認知処理に組み込まれていることを示している」

迅速な認知という目的を考えたとき、エピソード記憶の重要性を思いだしてみたい。

「つまり、作業記憶の目標維持と環境の能動的な監視を意味するプロアクティブ（能動的）な制御と、エピソード記憶から目標の情報を適切に取り出すことに依存するリアクティブ（受動的）な制御だ」

戦略的には、プロアクティブな制御に基づく認知制御は、エピソード記憶を通じて行われるリアクティブな制御よりも大きなリソースの消費を必要とするだろう。

精神リソースの消費は、脳の戦略的なタスクだ。デイヴィッド・ストレイヤーとフランク・ドリューズは、独立変数がおよそ4〜6個に制限されていると主張している。プロアクティブな制御はより意識に依存し、リアクティブな制御はより無意識的な処理の分野に属するようだ。これは指導者にとって有益なことだが、エピソード記憶とは「過去の出来事や特定のエピソードを組み替え、長期的な未来予測やシミュレーションを可能にするもの」であり、デイヴィッド・イングヴァールの言葉を借りれば「未来からの記憶」を作り出す。

アンドリュー・ヨネリナスらによれば、エピソード記憶は2つの方法で定着、または劣化する。

「エピソード記憶は、睡眠中などのオフラインの時間に統合されること、大脳新皮質領域

に長期保存されない限り、すぐに忘れられてしまう」

海馬が、項目と文脈に関連する情報を結合している。物忘れは文脈の干渉によるところが大きいが、エピソード記憶は長期にわたって海馬に依存している。

アニカ・ハナートらは、次のように要約している。

「海馬に依存した記憶の統合は、過去に符号化された記憶が睡眠中に再活性化するプロセスと因果関係がある」

サイモン・ルーチとカタリーナ・ヘンケは、次のような疑問を抱いている。

「睡眠中に処理された情報は、覚醒時の行動に影響を与えるのだろうか？　近年の研究では、睡眠中の学習は可能であるが、睡眠中の学習は必ず『覚醒状態では意識的にアクセスできない記憶の痕跡を残すこと』が示されている。したがって、睡眠中の学習は、覚醒時の行動に暗黙的な影響を及ぼすことはあっても、明示的な影響を及ぼすことはないと考えられている」

言い換えれば、人間は寝ている間に学習していることを認識せず、寝ている間に学習したことを意識的に活用することもできない。しかし、何も知ることができないことこそが重要だ。もし私たちが傲慢なら、そのコントロールを失い、これらの学びを誇示する能力を失う。もし私たちが謙虚であれば、私たちはこれらの学びを自然そのものの贈り物として受け入れ、たとえ私たちがこれらの学びを主張することができなくても、私たちの脳がこれらの学び自体を表現することを許すだろう。

リンジー・クロフォードらは、「記憶干渉は、検索されるべき情報（または記憶）が競合の刺激によって中断されたときに起こる。能動的干渉（PI）は、以前に獲得した情報が新しく獲得した情報に干渉するときに起こる。一方、遡及的干渉（RI）は、新しく獲得した情報が以前に獲得した情報に干渉するときに起こる」と定義している。

3・4 手続き記憶

「手続き記憶」は、非申告的記憶の中にある。どのように知っていて、何を知らないかという記憶であり、精神運動的なタスクを説明するのに広く使われている（パブロ・アイマールが語った3人目の動きという例が、ここによく当てはまる）。これは反応のための記憶であり、行動のための記憶ではない（行動においては、意識、計画、意図を媒介することができる）。より少ない意識リソースを使い、脳の処理をより効率的にするための決定的な記憶である。

この記憶はサッカー選手にとって非常に有用である。なぜなら、非常に経済的な神経費用で、関連する行動情報を取り出すことができるからだ。この記憶では、身体が知っているので、誰かに何かを命令される必要はない。

3・5　パターン記憶

スペインの心理学者ローラ・ディアス＝ベンジュメアが説明するように、「『パターン記憶』は環境による効果の規則性と、構造化された組織を吸収することによって生じる。例えば、4歳や5歳の子どもが示す材料の順次的な連鎖の習得は、意識的なレベルでは条件関係や推移性などの複雑な概念を理解していないが、暗黙のうちに変数間の条件関係を含むアルゴリズム（問題を解決するための手順や計算方法）を習得している。これらの能力は、人間だけでなくラットなどの動物にも存在し、コネクショニズム（人間の認知や行動をモデル化しようとする立場）によって実現することができる。この記憶は言語学習を説明し、私たちは知らないルールを適用し、それを口に出す前にそれらを口に出すことができるのだ。アーサー・リヴァーは、潜在的なルールを報告する能力よりも識別能力が著しく優れていることを示すために人工文法システムを開発した。（中略）その結果、暗黙的に習得した心的内容は常により豊かで洗練されており、表現できるものよりも上位であるとリヴァーは考えている。さらに、被験者に獲得段階で系列に構造的なルールがあることを警告すると、彼らのパフォーマンスは劣ってしまう。有効性は知能やほかの明示的な学習と非常に高い相関を持つ要因と、ほとんど関連していない。（中略）リヴァーは、複雑な状況の構造的なルールを推測するための『無意識の抽象機能』が存在し、私たちが言語だけでなく社会のルールを学ぶために使用していると結論づけている。（中略）私たちは意識からの説明プロセスで抽象的なルールを述べるが、それは学習の基礎ではなく、自動的で無意識のものだ」。

サッカー選手は、「パターン記憶」を使用し、強化する。そして、彼らは知らない、言語化することができないルールを適用することによって、パターン記憶を行う（言葉を話すことを学ぶ子どもが使用するルールは、ストリートサッカーの文脈でサッカーを学ぶ子どもが使用するルールだ）。これらの「無意識のアルゴリズム」で学んだものは、学んだものを説明しようとするいかなる合理性よりも豊かだ。

この「非意識的な抽象機能は、複雑な状況の構造的なルールを推測することを可能にする」というものを、私たちはヴィセラルトレーニングで実現しようとしている。なぜなら、確定的で構造的なルール（試合そのものの本質）がある一方で、一時的で構造的なルール（特定の試合の選手間で発生する特定の相互作用の結果）も存在するからだ。

そして、一時的で構造的なルール（マルコ・ファン・バステンは、「各試合は完全に新しい状況と挑戦を提供する」とコメントした）では、個々のサッカー選手とチーム全体が理解し合い、その独特な文脈に応じて行動する必要がある。そして、一時的で構造的なルールを無意識に理解する必要がある。

一時的で構造的なルールをどのように理解すればいいのだろうか？　これは簡単なことで、ペップ・グアルディオラとフアン・パブロ・バルスキ（アルゼンチンのスポーツジャーナリスト）の会話を引用すれば、選手を「一時的で構造的なルールを理解できる状況」に置くことだ。

ディアス＝ベンジュメアは、次のように結論づけている。

「要約すると、私たちが心理分析で『手続き記憶』と呼んでいるもの（Clyman,1991）は、ラリー・スクワイアら（Ruiz Vargas,1986;1987によって引用された）の最初の用語に従い、『非陳述的な記憶』（意識上に内容を想起できない記憶で、言語などを介してその内容を陳述できない記憶）機能の一部を含んでいる。手続き的、連想的、パターン的な記憶。おそらく、私たちが説明している現象に共同で関与しており、結合主義的な認知モデルで十分に表現されているようだ」

4 予測

「偉大な選手たちは事前に考える人々であり、存在していないスペースを予測する能力を持っている」

――フェルナンド・シニョリーニ（ディエゴ・マラドーナのフィジカルトレーナー）

「私のスピードは、予測、試合の理解によって、相手よりも先に動くことだった。『このボールがここに動き、クリアされた場合はこのスペースにボールがくる。だから相手の選手よりも先に動き、ボールを回収しなければならない』と考えていた。私のスピードはフィジカル的なものではなく、予測のスピードに支えられていた」

――シャビ・アロンソ（バイヤー・レヴァークーゼン監督）

サッカーにおける予測は、人間の脳に存在する「自然で初期設定における予測の洗練化」だ。
マーカス・ライクルは、次のように述べている。

「少なくとも感覚皮質では、内的活動は予測される感覚的属性の皮質表現に組織化される。全体のレベルでは、明示的な活動がない場合、内的活動は、明示的な行動の全範囲に関与していることでよく知られる機能に組織化される。この組織化は、局所から機能レベルまで階層的であり、脳が覚醒時に要求されるものに備えて状態を維持するという仮説と一致している」

正確な予測をする能力は、サッカーのような複雑かつ変化しやすい環境でのパフォーマンスにおいて重要だ。これらの予測は、ボールの軌道、チームメイトや相手の意図などを推測することによって先読みのスキルを向上させる。この先読みが効果的であるためには、サッカー選手は関連する情報に注意を向け、可能な限り感覚的なノイズを排除する必要がある。

一般的な選手と優れた選手の違いは、前者がボールがある場所に応じてプレーするのに対し、後者はボールがくる場所を予測してプレーすることだ。先読みの違いは、選手が現在にいるか、未来にいるかを示している。私たちが比喩的に「試合の読み方」と言う場合、その読み方は過去に書かれた文章に基づいて行われるように思われるかもしれない。これがサッカーとの大きな違いだ。現在を読み取りながら、それに応じて決定を下すだけでなく、何が起こるかを推測し、起こるであろうことを予測する。そして、その未来の予測を読みながら、相手よりも先に書いていかなければならない。

アナリティックトレーニングは、予測能力を向上させるために特に重要な文脈情報を無視することが多い。特定のスキルを習得するために、トレーニングでは感覚的な情報を取り除いてしまうので、複雑な環境で表現される必要のある能力を損なう。

判断を下すための知覚情報と切り離された運動スキルは存在しない。選択を実行するためには、判断が行われる知覚的な情報と密接に関わる必要がある。すべてがあらかじめノイズの関連性として区別され、処理されてしまう場合、選手の認知可塑性に対して逆効果となる。ほかの誰かが代わりに先回りしてしまうと、選手は先回りを学ぶことができない。

もしAがBにしか起こりえず、それを伝える必要があるのであれば、彼らの知覚はどこでトレーニングされ、どこで先回りし、情報を判断することができるのだろうか？　その選手は単に実行するだけだ。ヴィセラルトレーニングでは、選手の代わりに誰も決めることはできない。ヴィセラルトレーニングでは、AまたはBという選択肢以上の選択肢がある。

アナ・マリア・アブレウらによるバスケットボール選手を対象とした研究では、「正しい行動の予測は熟練の選手では後部脳島皮質の活動を増加させ、初心者では前頭側頭皮質の活動が増加し、熟練の選手にとっては身体の認識がパフォーマンスの観察に重要である一方、初心者はより高次の意思決定戦略に依存していることを示唆している」と結論づけている。この研究は、意識からの独立が必要であるという事実を強調している。

ヴィセラルトレーニングは、タスクに影響を与える変数を増やすことで、関連性に注意を向ける能力を高め、その結果、捨てる必要のあるノイズも増える。指導者が関連性と非関連性の区別を行い、関連性のみを残すというプロセスを行った場合、関連性が明確になる。しかし、試合ではそのような現象は起こらない。試合では関連性とともに非関連性も共存している。

迅速な識別は遅い脳の処理では行うことができない

マテウシュ・ヴィトコウスキらが調査したように、例えば熟練のフェンシング選手は上半身と剣を注意深く見るが、初心者のフェンシング選手は防具、剣（刃と先端）、剣を持つ手、下半身、上半身などに注意を払う。関連性にのみ注意を向けるためには、まず関連性ではないものにも注意を払う段階を経る必要がある。初心者はその段階をスキップすることはできず、非関連性や二次的な要素を排除することはできない。その段階を直接経験する必要がある。知性的な判断力は、経験を通じて知覚を何度も体験する段階をスキップすることはできない。それらの宣言的な知識は、選手が体験している手続き的な知識に組み込まれる必要がある。

ここでも、意識と無意識の二分法に直面する。どのようにして気を散らす要素を取り除くのだろうか？　意識的な判断をトレーニングするのだろうか、それとも無意識のメカニズムが意識的な判断を行うことができるのだろうか？

メアリーアン・ヌーナンらは「準備的な抑制の選択的なトップダウン制御に関しては、限られた証拠がある。それどころか、私たちは、気を散らす要素の抑制はしばしば非対象要素の二次的な抑制（比較的、非選択的な抑制）および環境の統計的な規則性に基づいて行われ、直接の経験を通じて学習される」と主張している。

再び、無意識の賢明なプロセスが私たちに文脈の関連性や非関連性を知らせてくれる。そのプロセスについて、意識的に考える必要はない。サッカーをプレーしたことがある人なら誰でも、何となく理解できるのではないだろうか。

選手はすべてに注意を払うことはできず、すべての感覚的な情報を知覚することもできない。したがって、関連性のレベルでの迅速な識別が重要になる。そして、その迅速な識別は遅い脳の処理では行うことができない。

ダニエル・カイザーらによる研究では、サッカーに類似した類推を見つけることができる。具体的なサッカーの研究がまだ存在していない限り、他分野の研究結果を参考にするべきだろう。

「人間の視覚機能は、乱雑な場面に存在する多くの物体のごく一部しか表現できないため、物体同士が表現の競合をする。それにもかかわらず、乱雑な自然的場面における物体区分の検出は非常に速い。結果は、注意が乱雑な自然的場面における物体間の競合を迅速に解決し、標的に関連する物体の迅速な神経表現を可能にする。効率的な注意の選択は、多くの日常的な状況で重要だ。例えば、車を運転する際には、横断歩道を渡る歩行者などの障害物を迅速に検出する必要があるが、関係のない物体は無視する必要がある。現実の場面に含まれる多数の物体が存在する状況で、人間はどのようにしてこれらのタスクを効率的に実行するのだろうか？　私たちは、脳の活動が場面内の物体の存在を迅速に追跡す

ることを示したが、重要なのは、それが観察者にとって直ちに関連性のある物体に対してだけであったということだ。これらの結果は、現実の状況で標的に関連する物体の迅速な検出を仲介する迅速かつ効率的な焦点選択の証拠を提供する」

これは、サッカーと非常に似ている。言い換えると、事前に関連性を決定し、視覚的―知覚的―認知的な処理をトレーニングから取り除くことは、サッカー選手にとって有益ではない。むしろ害を与えることになる。取り除くことによってこれらのプロセスが活性化されることが止まり、活性化が止まるとそれらのプロセスは退化してしまうからだ。

オリヴァー・サイデルらもこのテーマを調査し、次のように結論づけている。

「現実世界の乱雑な場面からの視覚情報の選択には、視覚的な入力が観察者の注意の設定と一致することが含まれる。つまり、現在の行動の目標に関連する物体の内部表現だ。目標が変わると、新しい注意の設定を事実化する必要があり、以前の設定を削除して現在の行動に関連しなくなった物体に注意を向けることを防ぐためだ。非関連の区分の情報は中立の区分と比較して有意に減少した。これは、以前に関連性のあった物体の処理が抑制されていることを示している。このような高次視覚皮質のレベルにおける能動的な抑制は、現在の行動に関連性のない物体の誤った選択や干渉を防ぐのに役立つ可能性がある」

■アナリティックトレーニングでは「刺激の競争」や「適者生存」が存在しない

指導者はメッセージを簡素化すべきであり、トレーニングを簡素化すべきではない。概念を簡素化する（複雑な理論化を避ける）一方で、認知を複雑化する（現実の文脈での意思決定のトレーニングを奨励する）必要がある。これは長期記憶にも影響を与える。もし指導者として何かを短期的に覚えてもらいたいのであれば、刺激を競合させないようにする。一方、覚えてもらいたいものを長期記憶に定着させたい場合は、刺激同士を競合させる。

オリヴァー・バウマンらの研究によれば、「エンコード中の高い干渉レベルによって、後続の減衰率が遅くなる」ことが判明している。

「作業記憶の研究結果とは異なり、私たちの結果は長期記憶プロセスに『適者生存』の原則が適用されることを示唆している。つまり、エンコード中の刺激の競合は、記憶工程の数を減らすが、より堅固であり、より遅い速度で減衰する。対照的に、エンコード中の低い干渉レベルは、初期により多くの記憶工程を形成することを可能にするが、あとにはより速い速度で減衰する。低い干渉エンコードの初期的な利点は、わずか1週間後に消失することだ。この発見は、エンコード中の刺激の競合がシナプス可塑性を調節することを示唆している」

読者の方々は可塑性への影響に加えて、それぞれのトレーニング方法が記憶に与える異なる影響に注意してほしい。これは、アナリティックトレーニングでは「刺激の競争」や「適者生存」が存在しないためだと考えられる。指導者がトレーニングを簡単にすることで選手の生存を簡単にすると、彼らは弱くなってしまう。逆に、エンコードされる刺激同士が競争し、生存のために戦いを繰り広げる場合、競争が達成されれば、その刺激はより確固とした長期記憶に定着するようになる。

初めてアルゼンチン・ブエノスアイレス市内の高速道路を運転する機会があったとき、私は息苦しさ、情報の過剰さを感じた（長年にわたり、愛するネコチェアの通常の道路を運転していたにもかかわらず）。しかし、仕事の都合で何度もブエノスアイレスに出向くようになると、その感覚は最初のときほど強くはなく、息苦しい高速道路を運転することが快適で自然なものになった。

静かな通りを長年運転しても、ブエノスアイレスの「狂気」（ヴィセラルトレーニング）の要求は、私の故郷の静かな通りとはまったく異なる複雑な特異性を要求した。もっと多くの静かな通りを運転しても、大都市の過負荷の高速道路で運転する準備はできなかっただろう。私はカオスへの対処方法を学ぶために、カオスに入り込まなければならなかった。脳は複雑性に適応するが、私たちが脳に複雑性を提供する必要がある。

ヴィセラルトレーニングを用いると、情報処理に慣れていないため、選手は最初は圧倒されるかもしれない。異なる反応は不安、抑制、あるいは要求に対応するための過剰な皮質使用に関与するかもしれない（これはスポーツ以外のタスクでも検証されており、活動の変化が両側の上部頭頂皮質、右の後頭皮質、左の前頭皮質、左右の線条体、および両側の前頭皮質を活性化させることが示されている）。

選手がこの方法に慣れてくると、以下のように変化する。

- 不安から楽しみへ。カオスの環境が楽しめるパズルであると理解する。サッカー選手が認知的な困難そのものを楽しむことを学べば、認知的なシナリオは感情的に逆行するものではなくなる
- 抑制から流動性へ。活動への敵意から親しみに変わる
- 意識的思考から無意識へ。歴史的に意識的な要求に慣れていると、知覚的な要求が増えたときに、意識的な集中力を高めなければならないと信じ込まされている。解決策は常に質問と同じ次元にある訳ではない。要求が増えれば増えるほど、思考（私たちが伝統的に思考と理解している方法）は減少する。意識的な要求を解放し、無意識的な解決策を許容すると、試合の流れがより良くなり、最良の答えを見つけることができる

第4章

意思決定

FOOTBALL VISCERAL TRAINING

1 伝統的なトレーニングとヴィセラルトレーニングの意思決定

「良い選手、それよりも優れた選手、エリート選手を分別するうえでの違いは、意思決定力だ」

——ファン・カルロス・オソリオ（ザマレク監督）

ファン・パブロ・バルスキ（アルゼンチンのスポーツジャーナリスト）「意思決定力を向上させるためには、どうするべきだろう?」

ペップ・グアルディオラ「プレーすることだ。ほかの方法はない」

バルスキ「繰り返しトレーニングするということ?」

グアルディオラ「違う。プレーすることだ。意思決定力は、多くの決定をする間に向上する。ほかに近道はない」

ペップ・グアルディオラのように、パコ・セイルーロも試合の文脈との相互作用が多いほど、意思決定力が向上すると考えている。

多くの意思決定を行うことを前提とした、高速で認知する選手をトレーニングするのは簡単だろう。しかし、グアルディオラとセイルーロが知っているように、多くの意思決定をすることに基づいた意思決定力の向上には、少なくとも2つの要素、「質的な要素」と「時間的な要素」に関連させる必要がある。

良い意思決定が、孤立して存在することはない。良い意思決定は必ず、文脈に結びついている。一般的に、重要な意思決定は時間的なプレッシャーと文脈的な要素（スペースと相手）がある中で行われなければならない。

アメリカの組織的な意思決定の専門家であるハーバート・サイモンは、1962年にすでに指摘していた。


「サッカー選手が受け取るもの、または彼らが貢献するものを理解するには、彼らが働く組織やプレーしているチーム（相手チーム）を理解しなければならない。なぜなら、彼らの行動と他者に与える影響は、その状況の関数でしかなく、関数に内在しているからだ」

単に数的な要求を満たすために多くの意思決定を行うことは、実際の試合にスムーズに移行することを保証するものではない。特定のトレーニングや試合では、ボールスピードに驚くことがある。しかし、試合でのボールスピードは、トレーニングとは一致しない。このトレーニングは、試

図47：それぞれの意思決定の必要性

	量的な必要性	質的な必要性	一時的な必要性
意思決定のないトレーニング	×	×	×
シンプルな意思決定が必要なトレーニング	○	×	×
通常の意思決定が必要なトレーニング	○	○	○
ハイレベルな意思決定が必要なトレーニング	◎	◎	◎

合の要求に合っていないのだ。

ヴィセラルトレーニングによって、より多くの変数をトレーニングに取り入れることで、知覚しなければならない要素が増える。かつ同じ時間単位で分析するべき選択肢の数が増えるため、意思決定において時間内により多くの選択肢を分析する必要が生じる。そして、その変数は早急で、無意識的な分析を強制する。これは、意思決定にとって最も速いルートだ。ここでは、意識を経由した無意識ではなく、純粋な無意識を指している。神経系は予期せぬ変動に対しては、無意識の調整を行うことで適応することが証明されている。

この最小時間要件（最小時間における最大要求）では、「最初を選ぶ」ヒューリスティックス（先入観や経験に基づく思考法）を使用する必要がある。つまり、最初に現れた意思決定を信頼するということだ。なぜなら、最初に現れた意思決定が最善であるはずだからだ。

ここで言っているのは、最初の意思決定をそのサッカー選手の脳内で最善として信じることであり、サッカーの意思決定としての最善とは異なっている。もし最善の選択が十分ではない場合、それは悪い意思決定なのではなく、彼の認知能力がその試合の環境が必要とする意思決定をするのに十分ではないことを意味する。そのサッカー選手の認知能力は、その試合の要求を満たしていないのだ。したがって、最初を選ぶというアプローチを変えるべきではなく、むしろ最初を選ぶにはより良いアイデアが必要だということだ。

マルクス・ラーブらは、次のように述べている。

「選択肢の妥当性は過去の経験に基づいており、最も高い成功率の選択肢が最初に生成される」

ローラ・ディアス＝ベンジュメアは、次のように主張している。

「現在の神経科学が示しているように、一方では無意識のプロセスが存在し、意識化することができないものがある。なぜなら、その内容が回復可能な形式で保存されていないためだ。これは、手続き記憶のようなものだ」

これは「適応的無意識」と呼ばれている。

アメリカ・ヴァージニア大学の心理学教授ティモシー・ウィルソンは次のように説明している。

「適応的無意識は、私たちの周囲の状況を理解し、危険を警戒し、目標を設定し、効果的な方法で行動を開始することに成功している」

■神経系は予期しない変化に対して無意識の調整を行うことで適応する

最近の神経科学が証明することとは合理的な説明が難しくても、私自身が実体験としてすでに経験していたことだ。2003年、父が癌になった。私たちは専門医を訪ねるため、隣の街に行かなければならなかった。夜になり、マル・デル・プラタからネコチェアへの道路（美しいビーチ、繊細な川、そして自然豊かな公園で愛されている私の故郷）は、坂や傾斜も多い。特に当時は路面の状態が悪く、道路標識も不十分だった。

そこで、車を運転していたとき、対向車が別の車を追い越しながらこちらに向かってきた。一瞬の間に、その動作の最終結果を見て、路肩に飛び込むことは速度を考慮すると危険だと判断した。逆の路肩も、良い選択ではなかった。止まる時間もなかった。私たちはカーブの真ん中にいた。その絶体絶命の状況で、私は車が通過できる唯一の場所、つまり道路の真ん中を通ることに決めた。その結果、私たちは2台の車の間を通り抜け、救われた。

私のことを優れた運転手だと思うかもしれない。しかし、まったくの誤解だ。なぜなら、私は何もしなかったからだ。私がしたことに気づいたのは、すでにしたことを終えてからだった。私の無意識が、すべてを代行してくれたのだ。ほかの2人の運転手（彼らも直感的な決断をしなければならなかったのだと想像する）を救い、私自身を救い、家族全員を救った（私は父、母、妹と一緒に移動していた）。誰もそのような緊急事態に備えているわけではないが、私はまるで準備をしてきたかのように状況を解決した。私たちの内部には、生き残るための助けとなる無意識の手段が存在するのだ。

ティモシー・ウィルソンの著書名が示すように、「自分たちにとって、知らない人：適応的無意識の発見」ということだ。その日以来、適応的無意識は私にとって見知らぬ存在ではなくなった。必要なときには、彼（適応的無意識）が仕事をすることを信頼している。ここで最も興味深いのは、私が彼を信頼しなくても、彼は仕事をしてくれるということだ。その経験を踏まえると、ウィルソンの主張は正しいように思える。

「適応的無意識は進化的な適応としての非意識的な思考を指しており、環境を迅速で無意識に評価し、曖昧さを解消し、解釈し、行動を開始する能力こそが生存上の利点になる」

この解釈や曖昧さの解消は、トレーニングの中で必ず起こる必要がある。なぜなら、それは試合でも避けられないからだ。解釈や曖昧さの解消には、常に協力が必要だ。

アメリカの小説家シリ・ハストヴェットも曖昧さの価値と確信の危険性について言及している。彼の言葉を、サッカーに応用してみよう。

「私は、曖昧さが非常に過小評価されていると感じている。曖昧さは多くの財産を隠している。私たちは真実か偽りかという区分で考えることに慣れているが、実際は1つの解釈だけではない（指導者の解釈だけでは、豊かさや行動の可能性を奪ってしまう恐れがある）**。同じ事実は、複数の主張を証明するために使われる。私は、人間の豊かさ**（トレーニングの豊かさ）**の大部分は、曖昧な空間で起こると確信している。例えば、私たちが話しているときに間に存在する空間は中間領域だ**（相手選手がいないアナリティックトレーニングでは、『サッカーの会話』は発生しない）**。私たちは曖昧さを含む領域について考えると、興味深いことを発見するはずだ**（指導者がすべてを発見したかのように見えるとき、選手にはまだ発見するものが残っているのだろうか?）**。これは私のアイデアではなく、哲学者のマルティン・ブーバーが『第三の存在』として機能する存在論的な実体を提唱していた。常に当然とされてきた問題に注目し、疑問が投げかけられることで、あらかじめ決まっていることへの傲慢さに疑問を投げかけると、私たちはある種の曖昧さを扱わざるを得なくなるだろう」**

3台の車が同時に道路を通過することは、事前に決まっていなかった。［導入編］で紹介した「フィールドの中央からヘディングで得点したプレー」は、事前に決まっていなかった状況が、私たちに解釈と曖昧さの解消を求めた。私の情報処理と意思決定の方法は、マルティン・パレルモがフィールドの中央からヘディングで得点した状況とあまり変わらない。適応的無意識は生存のために役立つものだが、文献にはほかの使用方法も受け入れられており、それはサッカーの試合のように極端な状況にも適用できるはずだ。

「適応的無意識は、新しい情報を学習するパターンを検出し、情報をフィルタリングするなど、日常の活動においても活発に働いている。また、それは無意識であり、自発的で制御不可能であり、認知的な手段を必要としない効率的なものだ。認知的な手段の必要性の欠如は、適応的無意識を意識的な心よりも有用性が低いものにはしていない。適応的無意識は、記憶形成、身体のバランス、言語、学習、一部の感情プロセス、そして判断、意思決定、印象形成、評価、目標の追求などのプロセスを可能にする」

神経系は、予期しない変化に対して無意識の調整を行うことで適応する。それは道路上で私と私の家族の命を救ったが、フィールド上の選手や指導者の命も救うことができる。

アレクサンドラ・ヴラソワとジョエル・ピアソンは、次のような結論に至っている。

「無意識の学習は、意識的な意思決定の蓄積に比べ、無意識により強い影響を与えた」

「無意識の意思決定学習は、無意識的な情報処理を改善する」という研究論文のタイトルどおり、この事実は私たちがサッカー選手の意思決定力を改善する方法だと誤解していた前提を覆す。常に、意識的なフィードバックが良いとは限らないのだ。

■ヴィセラルトレーニングでは選手の「実際の生活」を体験することになる

無意識の処理についての神経科学的な証拠として、アルゼンチンの指導者であり、代表の選手としても活躍したガブリエル・エインセは、次のようにコメントしている。

「試合においては、遊び心や二次的な判断など、思考していないときに起こる状況がある。ボールがバウンドし、その周りに選手が密集しているとき、思考している時間はない」

アルゼンチンのロック歌手ミゲル・マテオスも、楽曲において「最高のことは、考えずに起こる」と歌っている。エインセはVAR（ビデオ・アシスタント・レフェリー）についてインタビューで言及していたが、無意識的に脳の処理についても説明していた。

スティーブン・ナフマノヴィチは、次のように発言している。

「衝動は即興と同じく『普通のもの』ではない。衝動には構造があるが、有機的で内在的で自己創造的な構造の表現だ」

したがって、ヴィセラルトレーニングでは、サッカー選手の「実際の生活」を体験することになる。サッカー選手は1つのエクササイズで2つ、3つ、または4つのエクササイズを解決している。1つの試合では2つ、3つ、または4つの試合をプレーしている。試合では、トレーニングのデザインから取り込んだ追加の負荷によって、2つ、3つ、または4つの試合をプレーしている。サッカーという試合では、無意識的な知覚よりも意識的な知覚のほうが多いと思うだろうか？研究者のティモ・スタインとマリウス・ピーレンは、以下のように議論している。

「無意識が処理可能な範囲は熱心に議論されており、最近の研究では知覚の統合や区分をベースにした注意などの高度な機能さえ、無意識で発生することが証明されている」

フォルカー・トーマは、次のように主張している。

「人間の脳は、以前に考えられていたよりもより多くの情報を環境から収集している。視覚処理における注意の理論では、無視された情報はまったく処理されないと考えられてきた。しかし、被験者が情報を無視しているにもかかわらず、脳は無視された視覚情報を簡単に検知し認識することができるという事実は、日常の視覚情報（広告メッセージなど）が以前に考えられていたよりも簡単に、人々に影響を与える可能性があることを意味している」

■意識と無意識との闘争は長年にわたって続いているが……

従来のトレーニング方法は意識的な運動によって、無意識的にインストールされる自動化を徐々に引き起こすことを目指していた。しかし、その無意識の自動化は最善の方法で達成されていたのだろうか？

解説者であり、元アルゼンチン代表のＦＷとしても知られるディエゴ・ラトーレは、次のようにコメントしている。

「従来の学習方法により、私たちは反復や機械的な記憶によって学んできた。しかし、そのアプローチは一変した。私たちは今、内容を理解しなければならない。これは、サッカー選手も同じだ。以前のように、筋肉痛になるまで繰り返しコーナーキックを蹴るトレーニングをする必要はない。それは無意味だ。サッカーは常に解釈だ。もしサッカー選手が成長しなければ、試合の進化はない。試合をトレーニングに直結させる自動化に、人々が魅了されることはあるだろう。しかし、チームが連続して2回もパスをつなげないことがあるように、サッカーは直線的なものではない」

ヴィセラルトレーニングは、サッカー選手の無意識的な脳のプロセスに焦点を当てることを目指しているが、意識的なプロセスと無意識的なプロセスが競争関係ではなく、協力関係にあることを理解しなければならない。

スティーヴ・アヤンが示唆するように、「最近の研究は、意識的なプロセスと無意識的なプロセスが相反しないことを示している。彼らは、私たちの心における覇権を争う競争相手ではない。また、ジークムント・フロイトが後期に提唱したエゴ、イド（本能衝動）、超自我という分類のように、別々の領域でもない。むしろ、意識と無意識が絡み合う単一の心が存在する。実際には、私たちの最も理性的な思考と行動さえも、主に自動的かつ無意識的なプロセスによって生じている」。

マルクス・キーファーらは、次のように主張している。

「従来の認知制御の古典的な理論とは対照的に、最近の証拠は認知制御と無意識の自動処理が互いに影響を与えることを示している」

ユニエ・ブロシュ＝ペレスらも、次のように述べている。

「現在までに蓄積された証拠は、意思決定における大脳皮質と皮質下部構造の重要性を示している」

アーサー・ジョイスらも、次のように補足している。

「現代の神経科学は、問題解決が自動化のメカニズムと予測制御の相互作用に関与することを証明している。神経機能の研究は、人間やほかの脊椎動物の知的行動の出現における大脳皮質―皮質下部構造の主要な役割を明らかにしている」

意識と無意識との闘争は長年にわたって続いており、ヴィセラルトレーニングでは無意識のプロセスを再評価しながら、対立する要素を無視しないように注意しなければならない。

ジョン・バーグは、次のように説明した。

「行動主義は、人間の心はほとんど重要ではなく、意識的な思考はまったく重要ではないと主張した。人間の行動の最も複雑な側面（言語を含む）でさえ、環境の刺激への反応、反射的な反応、習得した反応によって引き起こされるものであると仮定していた。一方、認知心理学は意識的な思考の役割を擁護し、人間の決定と行動には意識が必要だと主張していた。この視点では、意識的かつ意図的に刺激されない限り、何も起こらないと考えられていた。しかし、これも正しくなかった」

バーグは、議論を次のように締め括っている。

「極端な立場、または『すべてか、無か』という立場は正しくない」

トレーニング中に「知覚ー行動の循環」を分離すべきか?

次の議論では、予想された刺激と予想外の刺激について考えていこう。アンドレヤ・ブビッチらは、次のように述べている。

「予想された刺激（一致）は、予想外の刺激（不一致）よりも効率的に処理される。それは出来事に対する、正確かつ迅速な反応によって証明される」

この事実からは、2つのことが解釈できる。1つは、効率を上げるために予想外の刺激を避ける必要があるということだ。しかし一方で、予想外の刺激と共存しなければ効率を向上できない。もし予期しない刺激が試合中に現れた場合は、私たちはどうするのだろうか?

「ただし、関連性や優先順位と効率を混同してはならない。むしろ、これらは期待の純粋な確認であり、正しい学習の信号であるため、一致は情報的な価値が低く、システムにとっては関連性がない。したがって、予想された出来事は明示的に表現される必要もなく、上位の大脳皮質領域に伝達される必要もない。なぜなら、それに先立ってその出来事のすべての関連する特徴を処理したからだ」

私たちが予期されたことを予期せぬこととして経験するほど、それを高次皮質領域に伝える必要性は減少する。言い換えれば、より少ない意識的処理とより多くの無意識的処理だ。ヴィセラルトレーニングは「ホームの内部性」を促進しようとするが、「アウェーの外部性」も受け入れなければならない部分だ。予期せぬ出来事とともに生きることで、最初は高次皮質領域をより多く活性化させるだろう。しかし、それも予期せぬことへの深い認識が生まれるまでだ。そのため、私たちは両方の相互作用の価値を否定しない。

「一方、予測エラーはより高い価値を持つ。なぜなら、それは学習の失敗、環境の重大な変化やノイズ、および身体や環境のわずかな変化に対応し、通常の偏差に相当するからだ。したがって、予測から逸脱する出来事を記録し処理することは重要だが、それは費用がかかる行為であり、行動の関連性を検証するために必要なリソースを抽出し、その後の処理を決定する」

アヒム・ピーターズらは次のように提案している。

「ストレスのない状態では、青斑核（脳幹に存在するロッド状の核で、脳全体におけるノルエピネフリンの主要な源）**の活性化は低く、脳は経済的な効率の良い方法で運用される。情報処理能力を最大限に活用しながら、潜在的に高い情報処理能力を誤用しない。しかし、ストレ**

スのある状態では、青斑核の活性化は高くなり、脳はエネルギーを消耗する方法で運用し、最適なエネルギー効率を犠牲にする。つまり、エネルギーを消耗する方法は、ストレスや不確実性の瞬間に制限される」

「ストレスの中で、感覚的な証拠は以前の予測（比較的不正確なもの）よりも影響力が高くなる」ということは、2つの問いを示唆している。それでは、トレーニング中に知覚―行動の循環を分離するのは適切だろうか？　明らかにそうではない。

スペインの神経科学者ホアキン・フステルは、次のように述べている。

「もしチェスをプレーするなら、最初の手の動きを覚えるよりも、考えてミスをするほうがいい。私はそれを『知覚―行動の循環』と呼んでいる。環境を認識し、環境に応じて行動する。そして、知覚―行動の循環が私たちの制御室である前頭前野で起こるのだ」

つまり、チェスのように感覚変数が少ない競技で、変動の頻度や速度がない場合でも、「知覚―行動の循環」を分離するべきではない。では、サッカーではどのようにこの分離を許容できるのだろうか？　一方、予測とは異なる感覚的証拠が不確実性とストレスを引き起こすのであれば、別の疑問が生じる。トレーニング中に、知覚―行動の循環を分離すべきか？　答えは、再び繰り返される。明らかにそうではない。

それこそ、ヴィセラルトレーニングがトレーニング中に支払わなければならない代償だ。なぜなら、トレーニング中に支払わないものは、試合中に支払われるからだ。そのため、ヴィセラルトレーニングは純粋な無意識ではない。

刺激の連続は、サッカー選手がこれらの更新リソースに時間を割くことを許さないが、これは意味しない瞬間が現れないことを意味しない。そこで、予期せぬことが私たちを積極的な注意と意識のより大きな関与に導く場面が出現する。したがって、両方の脳処理は必然的に共存する必要がある。一方、同時に思考をするための解決時間が非常に短いため、予測からの逸脱が起こると、あらゆる種類の意識的な解決策は提供されない。

私は20年前、ハンドボールのＧＫに２つのボールを処理させるトレーニングを導入していた。同時に投げられるボールを処理すること自体には意味がないが、意識では対処できない状況が生まれる。ＧＫコーチのオスカル・マヌエル・ダウトも、このようなトレーニングを頻繁に使用している。

ＧＫは、両方のボールをセーブしようとする。彼らはどのようにすべきかを把握できないかもしれないが、試合が要求するものと比較すると、求められる知覚は倍増する。そして、これは試合の展開を予測する包括的なトレーニングではなく、ファン・マヌエル・リージョが「緊急事態」（反応しなければならない状況）と表現したものに近く、これによってＧＫは予測のつかない緊急事態に対応する準備を整えられる。

意図的な認知が優勢になるほど脳の処理は競争し合う傾向がある

インド・コルカタのマザー・テレサは、次のようにコメントした。

「私はあなたができないことをし、あなたは私ができないことをする。一緒に素晴らしいことができる」

それは、「すべてか、無か」ではない。彼らは協力するのだ。なぜなら、それぞれのプロセスにはそれぞれの特性があるからだ。

「自分自身と自分の行動を知るというタスクは、一瞬で知覚されるものが合理的な分析の数カ月にも匹敵する価値があることを認識させる」と、アメリカのジャーナリスト、マルコム・グラッドウェルは述べている。直感と迅速な思考のベストセラー作家であるグラッドウェルの言葉を借りれば、合理的な分析に費やされた数カ月は多くあり、一瞬に知覚されるものは少ない。

「意識と無意識の思考の統合は、複雑な意思決定をよりよく解決する」というタイトルの研究論文を執筆したロラン・ノードグレン、マールテン・ボス、アプ・ダイクスターハウスは、次のように結論づけている。

「2つの研究では、意識的な思考と無意識的な思考のどちらが複雑な意思決定に適しているかについての議論に取り組んできた。無意識の思考理論によれば、両方の思考方法には特定の利点がある。意識的な思考は厳密なルールに従うことができるが、無意識的な思考は意思決定の多くの属性を統合するのに適している。複雑な意思決定では、正確なルールへの遵守と情報の集約の両方が必要なので、私たちは、複雑な意思決定は意識的思考と無意識的思考の両方に参加することで最も良くなるという仮説を立てた。両方の研究で、意識的思考と無意識的思考の順次統合が、意識的思考または無意識的思考単体よりも複雑な選択をよりよく解決することを発見した。研究2では、統合条件の順次の順序が重要かどうかを調査した。私たちの予想どおり、無意識的思考が意識的思考に続いた場合に統合が最も効果的であることを発見した」

サッカーの試合でも、同じことが起こっている。守備と攻撃を分割することで理解していた長い年月のあと、私たちはついにより包括的かつ現実的な見方に到達した。

- **守備の試合への影響は何だろうか？　それは、攻撃に依存する**
- **攻撃の試合への影響は何だろうか？　それは、守備に依存する**

サッカーは一体だ。したがって、アプローチは総合的である必要がある。

私は同じことが、脳の処理にも起こると考えている。意識的な脳の処理が、ある意味で無意識の処理を決定し、逆もまたしかりだ。

アレクサンドラ・ヴラソワらは、次のように明示している。

「無意識の情報は時間の経過とともに蓄積され、以前または以後に提示された意識的な要素と統合され、意思決定の正確さを増減させる。無意識の情報は、意思決定に関連する意識的な情報が存在する場合にのみ使用することができる。（中略）私たちは決定的な無意識の証拠に対し、メタ認知能力（自分が認知していることを客観的に把握し、制御すること。『認知していることを認知する』能力）が低い」

アリソン・ハリスとイム・スンラクの言葉を借りれば、「感覚運動ネットワークは、認知機能と動的に相互作用し、意思決定を誘導している」ということだ。実際、競合し合うだけでなく、協力し合う可能性があると示唆する研究も存在している。

マシュー・ディクソンらの研究を、引用しよう。

「外部指向の認知（EDC）は外部環境からの刺激に注意を払うことを含み、内部指向の認知（IDC）は内的に自己の思考、記憶、心のイメージに注意を払うことを含む。これまでの研究の多くは、これらの認知方法の競争や二律背反に焦点を当ててきた。しかし、

EDCとIDCの両方には、複数の次元で異なる認知状態が含まれている。これらの次元は、EDCとIDCの関係に影響を与えることがある。この論文では、認知リソースが外部または内部に向けられているか、または特定の認知状態が意図的（つまり自発的）または自発的（つまり無意識的）な処理を含むかを考慮する新しい枠組みを提案する。この枠組みでは、EDCとIDCが互いに競合するか干渉せずに共存する条件について検討する。EDCとIDCは本質的には対立的ではなく、両方がより高い意図性を持つ場合、意図的な処理の容量制限のため、競合しやすくなる。逆に、一方または両方が自発的な処理を含む場合、EDCとIDCは最小限の干渉で共存することができる。なぜなら、意図しないプロセスは同じ容量制限には影響を受けないからだ。EDCとIDCに関与する脳領域の論文は、それらの神経基盤が部分的には分離され、部分的に収束していることを示唆している。EDCとIDCの両方は意図的な処理中に前頭葉皮質を動員し、それによって処理と表現の空間を競合させる。ただし、意図のレベルが低い場合、EDCとIDCは大部分が異なる神経構造を利用するため、干渉せずに共存することができる。EDCとIDCがいくつかの場合に共存する可能性があるという思想は、理論的な心、創造性、自己評価処理が認知制御に与える影響、そして心による注意と記憶に影響を与える複雑な心の状態を理解するための枠組みを与えてくれる」

要約すると、意図がある認知（意識的な処理）が優勢になるほど、脳の処理は競争し合う傾向があるようだ。逆に、意図のない認知（無意識的な処理）が優勢であれば、それらは互いに競合せずに共存する可能性がある。

「意識と無意識は別々の領域ではなく連携して働いている」

ほかの学術的な証拠も、「脳の処理が協力的に働いている」という仮説を支持している。ポール・ソーセンらは、「多要素の作業記憶を保持するための中心的なメカニズムとして、速いリズムの脳活動（ガンマ）と遅いリズムの脳波（シータ）の組み合わせが、認知リソースを柔軟に交換するメカニズムとして考えることができる」と主張している。私たちはすでに、ガンマ波がより意識的な脳の処理に関連しており、シータ波がより無意識的な脳の処理に関連していることを知っている。ジョン・バーグも意識と無意識の統合の必要性について、次のように説明している。

「科学的な環境外の人々と話すとき、彼らはしばしば自分の本当の自己が意識的な自己なのか、無意識的な自己なのか、疑問に思う。自分自身の意図と自由意志による行動を反映しているから、意識的な自己が本当の自己だと考える人もいる。別の人は、真の自己は無意識の自己であると考えている。なぜなら、それは人が本当に心の奥底で考えていることを反映しているからだ。ただし、真の答えは両方だ。私たちは、私というアイデアを広げ

る必要がある。多くの人々がルネ・デカルトと同様に、自分自身を意識的な心だけと同一視している。まるで適応的な無意識が、私たちの身体に侵入した一種の外来生命体のような存在だと思っているかのように。しかし、人間が存在するのは、無意識が私たちの生存と繁栄を助けたからだ。（中略）同様に、私たちの意識の心も、無意識のメカニズムに対して追加の戦略的な制御を許すための舵として進化してきた。意識の心と無意識の心の機能を積極的に統合し、それらを聞き、適切に使用することで、私たちは心の中間地帯に対して盲目的になる不都合を避けることができる」

アメリカ・メリーランド大学カレッジパーク校の大学教授で、実証心理学や認知神経科学に基づく心の哲学の専門家ピーター・カラザースは、「意識と無意識は別々の領域ではなく、連携して働いている。私たちは単に無意識の思考によって操作される人形ではない。なぜなら、明らかに、意識的な反省は行動に影響を与えるからだ。意識は暗黙のプロセスと相互作用し、無意識にフィードバックを与える。最終的には、自由であるということは、意識的であろうと無意識であろうと、自分自身の理由に従って行動することだ」とコメントしている。

科学が証明していることを、バルセロナでプレーするオランダ代表のMFフレンキー・デ・ヨンクも少ない専門用語で、しかし実践的に表現している。

「ピッチ上にいるときは直感でプレーする①が、試合についても多く考えている②。直感

的にプレーしているとき、ボールを受けてすぐに『これをしよう』と常に考える訳ではないが、ときにはそうなることもある③。ほとんどの優れた選手は直感でプレーしている④。皆少しずつ、その直感を持っているが、直感が学べるかはわからない⑤。ときには、計画を立てる⑥。常にパスコースを探しているし、常にチームメイトを探している。フリーなら、どうすべきかわかっている⑦。しかし、状況が変わることもある。だから反応して直感を使わなければならない⑧。ボールを受けるときにフィールドの状況をイメージしようとするので、誰がどこにいるかイメージできる⑨。それはMFにとって最も重要な要素の1つだ」

①無意識的な処理だろうか？

②意識的な処理、または「試合を考える」はデフォルトモードネットワーク（DMN）で発生するのだろうか？

③意識的な処理と無意識的な処理が同時に起こっているのだろうか？

④より優れた選手は、より多くの直感と、より多くの無意識的な処理を持っているのだろうか？

⑤直感は学習されるのだろうか？　教えることはできないが、経験の反復に基づいて学習されるものなのだろうか？

⑥意識的な処理、またはこの「計画」はタスクポジティブネットワーク（TPN）で発生す

るのだろうか？
⑦自動化を達成する手段は何だろうか？
⑧無意識的な処理だろうか？
⑨意識的な処理だろうか？

知識は明示的（より意識的）または暗黙的（より無意識的）なのだろうか？

現場における神経科学が、デ・ヨンクの説明を理解する助けになるだろう。主観と客観を結びつけるためには、リアルタイムでＭＲＩ（磁気共鳴画像）分析を実施する必要がある。デ・ヨンクは同時に、両方について語っている。言い換えれば、協力が存在するということだ。サッカー選手の脳内でどれだけのことが起こっているのか、私たちはまだ知らない。

「心の現代的な手段」に代わる「心の原始的な手段」

生体はホメオスタシス（恒常性）の状態を維持するために、チームとして機能する。胆嚢は消化プロセスを妨げるために存在しているのではなく、むしろ消化を容易にするために存在している。サッカーにおける精神的なプロセスにおいては、無意識的なトレーニングが伝統的に過小評価され、意識的なトレーニングが過大評価されてきた。ヴィセラルトレーニングはそのバランスを取ろうとしている。

ヴィセラルトレーニングによって生じる知覚的・意思決定的・時間的なプレッシャーは非常に大きいため、プレッシャーに対処するためには考えられない決断に身を任せる以外の方法はない。そして、ヴィセラルトレーニングは以前にトレーニングしたことのないデザインを持つゆえ、解決するためには本能に身を委ねなければならない。

ジョン・バーグは、次のように言っている。

「すべてのことに対する無意識の評価は、私たちが意識的かつ意図的な思考の形態を発達させるよりもはるかに前から存在していた原始的な効果のように思われる。（中略）結局のところ、接近または遠ざかる無意識の反応は、意識的で意図的な思考のようなものが存在する前の何百万年も前に、私たちを保護するために進化したものだ」

人間が種として生き残ることができたのは、非常に少ない情報から非常に迅速な判断を下す能力を持つ、別の種類の意思決定装置を開発したからだ。熟慮することで解決しようとすればするほど、より遅く、より焦点を絞れず、より効果的に機能することができない。意識からは多くの変数を分析するが、無意識からは重要な属性を決定するための本質的な記憶として知られるものを利用する。試合で意識を過度に使うと疲れ、最終的には消耗してしまう。人生自体と同様に、「意識の休憩時間」は不可欠だ。それゆえ、自然は賢い。私たちが眠るとき、意識的な心が休息するが、無意識は休む必要がない。私たちのために働き続ける。
ヴィセラルトレーニングは、いくつかの要素を増加させることで、意思決定の量を必然的に増やす。そして、意思決定を正確に行えれば、試合が報酬を与える。失敗すると、試合が罰を与え、進化を促す。さらに、評価と知覚に多くの要素が関与するため、意識的な決定は無効になり、原始的な反応である接近、または離反が働く。
研究者たちの提案は魅力的だが、ボールが動いているサッカーには適用できない。バーグは次のように疑問を投げかけている。

「これらの異なる思考方法は一緒に機能することができるのだろうか？　無意識の思考理論の研究者たちは、最近の研究で『最良の決定は意識と無意識のプロセスの組み合わせによって行われること』を示している。その順序は、まず意識的に、次に無意識的に、だ。例えば、高すぎる、小さすぎる、遠すぎるなど、必要な要件を満たさない選択肢は、最初に意識的に排除すべきだ。その後、最初のテストに合格した選択肢を無意識的に処理すべきだ。具体的には、別のことをして意識的に決定について考えずに時間を置き、その決定についてどう感じるかを確認する」

これは、指導者が戦術を計画する際に行うことができるし、選手がトレーニング前に戦術的なアクションを考える際にも行うことができる。ただ、選手がボールが動いている試合中に行うことは難しい。

「心の現代的な手段」を使用する時間がない場合、何らかの手段を使用する必要がある。それが「心の原始的な手段」を活用すべきタイミングなのだ。

2 「現代的」な意思決定

「ほとんどの決断は、人間が意識するずっと前に、脳の無意識の部分で行われている」

――ジョン＝ディラン・ヘインズ（ドイツの神経科学者）

ミカエル・アシュフォードらは、「意思決定の進化における歴史」について、次のようにまとめている。

「過去50年間、侵略的なチームスポーツにおける意思決定についての研究は、『情報処理、エコロジカルダイナミクス（環境による制約とその行動との関係性）、自然主義的意思決定』という3つの研究視点によって支配されてきた。近年、意思決定のプロセスは、選手の試合情報に対する認識と、それに基づいて行動する個人的・集団的能力との相互作用であるという概念的な類似性が示されたため、各観点を統合するというアプローチが注目されている。（中略）現在、選手がどのように意思決定を行うのか、指導者がどのように選手の意思

決定をよりよく発展させることができるのかについて、合意された見解は存在しない」

現代の指導者の最も重要な関心事の1つは、意思決定だ。しかし、私は深くその問題に取り組んでいる指導者を知らない。では、指導者として選手の意思決定を改善するためには、私たちはどうすればいいのだろうか？

指導者たちは「間違った決定をする」「意思決定の改善が必要だ」と軽々しく言うが、実際には良い意思決定を望んで必要としているものとは、反対の方法を使用してしまっている。指導者の視界で何か間違ったことをする選手は、トレーニングの中で正しいことをしているだけだ。その選手は、積み重ねられた「指導者が選手に課した意思決定のトレーニング」をベースに決定を下している。

選手は、決してわざと悪い決定をしない。彼らは、自分ができる決定を下したのだ。悪い決定とは、何だろうか？　正しい決定をしても、相手がより良い決定をすることもある。正しい決定を、相手が予測していることもあるだろう。選手は認知的柔軟性によって、その決定プロセスを変えるために、相手がどのように予測するかを予測する能力を持っているのだろうか？

選手は指導者に従いたくないから、悪い決定をするのではない。試合中の悪い決定は、試合が提示した問題を解決するレベルに到達するために、必要な回答を用意することができないという緊急事態の結果だ。普通の状況では、私たちの自由意志は制約されており、試合のようなプレッシャーのかかる環境ではなおさらだ。

指導者は、選手が悪い決定をしたときに怒るべきではない。その代わりに、自分自身に怒りを感じ、自問自答するべきだ。「なぜその選手が悪い決定をするのか？」と自問し、決定を改善するためのトレーニングの文脈を考えなければならない。すべての指導者は意思決定の改善に賛成しているが、複雑系というトレーニングのプール（深く、荒れた水）に飛び込むことには躊躇する指導者も多い。

一方、プールに水が入っているかさえも知らない指導者もいる。彼らはプールの底にぶつかると、プールのせいにする。嫌な経験をすると、彼らは安全な場所に戻る。ほとんどの指導者は探求せず、同じプールに入り続ける（溺れることはないが、泳ぎ方を学ぶこともない）。

ここでは、チリの哲学者ウンベルト・マトゥラナの言葉に従うべきだろう。彼は、決定は「良いでも悪いでもなく、適切か不適切か、適時か不適時か」だと述べた。

最新の神経科学の研究によれば、私たちが以前に見たような古典的な経路（知覚─分析─意思決定─実行）は現実に対応しているかもしれないが、そうではない可能性もある。

マイケル・ヘルツォークらは、次のように説明している。

「遅い刺激は以前に提示されたほかの刺激の知覚に影響を与えることがあり、これは以後の刺激があとの刺激の知覚に影響を与える『プライミング』とは異なる。前後の刺激が互いに影響し、真に統合された知覚を生み出すことがある。例えば、赤い円盤が『40ミリ秒表示』され、それに続いて同じ場所で『40ミリ秒、緑の円盤が表示』される場合、単一

の黄色い円盤を知覚する。知覚には、赤や緑はない。したがって、赤い円盤と緑の円盤の表象は互いに影響し、単一の知覚を形成する。知覚は、80ミリ秒前には発生していなかった。つまり、2つ目の刺激が現れる前には知覚が起こっていなかった」

したがって、私たちは常に意識的に処理している訳ではなく、いかなる時点でも無意識的な処理を停止していないと解釈できる。

読者の方々は、色のついた円盤の知覚がどのように影響を受けるかなどに興味がないかもしれない。私も、単にサッカー選手の能力向上にしか興味がない。神経科学の世界では、この調査がどれほど複雑であったかを理解することが重要だ。とはいえ、これは、赤い円盤と緑の円盤しかない状況で行われる静的な画面の前で、被験者が相互作用するだけの研究だ。

神経科学の研究者は一般的に、複雑で自然な行動は皮質において複雑で高次元の活動を引き起こし、その解析と解釈が困難であると結論づけている。サッカーのような動的で変動し、混沌とした予測不可能な環境では、正確に調査するためにどのようなことが起こるかを考えてほしい。調査と忍耐の時代であり、探求と仮説の時代だ。

神経科学の研究者たちは次のように認めている。

「現段階では、脳の意思決定に関する領域で感覚信号の熟慮と行動の選択がどのように相互作用するのかは十分に理解されていない」

ゴールを決めたあとにライン上でボールに触ったことを意識するかもしれない

単一の刺激がある場合と、2つ以上の刺激が短い時間（ミリ秒単位）で相互作用する場合では、意識的な知覚も異なる。サッカーの試合は1つの区分ではなく、2つ以上の刺激が相互作用する環境だ。トレーニングでボールを使っているとき、それだけで特異性が保証される訳ではない。多くの指導者は、そこで錯覚している。真の特異性は、ボールそのものではなく、ボールと空間、相手チーム、チームメイトとの相互作用から引き起こされる脳のプロセスによって保証される。

野球の外野手の例を使った研究は、示唆に富む。

「計算上の戦略では、外野手は意図した着地地点へ直線的に走るはずだ。これは、外野手が出発する前に検出された入力変数を使って、将来の着地地点を計算するからだ。グラウンドで既知の着地地点への最短経路は直線なので、外野手はボールが落ちる地点に直接走らなければならない。しかし、外野手は通常、直線的に走らないので、この戦略は使われていないと考えるべきだ。（中略）ボールの運動の初期の推定に依存するのではなく、外野手は常にボールと関わり続けている。この関係性は、外野手にエラーの検出と修正において、数多くの機会を提供している。また、戦略は外野手のパフォーマンスについての情報を連続的に提供する。ボールがまだ加速しているのか、または軌道が曲がっている場合、

外野手にエラーがあることと、その修正方法を伝える。外野手が全力疾走してもエラーを修正できない場合、捕球できないボールを特定し、外野手はフェンスに跳ね返ったボールに対処することに切り替えなければならないことを意味する」

サッカーにおける認知は、野球の外野手と同じように、身体と環境が相互作用しながらリアルタイムで解決し、修正し、抑制し、変化し、調整する認知だ。小さなミツバチも、同じように解決している。

マリオ・パールらは、次のように主張している。

「リソースが不足しているとき、ミツバチはしばしば巣から４キロメートル以上離れて、花粉や蜜を集めるために飛び回る。そのような長距離の採餌旅行では、ミツバチのナビゲーション機能は常に移動距離と移動角度を統合し、網膜上の光学的な流れと太陽の子午線に対する身体の角度を測定する」

ミツバチは、自分の行動の概念的な意味を知らない。ミツバチは複雑な行動をしているが、それらに対する概念的な理解や表象的な意識はない。私たちはミツバチの行動を言葉で説明しているが、ミツバチは複雑な行動を実行するために複雑な行動を知る必要はない。サッカー選手も同様に、知らなくても実行する能力を持っている。

「生物は、感覚情報を認知的に豊かにしなくても、感覚情報に適切に応答することができる」

2008年、ジョン＝ディラン・ヘインズの研究は私たちを驚かせた。

「意識に入るまでの10秒前まで、前頭葉と頭頂葉の脳活動に意思決定の結果がエンコードされることが証明された」

これは、従来の複雑な意思決定プロセスの理解を完全に変えるものだ。意識が生じる前にパフォーマンスが現れることに驚くかもしれないが、これは過大評価されてきた意識の重要性と、過小評価されてきた無意識を解釈する新しい方法と一致する。

研究者たちはまた、次のような定義を追加している。

1 長期間にわたる無意識の処理が、個別の意識的な知覚の前に存在する

2 意識的な知覚には、数百ミリ秒を要することがある

つまり、実際にはゴールを決めたあとに、ゴールライン上でボールに触ったことを意識するかもしれないのだ。従来の感覚だと、これは受け入れられないかもしれない。一方、神経科学の研究によれば、無意識は私たちの行動において、実際には私たちが信じていた以上に決定的な役割を果た

図48：実行と意識的な認知

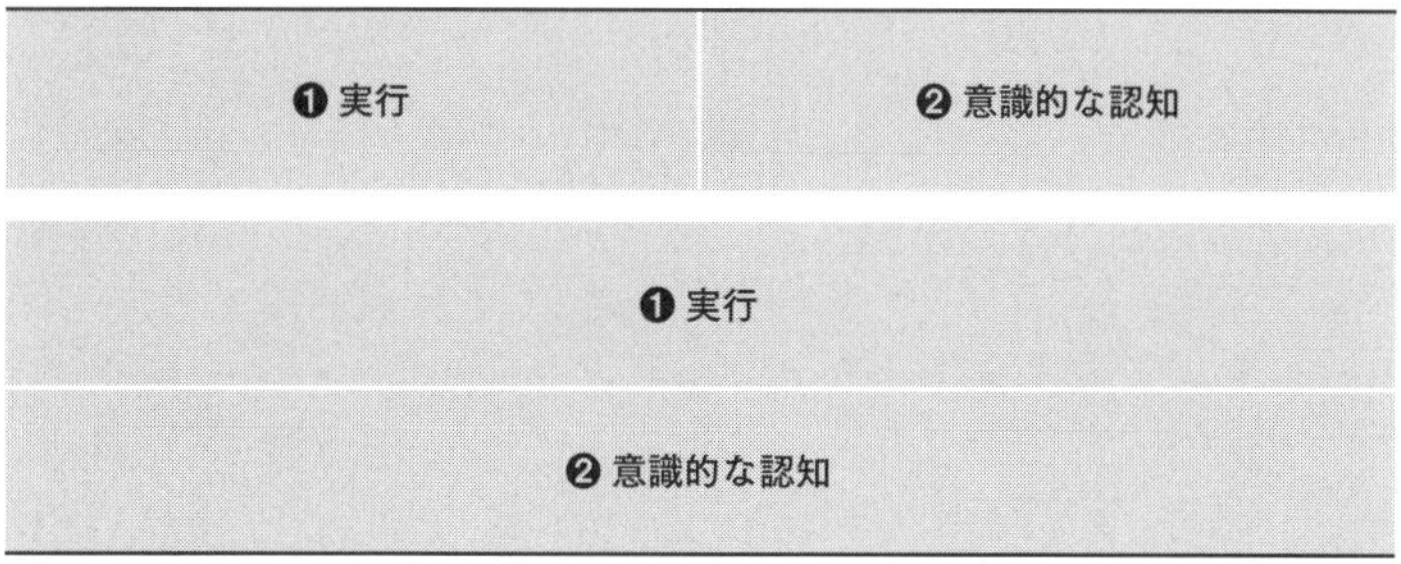

している。

イトウ・トシオとヤマザキ・ケンタは、自動車の運転について次のように主張している。

「運転操作は無意識で行われると考えられており、人間の生物学的信号は意思決定の0・3秒前に始まる」

これは、私たちが信じてきたような直線的かつ連続的なプロセスである必要はない。それは非線形かつ同期的な場合もある。

責任は徐々に選手から指導者へと移されていった

ケン・パッラーとスズキ・サトルは、「分析や意思決定には意識が必要だと考えるかもしれないが、必ずしもそうではない。一瞬現れる数字についてはは意識的に認識することはできないが、その価値を正確に評価し、数学的な演算を行い、適切な答えを出すことが可能だ」と述べている。

サッカーにおいても、分析や意思決定には意識が必要だと考えるかもしれないが、必ずしもそうではない。例えば、瞬間的に現れるチャンスについて、スペースやチームメイトを意識的に認識することはできないが、その価値を正確に評価し、正確な計算操作を行い、適切な反応を示すことは可能だ。

科学者たちは、例えば幼虫が餌を捕らえて飲み込む瞬間を予測することができる。その理由は、餌を捕らえる数秒前に特定の神経細胞が活動するからだ。科学者たちは、小さな神経回路の活性化によって、ハエが求愛行動や闘争行動を開始するタイミングを予測することもできる。

意思決定に関する現実の世界は、私たちが想像していた理想の世界ではない。因果関係の連鎖的な段階をベースにした、順序立った「論理的で予測可能なモデル」が真実であると想定していたが、それは真実ではない。意思決定の概念は、意思決定のプロセス全体で一貫した決定基準があるという「伝統的な基準」から、動的な環境で報酬率を最大化するためには、意思決定者は意思決定プロセス全体で変化する決定基準に基づかなければならないと考える「現代的な基準」へと進化している。

エドガー・モランは「複雑な思考」という概念の提唱者であり、次のように述べている。

「指導者は、個人と集団の間の矛盾を調整する。戦略は集団の試合のための選手の補完性

に基づく必要があるが、差を生むために何をすべきかを知っている選手の自由も許容しなければならない。チーム戦術が組織化することで、個々の資質の発揮を妨げてしまうこともある。私たちは共同体と友情を必要とする。例えば、スター選手が存在し、ほかの選手を隠してしまう危険性がある場合、それは困難になる」

モランは相補性について語っており、それも無意識のレベルで解決される可能性がある。ロドリゴ・サントスらは、マヌエル・ヴァレットらの研究を引用して、次のように述べている。

「プロレベルのスポーツでも、人間関係の調整は無意識的に起こる可能性がある」

Oshoは意思決定と責任について興味深い（そして悲しいほど極端な）エピソードを紹介している。

「第二次世界大戦後のニュルンベルク裁判で、アドルフ・ヒトラーの側近たちは責任や罪悪感を感じていなかった。彼らは、ただ従順だった。彼らは、言われたことは何でもやった」

選手に課された自動化のレベルは年々、増加傾向にある。その結果として、選手が責任を負わないようになってしまうリスクについては再考しなければならない。現代の選手が、昔の選手よりも戦術的・概念的な知識の量が多いことは、より賢いということではない。

自動化を求める探求は、指導者が自分の立場を行使する時間を短縮した。責任は徐々に、選手から指導者へと移されていった。このようになった責任は、結局のところ、指導者自身にある。試合の自動化を求める介入が増えることで、指導者の責任も増えていった。

近年は「賢い選手」というワードが使われ、要求されているものの、指導者に知性があるかのように洗脳されている。このワードは「指導者の知性」ではなく、むしろ「選手の知性」を開発するために叫ばれているものだ。

Oshoは、私たちが「指導者として自己を再考することを助ける」興味深いストーリーを語っている。


「それは第二次世界大戦のときのことだ。退役軍人、彼は第一次世界大戦に参戦し、勲章を授与された。彼は勇敢な人物だった。そして、すでに25年近くが経過していた。彼は小さな農場を持ち、静かに暮らしていた。この老人に、レストランの客が悪戯をした。彼らが『立て!』と叫ぶと、老人は無意識に起立した。訓練されたのは25年前のことだったが、彼の身体にその指示は染みついていた。それは、無意識の一部になってしまっていた。彼は何をしていたのかを忘れてしまい、自動的・機械的に行動した。彼は怒ったが、レストランの客は言った。『あなたの怒りは、正当ではない。なぜなら、私たちは好きな言葉を叫ぶことが許されているからだ。私たちは、従うことを強制していない』。老人は答えた。『従うかどうかを決めるには、遅すぎる。私のすべての思考は機械のように働い

てしまう。軍隊は常に知性を使わずに、命令に従うように訓練されてきたのだ』」

これはチャールズ・チャップリンの映画『モダン・タイムス』のようだ。工場で巨大なナットを何時間も締め続けたあと、工具を手にして仕事を終えたとき、大きなボタンのついたコートを着た女性を見つけると、驚いてそのボタンを調整しようとしてしまう。なぜなら、それらのボタンが彼に1日中繰り返し締め続けたナットを思いださせたからだ。

アメーバは去るために去るのではなく戻ってくるために去る

行動の集中的な反復は、その行動が必要でなくなった状況になっても、適用されてしまう。指導者の真の役割は、多様性に富み、適応性があり、知的で柔軟な脳を育成することだ。不確実性と変動に適応するように、選手を育てなければならない。計画とは違うカオスを受け入れ、フロー状態に没入しなければならない。選手は、ビデオ分析に依存してはならない。試合に適応し、相手のことをまったく知らないかのように試合に没入できる選手であれば、確かにビデオ分析は補完的な最適化の手段になる。

しかし、試合に没入できない選手がビデオ分析に依存することは、長期的な解決策にはならない。まずは基礎を築くこと、常に基礎を築くことが重要になる。そして、選手のトレーニングにおける基礎は、逆説的に言えば松葉杖を外し、トレーニングで知覚的な意思決定の雪崩に身を投じることにある。

とはいえ、注意が必要だ。多様性、適応性、知性、柔軟性を持った選手が必要になる一方で、自身の哲学に固執してしまう指導者も存在する。そのアイデンティティがアイデンティティのイデオロギー的枠組みから外れた新しい解決策を探求することを抑制するのであれば、彼らは多様性、適応性、知性、柔軟性に富んだ指導者ではない。

アイデンティティは、私たちを覆い、守る毛布だ。しかし、アイデンティティはまた、私たちを「快適なゾーン」に置き、結果的に「言い訳ゾーン」になってしまう恐れもある。例えば「哲学と殉ずる」という言葉だ。試合そのものに耳を傾ける必要がある。ある戦術的な構造をより柔軟にすることは、アイデンティティやゲームモデルを捨てることではない。それは、文脈が別のものを求めていることを理解することだ。アイデアを捨てるのではなく、一時的に後回しにするのだ。自分たちのアイデアが、どんな相手や状況を相手にしても勝利すると信じることは幻想だ。行動の柔軟性（およびそれに伴う変動性）こそが、不利な環境に適応するための手段になる。

人間、または人間の集団よりもアメーバがより変化し、適応性があるという事実には、困惑を避けられないかもしれない。アメーバは、自らのゲームモデルと一緒に死なないのだ。一時的に変化し、生き残るために、効果的に自らのアイデンティティに戻ることができるようにする。

ルベン・マネイロらは、次のように説明している。

「相互個体間の変動は、自然界のどんな複雑なシステムにも存在する。栄養素が少ない敵対的な環境において、アメーバ、細胞性粘菌は社会的協力と行動の可変性の適応メカニズムを再生する。個体的な状態から社会化された状態に移り、環境に適応し、多細胞構造の行動を採用し、環境が再び好適な状態になるまで、その個体的な状態を回復する。この創造的な行動による新たな問題への適応能力は、不確実性を減らし、個体の環境への適応を促進し、機能的な特化を生み出す」

アメーバは自身のアイデンティティを離れることで、再び自身のアイデンティティに戻ることができる。なぜなら、そのままでは生き残ることができないからだ。アメーバは去るために去るのではなく、戻ってくるために去る。

私たちは指導者としての役割（私たちが歴史的に当然だと考えていた役割）を深く再考する必要がある。以前は「魚を渡す」指導者よりも、「魚釣りを教えることで、魚を釣る方法を教える」指導者であることが多かったかもしれない。

マルセロ・ビエルサは次のようにコメントしている。

「サッカーをうまくプレーすることは、状況を解決することを学ぶことだ。そして、状況に直面することで状況を解決する方法を学ぶ」

問題を与えることに、恐れを抱かないでほしい。むしろ、事前にあまりにも多くの答えを提供することを恐れるべきだ。過度に容易にすることを恐れるべきだ。選手が知識に飢えること、知識的に満足することを恐れなければならない。

魚を渡すことよりも魚釣りを教えることを好む指導者たちには、根拠がある。そして、神経科学によっても証明されている。ジュリアン・リファノフらが示唆するように、「記憶の詳細は時間とともに薄れ、主要な要素だけが残る」というものだ。

ここでは、2人の指導者の間での架空の対話が始まる。

魚を渡す指導者「結局のところ、君が覚えるのは関連することだけだ。それなら、直接関連することに取り組むほうがいいのではないか?」

魚釣りを教える指導者「君が言っていることは正しいが、最終的に関連することだけを記憶するためには、彼らは関連性のあるものとないものを含めたすべてと対話しなければならない。つまり、脳が識別できるようになるためには、両方と対話する必要があるのだ」

現代のサッカーにおいて、指導者が選手に考える手助けをすることは基本的な条件だ。

元イタリア代表のMFマウロ・カモラネージは次のように告げている。

「私が一番好きなのは、選手が試合の状況を解決するのを手助けすることだ」

それは、非常に良いことだ。ただし、彼らを助けるために「彼らが自分自身を助けなければならないトレーニング」を設計することも、助けるための効果的な方法だ。指導者は彼らを水から救い出すためのロープを与えることが助けることであることを理解しなければならないが、同時に彼らを水に落とすことも必要だ。

「人の意識は運動の原因ではなく運動に気づくだけである」

魚釣りを教えることを恐れるのではなく、魚を渡すことを恐れるべきだ。そして、これはサッカーに当てはまるだけでなく、人生や数学にも当てはまる。

サイモン・ジョンソンとラファエル・ホーニグシュタインの研究を、下記に引用する。

「数学的な推論と問題解決の発達において、指示を与えた状態でタスクを解決することと、指示を与えない状態でタスクを解決することのどちらが、学生の数学的な推論能力と問題解決能力の発達にとって助けになるかということが議論されている。数学的なタスクに対してほとんどまたはまったく指示を与えないことで、数学的な困難が生じ、学習を促進すると主張されてきた。これに対して、ルーティンの手続きが適用できるタスクでは、概念的な理解がほとんどないままに機械的な反復が生じる可能性がある。この研究では、学生が数学的な方法を構築する必要がある創造的な数学的推論（CMR）と、事前に与えられた方法と手順に従ってタスクを解決するアルゴリズム的推論（AR）を対比している。さらに、流動的知性と作業記憶容量の尺度も分析に含まれており、学生の数学の履歴とともに評価された。結果は、CMRタスクのトレーニングが学生の成績においてARタスクのトレーニングよりも優れていたことを示している。認知能力がCMRとARの学習条件において学生の学習に影響を与えることが示された。一歩ずつ教科書の解法を超えていくことが重要であり、学生には挑戦的な数学の活動が提示される必要があると主張されている。CMRアプローチでは、学生はタスクの解決に関連する情報に焦点を当てる必要があり、CMRタスクの特徴は学生の理解を助けるために重要な構造的特徴に導くことができる」

Oshoは、次のように考えている。これは、なぜ選手が指導者の提案を守れないのかを理解する助けになるだろう。

「信念は、盲目的だ。私たちは信じるために教えられたから信じるが、信念は私たちの内に深く入ってこない。理解していないからだ。信念は単なる形骸化されたラベルであり、何かが私たちに追加されたものだ。信念は私たちの内から生まれてきておらず、私たちの理解から芽生えてきていない。信念は借り物なので、私たちの存在には入り込んでいない。信念を数日間受け入れ、そして信念が無駄で何も起こらないことがわかると、信念を捨てる」

まず、信念が彼らの存在に浸透するためには、最小限の建設的な示唆が必要だ。彼らに魚を与えず、彼ら自身で魚を捕まえさせなければならない。次に、数日間受け入れ、信念を捨てる。まるで学校のように、試験まで数日間情報を取り込み、それから信念を捨てる。信念は彼らにとって無駄なものだからだ。

選手たちは指導者を満足させるために、数日間その情報を持ち歩く。それから、信念を捨てる。特に試合で役に立たないとわかった場合は、なおさらだ。無益なのは情報そのものではなく、私たちが選手に信念を浸透させようとする方法かもしれない。

結局のところ、私たち指導者は魚を与えることを快適に感じていた。指導者は刺激と展開に深い理解を必要としない手法を使い、選手は不確実性に対処する必要を理解していない。脳は、変化や予測不可能性が好きではないことが証明されている。むしろ、怠惰だ。その設定では、両方の脳は快適さを感じていた。しかし、むしろ癒しよりも害を与えている可能性がある。

おそらく最も明確な考えは、マッハシ・マサオとマーク・ハレットの思想に属している。彼らは、「人の意識は運動の原因ではなく、運動に気づくだけである」と結論づけた。彼らの推論は、直感的だ。

もし私たちの意識的な意図が運動の起源（つまり、行動の開始）を引き起こすものであるならば、私たちの意識的な意図はどんな運動が開始する前にも発生しなければならない。そうでなければ、私たちが運動が始まってから気づくことがあるならば、私たちの意識はその特定の運動の原因ではなかったことになる。つまり、行動を引き起こすためには、意識的な意図が行動の前に存在する必要がある。

そして、「運動が始まったあとに気づくこと」、またはさらに悪いことに、「運動が終わったあとに気づくこと」は、選手や選手の相互作用では発生する。

3 「思考せずに思考する」対「思考することで思考する」

①意識せずに認識する＋意思決定せずに決定する＋実行せずに実行する＝考えずに考える
②認識を認識しながら認識する＋決定を決定することで決定する＋実行を実行することで実行する＝考えることで考える

この三位一体は、買い物のプロモーションのように思えるかもしれないが、おそらく私たちの脳が私たちにエネルギーと時間を節約するために行うプロモーションだ。

考えずに考えるということが行われており、それは認識せずに認識し、意思決定せずに決定し、実行せずに実行することを意味する。これは、従来の認知主義的で順序立てられた意思決定に関する分割を統合する「オールインワンモード」だ。

ボールが動いている状況から遠ざかるほど、意識が介入する機会が増える。試合の中での一時停止は、より多くの意識的な介入を可能にする。ＡＢＰの実行によって、知覚と意思決定・実行を理論上は分離することができる。フィールド上で選手が最も意識的に介入する空間は、レフェリーが笛を吹いて試合が中断したタイミングだ。

しかし、その極端な無意識と現在の意識の間には何があるのだろうか？

リカルド・フェシェらは、次のように私たちに教えてくれる。

「選択的な注意が対象を絞り込むと、対応する回路は識別的な操作となり、同時に内部のイメージに焦点を当て、意味を制限し、曖昧さを排除する。これは、意識はある種の上位表現であるということを示唆している。心が、自身をスキャンする。これには、上位思考は必要としていない」

これは思考や概念ではなく、ある種の感覚的な表現だ（Lycan,2004）。そして、「のちにメタ状態の対象となる精神状態」と見なすことが可能だ（Gennaro,2005）。

できるだけ本能的な「反復なき反復」は、選手の「知覚せずに知覚する」「決定せずに決定する」「実行せずに実行する」「考えずに考える」を実現するために良い方法になる。

4 サッカーにおける意思決定に限らない意思決定

意思決定について語る際には、より広い視野を持つことが重要だ。意思決定は、無菌室のようなものではない。意思決定は必然的に異なる文脈によって影響を受けるが、私たちは「試合固有の文脈」ではなく、「選手固有の文脈」と「選手の関係性に固有の文脈」について考えている。

ハンナ・リーヴァイとロビン・ジャクソンは「意思決定に影響を与える文脈要因」を研究し、静的な要因と動的な要因があることを示した。

「この研究は、トップレベルでトレーニングされたサッカー選手にとって、試合中にどのように文脈要因が意思決定に影響を与えるかを調査した。データからは、7つのテーマが特定された。動的な文脈のテーマは、次のとおりだ。（A）個人のパフォーマンス（B）得点の状況（C）チームの流れ（D）外部・指導者の指示。静的な文脈のテーマは次のとおりだ。（A）試合の重要性（B）個人的なプレッシャー（C）準備。結果によれば、トップレベルのサッカー選手が意思決定を行う文脈内で、動的な要素と静的な要素を考慮することの

重要性を強調している」

文脈はすべてに影響を与え、心理的な側面にも影響を与える。
スペインの心理学者エドガル・アルタチョ・マタは、次のように述べている。

「面白いことに文字どおり、一部の心理的な問題は文脈を変えることで消えたり現れたりするものだ」

ここでは、ペップ・グアルディオラとバレーボールコーチのフリオ・ベラスコの対話を思いだす必要がある。

「皆が同じではない。スポーツに存在する最大の嘘だ。誰も同じではなく、同じように扱われるべきではない」

これを言い換えると、「すべての意思決定は同じだというのはスポーツに存在する最大の嘘だ。すべてが同じではない、同じように見えるかもしれないが、各選手はまったく異なる反応を示す」となる。
要するに、意思決定の仕組みを理解し、意思決定を方向づけるトレーニングセッションを設計することは、選手が意思決定能力を向上させるためには十分ではない。なぜなら、意思決定に影響を与える文脈的要素を考慮に入れなければならないからだ。チャンピオンシップで首位のチームと対戦することによって影響を受ける選手もいれば、指導者の指示や要求によって影響を受ける選手もいる。したがって、文脈的要素のリストは無限に広がる可能性を秘めている。

しかし、無意識の影響に関しては、これ以上のものがあり、それは私たちの「直前の過去」に関係している。「私たちの心が直前の瞬間の影響を振り払うには、時間がかかる。私たちの心は直近の過去に留まり、新しい状況へと徐々にしか移行しない。つまり、直近の過去の残滓が、新しい状況をどう解釈するか、その中でどう行動するか、どんな決断を下すか、どんな感情を抱くかに影響を与えるということだ。ある瞬間に心の中で活動し、影響を及ぼしているものは、今現在起きていること以上のものであることを理解することが極めて重要である」と、ジョン・バーグは教えている。

言い換えれば、私たちが現在だと思っているサッカー選手は、彼のもう1つの現在では、やはり最近の過去なのだ。このことは、ある出来事のあとに選手やチームのパフォーマンスが急激に変化することを理解することを助ける。戦術的な観点からは説明できない（戦術が修正された訳ではない）変化も、この観点からは説明可能だ。

これは有利にも不利にも起こる。したがって、意思決定は孤立した出来事として起こるわけではなく、単にその状況に関連しているわけではない。先ほども認めたように、同じ状況は存在しないということをすでに認識しているが、これはこの原則をさらに強めるものだ。

試合の性質上、同じ状況は存在しない。ただ、仮にそういった状況になったとしても、決断を下すために条件づけられた精神的・感情的な状態は、直近の経験に影響を受けている。そのような視点で考えても、同じ状況は存在しない。

バーグは、次のように述べている。

「状況1における思考・感情・欲望・目標・希望・モチベーションは、状況2に移行したときに、スイッチによって解除されたように消えてしまうのではなく、私たちの次の経験に微妙だが強烈な影響を与える残滓、痕跡を残すのだ」

ウォームアップは「過大評価」のようなもので社会情緒的な活動である

悪い決断は、以前の悪い決断によって強調されることがある。しかし、良い決断でも同じことが起こる。そして、そうした肯定的な最近の過去がフィードバックすることで、フローという現象を生み出す。

私は、バスケットボールのアルゼンチン代表が史上最高の結果を残したことを覚えている。アルゼンチンの首都ブエノスアイレスでの講演を終えて、自分の街に戻るために車を運転しているとき、ラジオでこの逸話を聞いた。アルゼンチンで愛されている名物司会者フェルナンド・ブラボーの番組だった。彼が、2004年アテネ・オリンピックで優勝したアルゼンチン代表の選手にインタビューしていたのだ。彼らは、優勝候補の本命だった「ドリームチーム」アメリカ代表と対戦したときの話をしていた。

アルゼンチン代表の選手たちはアメリカ代表の選手たちがヘッドホンをしている間に、歌ったり、ジャンプしながら、自分たちを鼓舞していた。ここでは、集団性（歌による団結）と個人性（ヘッドホンによる集中）の対戦になった。試合になると、アルゼンチン代表のプレーにアメリカ代表が当惑し、互いに顔を見合わせた。アルゼンチン代表がコンプレックスを感じることなく、格上のチームと対戦し、彼らを倒した。

あの陽気な歌やダンスが、試合の序盤に影響を与えたのだろうか？　そして、その流れをアルゼンチン代表が持続したのだろうか？　それは、「ポジティブなダイナミズム」を生んだのだろうか？　または、ジョアン・カンターらが名付けた「覚醒の伝達」が起こったのだろうか？（私たちは、活性化された経験のあと、活性化や興奮の真の原因を誤解しがちだ。それが直近の活性化が転移したことを知らずに、現在形で起こっていることが原因であると信じてしまう）バスケットボールの黄金世代となったアルゼンチン代表は、「興奮の転移」が存在した可能性を知っているのだろうか？

パコ・セイルーロが、ウォームアップは「過大評価」のようなもので、基本的には社会情緒的な活動であると主張したとき、多くの人が唖然とした。無意識の効果について知っていれば、そこまでショックを受けるべきではないことなのかもしれない。

バーグは、次のように断言している。

「それは5時間前、5分前、5秒前に経験したことだ。私たちはその経験を覚えているが、その経験がまだ私たちに影響を与える可能性があることを知らないのだ」

試合当日は、休息時間、摂取カロリーと栄養価、戦術的な確認、スタジアムに向かうバスの経路など、細部に至るまで計画されている。しかし、試合を始めるときに「選手たちがポジティブな条件になるように整える方法」についても計画すべきなのではないだろうか？

第5章

視覚的な認知

FOOTBALL VISCERAL TRAINING

1 ヴィセラルトレーニングにおける視野

「必要性に応じて、新しい知覚の器官が生成される。したがって、知覚を増やすために必要性を高めなければならない」

——ジャラール・ウッディーン・ルーミー（ペルシャの詩人）

この側面の重要性を反映した逸話がある。1986年メキシコ・ワールドカップのために、その4カ月前、ディエゴ・マラドーナはイタリアにあるアントニオ・ダル・モンテの研究所でトレーニングを行った。マラドーナの個人的なフィジカルトレーナーであるフェルナンド・シニョリーニは、次のようなエピソードを語った。

記者「どのようなトレーニングだったか、教えてほしい」

シニョリーニ「私たちは午前中に最初のセッションを行い、その後、アントニオ・ダル・モンテの家族と一緒に昼食をした。彼の家族は、素晴らしい人たちだった。そして午後には、次のセッションを行った。バイオメカニクス、酸素の摂取量、回復までの時間の長さ、どのように呼吸をする必要があるかを学んだ。それは驚きであった。ダル・モンテは、ディエゴに感動していた。ある日、多くの測定の中で彼は私に言った。『あなたの友人は、戦闘機のテストパイロットになるのに適任だった』。私は、『なぜか?』と訊ねた。『彼は一般の人々にはない特別な視野を持っている』と言った。有名な『首に目がある』ということだ。信じられないことだった。さらに信じられないことに、数年後、私はリオネル・メッシでも同じことを発見した」

記者「どのように?」

シニョリーニ「私たちは、2010年、南アフリカ・ワールドカップに出場するためプレトリアにいた。選手たちは興奮していて、ディエゴが私に言った。『フェル、彼らを呼んでくれ。始める』と。私は叫び、彼らを呼んだ。レオは中央ラインに沿って動きながら、ボールをコントロールしていた。私は近づいて、彼を驚かせるためにボールを奪おうと思い、耳を掴んで『ほかの誰かにボールを取られないように気をつけているんだろう』と言おうとした。そして私が動いた瞬間、レオはこちらにボールをパスしてきた。そのとき、すぐにダル・モンテの言葉が思いだされた。彼らはどちらも、驚異的な存在だ」

——『ラ・ナシオン』紙のインタビュー(2021年)

キム・ジフンとキム・ジュヨンによれば、人間の感覚受容器の約70%が視覚にマッピングされており、それが人間の感覚機能で最も重要な要素だという。矛盾しているのは、視神経には限られた数の軸索（それぞれ約100万本）しか存在せず、網膜から出ていくビット数も限られており、それが主視覚皮質の第4層に到達する数も少ないことだ。

ジュリアン・ライザーらは、次のように結論づけている。

「視覚皮質は、高度に圧縮された表現を受け取る。それは視覚情報の処理に関心がある人々にとって、通り過ぎるものではない」

そして彼らは、もっとも重要な結論の1つとして次のように付け加えている。

「視覚情報の入力に専念する側索核と主視覚皮質の第4層におけるシナプスの数は、その両方の場所に存在するシナプスの総数の10％未満だ。これらの解剖学的なデータの解釈に関してさまざまな提案があるが、事実は、脳が貧弱なデータから環境の要求を解釈し、対応し、さらには予測しなければならないということだ。それを成功させるための説明は、脳内のさまざまな部分に広く存在する表現と入力される感覚情報を結びつける固有の脳プロセスに主に存在する」

視覚的な知覚プロセスを改善するための特定のアプローチとは？

通常の日常生活で入力される視覚情報が貧弱であるならば、サッカーの試合のような動的で高度に変動する状況での知覚がどれほど制約されているかを想像してほしい。であれば、脳が視覚情報をどのように処理するかが重要になる。

もし入力する視覚情報が本来的に貧弱ならば、文脈情報を欠いた分析でさらに貧弱になることは間違いではないだろうか？　少ない情報を入力する場合、できるだけその少ない情報を最大限に活用しなければならない。言い換えれば、できるだけ多くの情報を取り入れることで、脳が固有の、自動的で暗黙的な情報処理を行うことができるようにしなければならない。感覚入力を損なうことで知覚を損ない、知覚を損なうことで情報が欠落し、結果として情報が減少した効率的な脳情報処理が生じる。

私は常に、フィールドの外で行われる補完的なトレーニングを超えた、視覚的な知覚プロセスを改善するための特定のアプローチの必要性を信じてきた。

レイラ・オーヴァーニー、オラフ・ブランケ、マイケル・ヘルツォークは、次のように要約している。

「1950年代以降、視力検査の専門家によって支持された一般的な見解は、成功したア

スリートは優れた視覚機能を持っているということだった。『視力がトレーニングによって向上することで、自動的に運動パフォーマンスも向上する』と、視力の専門家は仮定した。しかし、視力検査などにおける特定の視覚機能は、一般的なトレーニングでは改善しないことが示された。（中略）視力検査の視覚とは対照的に、最近の研究では、ホッケー、スヌーカー（ビリヤードの一種）、サッカーなどの分野で知覚的および認知的要因がトレーニングとともに変化することが示されている」

サッカー選手の視覚行動に関する最新の研究では、それらが実験室の研究と異なる結果であることがわかっている。カール・アクスムらによれば、「興味のある領域や固視の場所には、ボールが近いか遠いか、攻撃か守備かでどのようにプレーされるかによって異なる差が見られた。固視の平均時間は、以前の研究やほかのスポーツに比べて低く、トップレベルのMFは、より多くの興味のある領域が利用可能な場合には、固視の持続時間が長くなることが明らかになった」。ハンス＝エリック・シャルフェンとダニエル・メメルトは次のように奨励している。

「認知機能（すなわち認識）とスポーツ特有の運動スキル（すなわち行動）を分離せずに、両方を同時に向上させるトレーニングとエクササイズプログラムを作成するよう、指導者たちに促したい。なぜなら、これらのつながりは実際の試合の状況で必要とされ、挑戦を受けるからだ。さらに、これらの結びつきをトレーニングし、認知的要素を組み込むこと

は、パフォーマンスの向上だけでなく、アスリートの怪我を防ぐのにも役立つ」

私は、視力検査の実験室やパーソナルコンピュータを使ったトレーニング、さらにはアナリティックなフィールドトレーニングに反対している訳ではない。ただし、この2つをサラ・リングらは非難している。

「このプロセス指向の研究は、パフォーマンスにおける身体と環境の役割を無視している」

またはイアン・レンショーは、キース・デイヴィッドの主張に基づいて述べている。

「モニターからの視覚情報だけで脳を訓練することは、生態学的力学の観点から考えると、制約が多すぎる。専門的なスポーツパフォーマンスを説明し、トレーニングするためには、視線の動き、脳波、ボタンを押す作業といった要素以上の制約が存在する。（中略）脳中心の視点からの分析は、脳がアクションを知覚し、実行し、構想し、表象化し、構築するという信念を明らかにするが、組織—環境のシステムを忘れている」

「変化盲目」はサッカーにおける意思決定の中で最も重要なエラーの源だ

この脳中心の視点は、「セレブリズム」または「脳中心主義」と呼ばれることがある。言い換えれば、すべての説明は脳を中心に据えられており、それに基づいて脳を孤立してトレーニングするべきだという主張だ。ここでは、サッカーで自己表現するための環境が忘れられている。現代の脳に起きていることは、以前のフィジカルトレーニングに起こっていたことと同様だ。ハムストリングに特化した特定の動きのためのマシン、大腿四頭筋に特化したマシン、内転筋に特化したマシンなどがあった。

少なくともサッカーでは、フリオ・トゥスやほかのパイオニアたちの努力による部分もあり、フィジカルトレーニングは進化し、単に筋肉ではなくより多くの動きをトレーニングするようになった。より総合的で包括的なフィジカルトレーニングの視点に立っている。将来、すべての認知的なサッカートレーニングは、より総合的な視点に応え、逆説的にはより具体的になるはずだ。

脳を孤立させると、フィールドも、ボールも、チームメイトも、相手も、試合も存在しない。では、そこには何が残るのだろうか？　文脈から切り離されたサッカー選手だ。ディエゴ・マラドーナがクーパーテストを「無意味だ」と感じたように、選手たちは準備と試合の間に本能的な不調和を感じるかもしれない。

例えば、視覚に関連した知覚的なタスクを考えてみよう。何も見るものがないということではなく、サッカー選手の目には刺激が不足するということだが、より悪いことが起こる。脳の視覚皮質にとっても、刺激が不足する。網膜は悪化しないが、脳が悪化するのだ。そうなると、視覚変化に気づかない「変化盲目」として知られる状態になる可能性が高くなる。

リカルド・フェシェらは、次のように主張している。

「ほとんどのニューロンは数千のほかのニューロンに投射されるため、情報の各ビットは多くのニューロンによって並行して多くの方法で検討され、情報をほかのデータの集合体に関連させる。つまり、情報は絶えず再編成され、多くの解釈基準に基づいて再読され、その意味（知覚的、感情的、機能的、操作的）が理論的な再編成、関連づけ、一般化を介して、情報に帰属される。これにより、情報は意味のある情報、つまり知識に変換されていく」

少ない情報では、検討や再編成、意味づけの余地が少ない。そうなれば、意味がある情報に変換することが難しくなる。なぜなら、その意味は、数ビットでの合成の結果、すでに指導者によって与えられているからだ。

さらに悪いことに、私たちがトレーニングを設計する際には、変化盲目に陥る可能性がある。しかし同時に、選手がボールを受けるチャンスがあったのに、チームメイトがその選手を見ていないという状況になったとき、指導者は選手たちに怒りを感じるだろう。私たちは頻繁に「こっちを見てくれよ！」「ごめん、見てなかった」という対話を聞くはずだ。その対話をどれだけ減らし、チャンスを作ることができるのだろうか？

スティーブン・ナフマノヴィチは、次のように述べている。

「一緒にプレーするとき、相互理解されないカコフォニー（不快な音）のリスクがある。その対策は、規律だ。しかし、それは『構造について事前に合意しておく』というタイプの規律ではなく、お互いを感じること、思いやりのある態度、戦う力、微妙な感覚を持つ意志の規律だ。ほかの人に委ねることは大きなリスクがあり、自分自身への信頼を学ぶというさらに難しいタスクにつながる。ほかの人に一部の制御を委ねることは、無意識への一部の制御を与えることを教えてくれる」

試合における複雑性、変動性、ランダム性が増加する一方で、トレーニングにおける複雑性、変動性、ランダム性が少なくなるほど、変化盲目も増加する。ここでは、矛盾した試合が展開される。つまり、知覚的な豊かさの少ないトレーニングセッションを設計することで、変化盲目を作り出してしまっている。ここでは誰も悪意を持っている訳ではない。選手が見えないのは意図的に見たくないからではなく、指導者も選手を改善したくないからではない。それは意図せず、無自覚のうちに起こっている。そして変化盲目は解消されず、悪化が進んでしまう。

変化盲目が繰り返されると、試合に悪影響を与える意識的および無意識的な行動が定着してしまう。もしある選手が私たちを見ないと思えば、私たちはフリーになろうとしないかもしれない。そして、真の悪循環が形成される。これに対する解決策は試合では見つからないが、トレーニングでは見つかるはずだ。

変化盲目は、サッカーにおける意思決定の中で最も重要なエラーの源だ。私たちはすでに起こったことに基づいて意思決定を下してしまい、実際に起こっていることに基づいていない。ここでは、予測能力を十分に備えた最高の選手たちがどのように意思決定を下しているか、過去、現在、未来でプレーしている選手の違いを非常に明確に認識している。

視覚の脳処理は非常に繊細であり、2つのタイプの処理が区別されている

ツルミ・シュウマの研究によれば、「2つの事柄が500ミリ秒以上離れている場合、成人は2つの事項を認識できたが、時間間隔が500ミリ秒未満の場合、成人は2つ目の事柄を見落とした」。では、サッカー選手はどのようにして同時に動きながら複数の事柄を認識するのだろうか？　まだまだ研究すべきことは多い。

ヴィセラルトレーニングは、視覚的な刺激を奪うのではない。むしろ刺激を加えるのだ。視覚皮質のタスクを容易にするのではなく、困難にする。そして、そのタスクを生態学的な環境で行う。これは、サッカー以外の条件下での視覚トレーニングが増えている傾向に反するものだ。

この意味で、バレーボール選手を対象とした視覚トレーニングの実験が行われている。ダミアー

ノ・フォルメンティらは、次のように要約している。

「トレーニングが行われる環境は、スポーツ特有のスキルにおける知覚と行動の向上に重要な役割を果たし、スポーツ学習の生態学的なアプローチを支持する」

読書でも、「1度の視線で、同時に処理できる異なる視覚的要素の数（『視覚的な注意スパン』と呼ばれる）が、単語1つを読む速度を予測する」と考えられている。ここには、サッカーとの類似性がある。サッカーの試合を読み取る速度は、視覚的な切り取りではなく、むしろ試合の視覚的要素の増加や豊富さに助けられるのではないだろうか。

視覚の脳処理は非常に繊細であり、2つのタイプの処理が区別されている。注意の変化に目の動きが必要な処理（公開的な変化）と、目の動きが必要ない処理（秘匿的な変化）だ。

マイケル・ビーシャンらによれば、「公開的な動きの場合、中心前溝、頭頂間溝、および外側頭後溝の活性化が、秘匿的な動きの場合よりも大きくなった。注意の移行率が増すにつれて、視空間ネットワークの反応は、公開的および秘匿的な条件の両方で増加したが、この変数の増加は公開的な変化時により大きかった。見ることと解釈することは単純な脳の処理ではないようだ。なぜなら、2つの主要な視覚経路が解剖学的および生理学的に定義されており、それらは主視覚皮質と上位の視覚領域を結びつけている。1つは腹側経路であり、もう1つは背側経路だ。影響力のある2つの視覚機能の仮説によれば、視覚的属性は異なる機能に対して異なる解析が行われるとされている。具体的には、背側経路では視覚情報が行動の案内として解析され、腹側経路では視覚情報が知覚的な判断をするために解析される」。

いずれにせよ、経路が特化しているのかどうかにかかわらず、私たちは、ショートカットすることでタスクを過度に単純化し、いくつかの場合には単なる実行タスクに留めてしまう。試合の本質に加えられるこれらの知覚的な困難を事前に戦術ボードで解決してしまうことにより、視覚的な知覚機能に与えてしまう損害について考えなければならない。

過度の単純化は脅威を排除し、それこそ意識の脳プロセスをより強く呼び起こす。このように理解すると、脅威こそが潜在的な行動を奨励し、その潜在的な行動は潜在的な被害と結果に対処するためのものだ。視覚の検出能力を向上させるためには、トレーニングは視覚的な刺激を与えるうえで脅威的でなければならない。

つまり、これらのショートカットは背側路と腹側路の刺激を低下させ、知覚と行動の両方に影響を与える可能性がある。最近では、社会的知覚に特化した第三の視覚経路も注目されている。

また、視覚知覚要素の単純化がもたらす補完的なテストとして、マイケル・ヘルツォークとアーロン・クラークは次のことを証明した。

「単一要素のパフォーマンスは、視覚場面のすべての要素に依存する」

■認知的・知覚的な向上のために取り組むべきことは多い

指導者は、サッカーをサッカーのままにしながら、障害や視覚的な知覚刺激を生み出すために創造力に頼らなければならない。刺激の豊かさの視点を広げるためにいくつかの質問をする。

フィールドの外に、選手を混乱させるのに役立つ視覚要素を導入したことはあるだろうか？　選手を環境に溶け込ませるような工夫をしたことはあるだろうか？

トルコリーグの試合で、スィヴァススポルとイスタンブールBBSKが対戦した。雪に覆われた白いピッチで、スィヴァススポルの選手たちは白いユニフォームを着ながらプレーしていた。スィヴァススポルの選手たちは相手選手を見分けやすく、チームメイトを見分けづらかった。逆にイスタンブールBBSKはチームメイトを見分けやすく、相手選手を見分けづらかった。

認知的な改善を目指すトレーニングでは、次のようなことを考える必要がある。

1 チームメイトや相手を、よく見ることができない場合はどうなるだろうか？

2 一部のチームメイトと一部の相手しか見えない場合はどうなるだろうか？

3 チームメイトが相手のように、相手がチームメイトのように見える場合はどうなるだろうか？

4 夜にトレーニングを行い、各チームが濃い色のユニフォームを着用する場合はどうなる

スィヴァススポル対イスタンブール BBSK ①

スィヴァススポル対イスタンブール BBSK ②

だろうか？

認知的・知覚的な向上のために、取り組むべきことは多い。トレーニングの設計は知識に依存するが、さらに重要なのは創造力に依存することだろう。最新のテクノロジーを使えないことは、トレーニングにとっての障害ではない。むしろ、使えないことが創造力と独創性を刺激するだろう。

❶試合に参加できない選手（例えば、回復中の選手や交代待ちの選手など）**を試合に導入したことはあるだろうか？**（同じユニフォームを着たこれらの選手は、興味深い認知的な負担となるので、探求する価値がある）

❷自チームのFWを、相手チームと同じユニフォームでプレーさせたことはあるだろうか？（MFがパスを選択する際の、認知的な困難性を倍増させる）

❸各チームが、半分ずつ自チームのユニフォームと相手チームのユニフォームを着用した11対11の紅白戦を行ったことはあるだろうか？

❹22人の選手が、同じユニフォームでプレーするようにしたことはあるだろうか？

以下は、私の著書『グアルディオラ―サッカーにおけるアイデア、創造性、革新の泥棒』（2017年）からの抜粋だ。

「技術の進化は、決して止まらない。プロのチームで、加速度計やGPSを備えた装置を使うのは、普通のことになった。将来、これらのセンサーはすでに心臓矯正用のインプラントで行われているように、選手の体内に統合されるだろう。サッカー選手はトレーニングと試合の両方で、自分のデータを測定できる。これは、プロのアスリートが試合中に着用するために設計された画像記録機能、『First Vision』などのテクノロジーのおかげだ。これらの予測はまるでSFのように思われるかもしれないが、かつては潜水艦やインターネットもSFだった。アイザック・アシモフやスタンリー・キューブリックの世界が、現実になっている。将来、記録はシャツについたカメラからではなく、自分の目で選手を観察するときに直接的に行われるだろう」

私たちが見たものは、ビデオカメラで撮影されたかのように記録され、アーカイブされるようになるだろう。これにより、指導者と選手の共感レベルが向上し、私たちは彼らが「私たちが望むような認識をしない理由」についてより理解を深めることができるようになる。それによって、指導者は正しい解決策を提供しやすくなる。

2 スキャニング（視覚認知行動）を説明するために役立つ従来のモデル

「スキャンはかなり本能的だ。サッカー選手は、徹底的に周囲の情報を収集している。意思決定は私たちが見ているものだが、肩越しにイメージしたものでもある。最高の選手は常にスキャンしているので、ボールを受けたときにパスを狙うべき次の場所を正確に把握している」

——ジョーダン・ヘンダーソン（イングランド代表、アル＝イテファクMF）

記者「パスを受ける前に、どこに行くかを予測している？」
フィルジル・ファン・ダイク「ああ。私はピッチのほかの場所を見ることで、パスを狙う次のスペースを探している。可能な限りスキャンすることで、最善の解決策を発見する」

——「リヴァプールTV」のインタビューでの発言

「最高の選手は常にスキャンしている」とジョーダン・ヘンダーソンは言っており、これはヨハン・クライフが1981年にディエゴ・マラドーナについて語った内容とも一致している。ちなみに当時、マラドーナはまだヨーロッパでプレーしていなかった。

「彼は同時に、多くのことを見ている。彼はフィールド上のある場所にいて、自分から40メートル離れた場所で何が起こっているかも知っている」

キム・ジフンとキム・ジュヨンの研究を引用しよう。

「目の動きは、人間の中で最も速く、頻繁に行われる行動の1つであり、視覚領域の眼球固定を通じて多くの情報を収集することができる。しかし、その視覚領域の外では、詳細な情報が失われる可能性がある。また、人々は通常、タスクを実行する際の具体的な眼球運動について自覚していない。眼球の動きは、隠れた注意と密接に関連している。隠れた注意は情報処理と意思決定において重要な役割を果たし、ふるい分けの端末としてだけでなく、中枢処理活動を実行し維持することで迅速かつ正確な意思決定を保証する。そのため、眼球運動は単に選択的な注意を反映するだけでなく、知覚、評価、情報の記憶における中枢の認知プロセスの強度や性質を提供し、これらの進行中のプロセスにおけるリアルタイムの情報を提供している。このようなリアルタイムの情報は、報告や参加者の記憶に依存せずに眼球追跡実験によってデータ収集することができる。参加者に自分の行動につ

いて訊ねると、参加者は自分の行動を覚えていないか、忘れているか、意識不足のために自分の行動に気づいていないかもしれない。データ、視覚化、反復を調べることで、人間の記憶に頼らずに行動の原因を特定することが可能になる」

「スキャンを行動の指針として利用することに慣れさせるには時間を要する」

伝統的な方法も知覚能力の向上に大いに貢献する。例えば、スキャンの教育だ。フランク・ランパードの父フランク・ランパード・シニアは、息子が子どもの頃から首を振ることの重要性を伝えていた。

ノルウェー体育大学の教授ゲイル・ヨルデットは、1998年からこのテーマを研究している。彼は多くの年月をこの研究に捧げた結果、重要な結論を導いている。

「私がよく見つけることは、スキャンが得意だと思っている多くの選手が同じような経験を共有していることだ。彼らは子どもの頃にスキャンが重要だと言われたか、または自分で気づき、早くから習慣化してきた。スキャンによって、ほかの選手よりも有利になっている。（中略）私は、グレン・ホドルとのインタビューを覚えている。彼は若い頃、往年の名FWジミー・グリーヴスのプレーを観察しているとき、あることを発見した。彼は、

ボールを直接見ていなかったのだ。ホドルによれば、彼は肩越しにボールを見ていた。それは、典型的な話だ」

読者の方々には、「教える」という言葉を使ったことに注目してほしい。もしサッカー選手がスキャンを遺伝子として持っていない場合、教えられなければならない。最終的には意識と無意識の旅になるだろう。

ヨルデットは、次のように述べている。

「能力と同様に、しばらくすると自動的になり、ただスキャンを行うだけだ。これは多くの選手の場合がそうだ。彼らの中には、スキャンをやっていてもスキャンについて考えていない選手もいる」

選手にとって、スキャンは差別化されたスキルとなる。

ヨルデットは、次のように認めている。

「ジュード・ベリンガムを見てほしい。フィル・フォーデンを見てほしい。彼らは、スキャンを得意としている。キリアン・ムバッペも、スキャン能力においてほかを圧倒している。アーリング・ハーランドも、スキャンを得意としている」

ヨルデットは、ここで重要な区別をしている。

「スキャンの頻度を倍増させることは比較的簡単だ。しかし、情報を吸収すること、見るだけでなく起こっていることを知覚し、最終的にはスキャンを行動の指針として利用することに慣れさせるには、時間を要する」

また、守備の局面におけるスキャンに関連する行動のバイアスも指摘している。

「私たちが認識している以上に、相手チームがボールを持っているときに、選手たちは常にスキャンのミスを犯している」

元アーセナルの監督アーセン・ヴェンゲルは、次のようにコメントしている。

「非常に優れた選手は、ボールを受ける前の10秒間で6~8回スキャンを行っているが、通常の選手は3~4回行っている」

選手はスキャンの価値を生まれながらにして知っている訳ではない

スキャンは、懐中電灯のように機能する。プレーをするフィールドは、暗闇のようなものだ。頭が固定されると、そのエリアとエリア内で起こっていることが照らされる。エリアを照らすことで、脳をより活性化させることができる。これにより、現在起こっていることを知るだけでなく、さらには将来起こることを予測することができる。もしボールだけを見るのであれば、照らされるのはボールだけだ。だからこそ、サッカー選手の例を通じて、スキャンの価値をより深く理解することが必要になる。

例えば、シャビ・エルナンデスは「バルセロナでは、私のあだ名は『エクソシストの子』だった。私はエクソシストのように頭を360度回転させることはできないが、スペースを見つけるために、500回以上も頭を回転させた試合もある」と述べている。シャビの言葉によれば、スキャンの量が多い選手は1対1のドリブルではなく、パスに頼る傾向があるという統計データも偶然ではない。

サッカー選手は、サッカーにおけるスキャンの価値を生まれながらにして知っている訳ではない。そして、トップリーグに上がってもスキャンを知らないままのこともある。したがって、サッカー選手は「無意識の無能」から脱出する必要がある。

しかし、もう1つの方法はヴィセラルトレーニングにある。知覚的負荷の増加により、スキャン

図49：無意識的な能力と意識的な能力の違い

	1	2	3	4
無意識的な能力	無意識的な能力の欠如	意識的な能力の欠如	意識的な能力	無意識的な能力
私たちは、知っていることを知らないが、知っている	私たちは、知らないことを知らない	私たちは、知らないことを知っている	私たちは、知っていることを知っている	私たちは、知っていることを知る必要がない

の欠如（またはスキャンの不十分さ）した状態ではタスクの解決が不可能になる。したがって、ヴィセラルトレーニングは選択的な圧力をかけ、スキャンの貧弱さを持つ、環境の個々の特徴に注意を集中させる「場所依存型」のサッカー選手たちにスキャン能力を開発するよう強制する。周囲の空間に関する情報を知覚し、その情報を整理するような認知傾向を促す。

そして、ボールに過度に集中する場所依存型の選手にとっては、ヴィセラルトレーニングのタスクは非常に有用だ。1つのレイヤーと別のレイヤーの重複した活動が、より広範な知覚を必要とする空間で同時に行われるからだ。ヴィセラルトレーニングでは知覚—行動の循環が増加し、複数の知覚に対する習慣を試合のために残そうとする。

逆に、スキャン能力が高い「場所独立型」のサッカー選手は、全体的な環境表現を管理する能力を持っており、その閾値を高めることができる。スキャンの増加は習慣の確立に役立つ（ヴィセラルトレーニングが、その確立のスピードを加速させる）。

空間的な記憶認識の調査において、ラウラ・タスコンらは次のような結果を発見した。

「『場所独立型』の参加者は、環境内の参照点が少ない場合に『場所依存型』よりも正確性が高く、すべての参照点が利用可能な場合に『場所依存型』よりも速い結果を残した」

つまり、より広い視野を持つ選手たちは、精度と速度の分野で視野の狭い選手たちよりも優れたパフォーマンスを発揮する。サッカーのパフォーマンスにおけるその意義は明白だ。

研究者のトーマス・マクガキアン、ゲイル・ジョルデらによる研究は、次のように結論づけた。

「視覚的探索の行動（頭部の左右回転を通じて表される探索的な動き）**は、周囲の環境を知覚し、可能な行動を支援する。ダイナミックに変化するサッカーの環境では、探索的な行動が選手のボールに対するパフォーマンスにどのように影響を与えるかは、その行動がどのようにしてどのタイミングで発生するかによって変わる可能性がある。フィールド上での視覚的検査とパフォーマンスの関係については、ほとんど研究が行われていないが、ボールを蹴る直前の探索的な頭部運動の頻度が高いほど、成功率が高まると報告されている。結果は、頭部の回転頻度と回転範囲の間に、強い関連性があることを示した。さらに、ボールを受ける前に平均以上の頭部の回転頻度と回転範囲があるとき、ボールを回転させたり、攻撃方向にパスを出したり、受けたエリアとは逆のエリアにパスを出す可能性が高まる。これらの結果の強さは、ボールを受ける前の異なる時間帯によって異なった。選手が平均以上の頭部の回転頻度と回転範囲で周囲を探索すると、周囲の環境が提供するよりも複雑**

な行動の機会を活用できる。今後の研究と実践的な意義についても、議論が必要だ」

イングランド・プレミアリーグのさまざまなチームで活動しているアメリカのスポーツ心理学者ジョン・サリヴァンは、次のように述べている。

「選手は、毎ミリ秒で約9つの重要な情報をスキャンする。これは『マルチオブジェクトトラッキング』と呼ばれており、脳にシミュレートするためのスナップ写真を提供する。脳の後部にある視覚機能である後頭葉は情報を取り込み、それを扁桃体や辺縁系といった感情の中枢に送る。そして、無意識の思考を経ずに、意思決定を行う。『イメージが変わり、不安を感じるようになったが、それでもボールをパスするべきだろうか?』。脳が運動皮質と通信する前に、パターンベースの意思決定が行われる。試合はカオスだが、認識するパターンは限られているため、選手は試合、そのパターン、動きに対する記憶容量を開発している」

アナリティックトレーニングに頼らず完璧にスキャンをトレーニングできる

アナリティックトレーニングを使用して、スキャンをトレーニングすることは可能だ。その場合、選手はスキャンのトレーニングを意識して行っていることを知るだろう。しかし、選手がスキャンについて知らないまま無意識にトレーニングし、その習慣が確立する方法もある。トレーニングを終えて、彼らに何をトレーニングしたか訊ねても、その目的を知らないかもしれない。この学習はより本質的で、スペースを取らずより自然だ。なぜなら、それは強制的な切り替えではなく、試合の文脈で学んだからだ。

アナリティックトレーニングに頼らなくても、完璧にスキャンをトレーニングすることができる。レイヤー1とレイヤー2があるヴィセラルトレーニングでは、選手は何をしているかを知らずに何千回もの反復を行う。その試合は彼らに反復を求めたり強制したりする必要はないし、退屈な方法でトレーニングする必要もない。

【ヴィセラルトレーニング例3：レイヤー×2構造のスキャントレーニング】

レイヤー1：11人対11人の試合
レイヤー2：3つのボールと3つ同時の試合（小さなゴールを使用する）

各選手はメインの試合（レイヤー1）とサブの試合（レイヤー2）の両方に参加しなければならない。このヴィセラルトレーニングでは、選手がフィールドの範囲に応じて複数のボールと対話することで、カオスが試合と選手を支配し、常に個々と集団の自己組織化を迫る。

図50：スキャンを鍛えるヴィセラルトレーニング

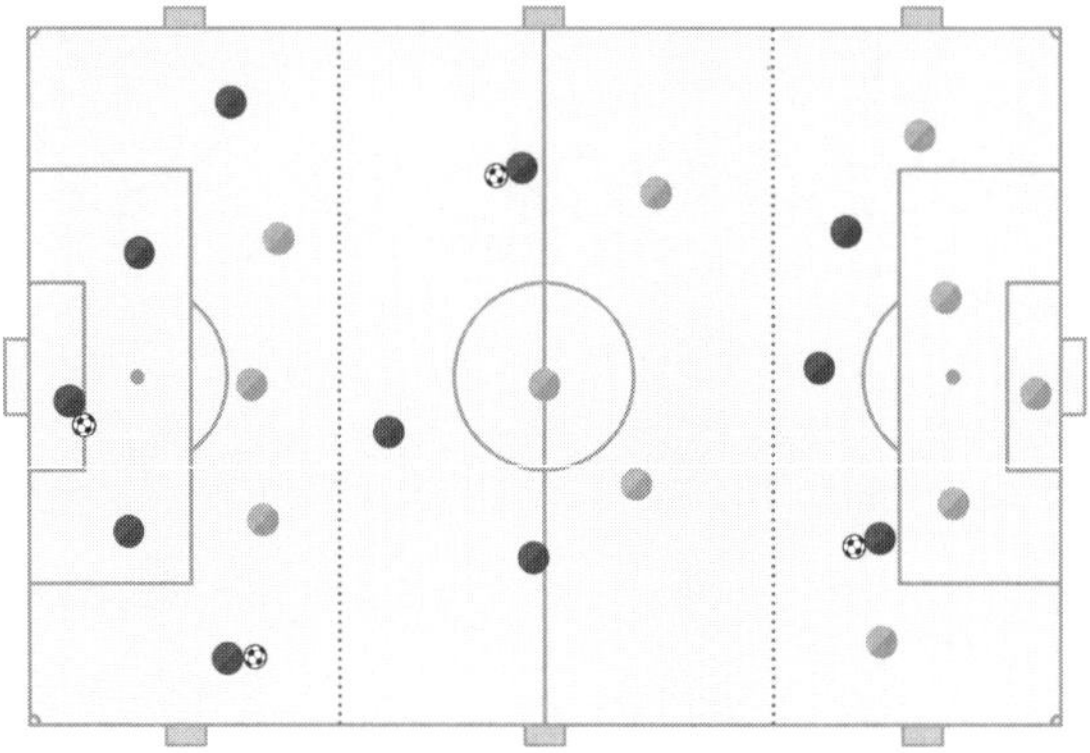

トレーニング動画

11人対11人のボールとプレーするべきなのか、縮小された試合のボールと一緒にプレーするべきなのか？

守備的なアクションをするべきなのか、攻撃的なアクションをするべきなのか？

小さなゴールで得点を確保するべきなのか、11人対11人の試合ではポゼッションを維持するべきなのか？

数的優位のためにスペースを移動するべきなのか、ポジションを維持するべきなのか？

このようなレイヤー×2のヴィセラルトレーニングにおいて、スキャンのトレーニングにアナリティックな要素は必要だろうか？　選手に意識的な注意を払い、スキャンすることを求める必要があると思うだろうか？

3 無意識の思考を刺激する「無意識のスキャニング」

「スキャンは意識的ではなく、それは原初的なプロセスだ」と、ジョン・サリヴァンは述べている。彼はこの研究からアイデアを利用している。例えば、音楽はこの目的に使用することができる。マーケティングと販売の神経科学領域で行われた研究を参考にしたものだ。

キム・ジフンとキム・ジュヨンは、次のように報告している。

「遅いテンポの音楽の注視値は、速いテンポの音楽の注視値の2倍以上であり、一方、速いテンポの音楽の瞬き値は遅いテンポの音楽の瞬き値の2倍以上だった。特に、初期および最大集中度は音楽の種類によって異なる。また、私たちの結果は、遅いテンポの音楽と速いテンポの音楽のスキャンパス（人間の視覚走査における固視点の一連の軌跡）と位置の違いが時間とともに変化することを示唆している」

スーパーマーケットや店舗が活用している工夫（商品に視線を長く留めるために遅いテンポの音楽を使

用する）は、私たちも活用できるものだ（より速いテンポの音楽は、探索経路と場所をより速く移動させる可能性がある）。

サッカーは主に視覚的な知覚によって支配されているとはいえ、聴覚的な知覚トレーニングの補完を排除すべきではない。

キム・ジフンとキム・ジュヨンは続いて、次のように報告している。

「視覚的な記憶は通常1〜2秒続く一方、聴覚的な記憶は4〜5秒続く傾向がある。これは人間が、視覚的な刺激よりも聴覚的な刺激をより良く記憶することを示唆している。（中略）一般的には、外部情報の回収において視覚が優勢な感覚方法とされているが、マーケティング研究の結果によれば、ほかの感覚方法も視覚処理を中和する可能性があることを示唆している。特に、音は主視覚野に影響を与える。神経科学の学者たちは、さまざまな感覚の脳領域が収束領域であり、異なる感覚方法からの入力が相互に作用し、混合し、影響し合うことを発見した」

例えば、複数の感覚刺激（例えば、店の閉店時間に流れるバックグラウンド音楽）は知覚的に集団化することがあり、視覚的な注意、空間認識、感情状態に影響を与えることがある。この意味で、聴覚と視覚の機能は特に結びついている。さらに、感覚信号は無意識的に消費者の意思決定に影響を与え、彼らの態度や行動を変えることができる。

第6章

心理学的なアプローチ

FOOTBALL VISCERAL TRAINING

1 サッカーにおけるプライミング

警告：本章で述べられているすべてのこと、特にチームで行われるすべてのことは、スポーツ心理学者によってサポートされる必要がある

「プライミング」（先行する事柄が後続する事柄に影響を与える状況）を通じて、選手の無意識的な判断や行動に影響を与えることができる。それは、危険なものかもしれない。しかし、適切に使用すれば、危険なものではない。むしろ、有望な方法だ。

ジョン・バーグは以下のようにコメントしている。

「通常、重要な情報は偽装されたり、ときには潜在的に提示されることで、予測どおりに参加者に影響を与える場合、彼らはその影響に気がつかない。これは、この影響が無意識的であることを示している。（中略）プライミングの効果は、自然で自動的だ。日常の経験はアイデアや欲望、さらには世界についての考え方を活性化する。プライミングは、第一

に意識化されているかどうかにかかわらず、私たちに思いださせる存在だ」

ここで、例を見てみよう。2021年のUEFAヨーロッパリーグの決勝、ビジャレアルとマンチェスター・ユナイテッドの試合だ。ビジャレアルの監督だったウナイ・エメリは、前日に「選手たちがボールを回し、奪い返す3人が手をつないだままプレーするロンド」を行った。「UEFA.TV」のTwitterアカウントはそのロンドを「楽しいロンド」と題した。

前日は楽しいことだったものが、試合当日には戦術になった。「全員で」というコンセプトが、決勝で優位に立ったのだ。ビジャレアルのプレースタイル、特に試合の難しい瞬間における守備は、選手たちが全員でコンセプトを完全に実践していたからこそ実現できた。その「全員での最大化」がなければ、ビジャレアルがヨーロッパリーグを制することは不可能だった。

アンドレア・キーゼルらは同意見で、「以前の研究は、潜在的に提示された刺激が、超潜在的に提示された刺激によって提供された反応を加速または遅らせることを示している。私たちの実験は、無意識の刺激がさらに自由な選択肢に影響を与えることを示す。したがって、現象的に自由に選ばれた行動は、被験者が操作に気づかないまま影響を受ける」と表現している。

バーグは、次のように結論づけている。

「無意識のプライミング効果は、人の意図や意識を超えて判断や行動に影響を与える内的な心的表象の受動的な活性化に関わる。重要な違いは、第一の刺激や出来事自体に対す

る無知と、これらの第一の影響に対する無知との間にある。後者が2つの形態のうち、より重要で実践的に関連があるものだ。メタ分析的な論文や新たな潜在的な説得の研究により、プライミングが個人の重要な目標や現在の能動的な目標に一致する場合、行動の準備効果がより強く現れることが明らかになっている。最近の実地研究では、偶発的なプライミング手法を使用して、投資家の不正行為の変化や、BMI値の高い買い物客のスナック菓子の購入減少が報告されている」

投資家やBMI値の高い購買者においても肯定的な行動の変化があったのであれば、なぜサッカー選手や指導者にも同様の変化が起こらないといえるのだろうか？　なぜ私たちはプライミングの技術を使って、1対1の状況でよりリスクを取りやすい選手になるよう促したり、攻撃的な戦術を好むように指導者の意思決定行動を支持したり、特定の選手が頻繁に退場するのを防止したりすることができないのだろうか？

「スターとアマチュアを組み合わせることで影響を受ける可能性がある」

私は、特に素晴らしい潜在能力と経歴を持ちながら、現在は困難な状況にある選手たちや指導者に見向きもされていない潜在的に優れた選手たちに惹かれる。ビジネスと同様に、低迷時に買えば、好況時に売れる可能性があるからだ。

例えば、過去の大会で得点を決めた経験のある不調のストライカーを採用した場合、彼はすでに「完璧なロッカールーム」を嗅ぎ分けている。「過去にトーナメントで得点を決めたことがある?」という質問によって、彼は無意識の中で肯定的なプライミングを行う。そのとき、特に「君は得点できる能力を持っていた」という事実を伝える必要はない。

同様に長い間、重要な試合で勝利から遠ざかっている選手を獲得する場合でも、すでに彼は「完璧なロッカールーム」を嗅ぎ分けている。「かつてチャンピオンになったことがある?」という問いによって、彼は無意識の中で自分の忘れられた勝利のスピリットを再び引き出すことを意図せずに行う。もちろん、意図的に優位性を持たせる質問は、選手が意図性を感知し、意図性を意識化することができないように、ほかの多くの質問と混同させる必要がある。

明示的にする必要がないまま、過去の優位性を自然に思いださせることがどれほど容易であるかに気づいただろうか? そして、私は、単発の介入しかしていない。もし計画的に介入し、その創造性を選手のストーリーと組み合わせることで、選手にどのくらい影響を与えられるか考えてみよう。選手のストーリーの奥深くに潜り込めば、常にプライミングの要素を見つけることができるだろう。さらに、第一の有害な影響に対して警戒し、有害な影響を回避する要素も見つけられるはずだ。

ここで重要なことを思いだしたい。第一の影響を機能させるためには、選手が第一の影響を受けていること、およびその影響の効果を知らない必要がある。そのためには、心理学者がコーチングスタッフにいることが必要不可欠であり、第一の影響を設計（および評価）するために心理学者と協力し合う必要がある。

フィリップ・ハーリーとダニエル・メメルトは、創造的な選手と非創造的な選手のビデオを使って、創造性に対する影響を評価する実験を行った経験について言及している。

「この研究の目的は、創造性に優れたサッカー選手として知られる選手と一緒に準備をすることが、コンピュータベースの意思決定タスクにおいてアマチュアのサッカー選手の創造性を高めることができるかどうかを検証することだった」

連続的な手順をベースに、アマチュアのサッカー選手は創造性のある選手（リオネル・メッシ、チアゴ・アルカンタラ）または創造性に長けていない選手のビデオとともに訓練を受け、その後、サッカーの意思決定タスクを行った。

彼らは、次のように結論づけている。

「特定の領域における創造的思考は、創造性で知られるスター選手とアマチュア選手を組み合わせることで、影響を受ける可能性がある。これらの結果の実践的な意味とスポーツにおけるプライミングの将来的な研究における方法論的な意味については、批判的な議論が行われている」

2 無意識も従順である：実施意図

「私は執筆の仕事について語る際、ただ1つのルールを発見した」と、偉大なアメリカの作家ノーマン・メイラーは語っている。

「非常にシンプルなルールだ。明日、自分が机に座っていると自分に言い聞かせることで、無意識に準備を促しているのだ。つまり、ある時間にその実りを収穫するために待っているのだ。私がそこにいて執筆すると確信していると、いくつかの力に伝えているのだ」と、ジョン・バーグはメイラーの逸話を紹介しながら、意識的な心が無意識的な心を活性化させる力を説明している。

これは「実施意図」（具体的な計画を立て、いつ、どこで、どのように実行するかを示すもの）として知られている。無意識の自己制御の一形態であり、サッカーへの実践的な応用も可能だ。これは直接的なヴィセラルトレーニングではなく、無意識をトレーニングするための意識的なトレーニングといえる。そして、これこそ、アナリティックトレーニングの「終わりのない反復」と最もつながるポイントかもしれない。具体的なパフォーマンスを無意識に求めるために、意識的なレベルから強化するのだ。

バーグは、次のようにコメントしている。

「科学は、私たちの無意識の心が、効果的にメッセージを伝える方法を知っている限り、意識的なメッセージに反応するように進化したことを明らかにしている」

しかし、短期計画に加えて、実施意図は、時間と場所の定期的なルーティンに基づいた習慣の形成にも有用だ。これらの短期的（戦術的）および長期的（戦略的）な自己制御の方法は、「私たちの環境が行動を誘発する自然で自動的な方法を使用するため、意識的で努力を要する方法よりも効果的だ。実施意図は、提案した行動を将来の具体的な時間と場所で実行することを明示することによって機能する」。

無意識に根づいているタスクは、特定の試合に挑む前に（短期的な戦術的使用として）無意識に残すことができることに注目したい。

①試合が始まると、私は〇〇を探す
②DFが私をある方法でマークすると、すぐに私は〇〇する
③私のチームメイトがある状況にあるとき、私は〇〇する

特定のタスクに向かう前に（長期的な戦略的使用として、習慣を形成するために）無意識に残すことができるタスクの数に注目したい。

①負傷した選手の休憩中に、私はチームメイトを励ます

②クラブの駐車場で車を降りると、私はすぐにジムに立ち寄る

また、実施意図を持って試合に臨むことと、実施意図を持たないで試合に臨むことは異なる。曖昧な願望（ゴールを決めること）を表現するのと具体的な願望（○○のあとにゴールを決めること）を表現するのは同じではない。1つの状況では無意識に願いを求めるが、もう1つの状況ではその願いを達成する方法を無意識に伝える。

これらの一部は、2014年にアメリカ・カリフォルニア大学サンディエゴ校の行動研究所で所長を務める行動経済学者ウリ・グニージーが述べたことだ。彼は、次のような会話をしていた。

グニージー「あなたは運動をするの？」

相手「必要なほどは運動していない」

グニージー「なぜ？」

相手「毎日、運動をする時間がないから」

グニージー「毎日運動をするかどうかを決めなければならない努力に、時間を割くことはない。毎日運動をするかどうかを迷っているから、運動しないんだ」

図51：実施意図とトレーニングの順序 ①

1			ヴィセラルトレーニング
2	実施意図	＋	ヴィセラルトレーニング
1	アナリティックトレーニング		
2	アナリティックトレーニング	＋	実施意図

相手「運動するためには、考えなければならない」

グニージー「それは逆だ。考えると、あなたは運動をしない。だから、疑問を命令に変えなければいけない。自分自身に『今日は走るべきだけど、雨だから走らない』とは言わずに、代わりに『今日は天気がどうであろうと、私は運動する』と言ってほしい」

相手「命令をするほうが効果的だと？」

グニージー「私たちにとって、従うことは決めるよりも費用が低い。なぜなら、考える前に本能、自動化、命令に従っていたからだ。したがって、努力をするたびに決めることを考えると、いつも言い訳が見つかり、決めることをしなくなる。なぜなら、私たちの脳はエネルギーを節約するために進化してきたからだ。私たちは怠け者だ」

相手「では、戦術は？」

グニージー「私たちは怠け者なので、脳の怠惰を利用し、自分自身との疲れる議論を避け、命令に従うことを好むようにする。そして、従うことを脳に与える。毎回自分自身と交渉するのではなく、考えずに従うのだ」

図52：実施意図とトレーニングの順序②

アナリティックトレーニング ＋ 実施意図 ＋ ヴィセラルトレーニング

しかし、これは試合に使用されるだけでなく、トレーニングの改善にも役立ち、アナリティックトレーニングとして機能することができる。特定の試合の一部を切り取り、断片化するのだ。そして、試合で対応する戦術的提案をトレーニングする前日に実施意図を計画することができる。

実施意図は、内部に特に潜在的な要素があるため、事前にヴィセラルトレーニングを向上させることができる。また、のちのアナリティックトレーニングでも同様に機能する。

優れた指導者の素晴らしいスキルの1つは、トレーニングを最大限に活用するための順序立てだ。トレーニングユニットやマイクロサイクルの構築は、トレーニングの管理において注目の的になっている。妥当な順序は、前述の各パートを含むことができる。

「実施意図は行動の制御を自己生成的な内的思考から外部環境からの刺激に変える」

「もし無意識に仕事を依頼するなら、その契約の条件を守ることが必要だ。そして、次の日にしっかりそこにいて、時間どおりに書くはずだったのに急に午後になったら寝てしまったり、休暇を取ることはしてはならない。そうでなければ、特にこれが繰り返される場合、次の類似の依頼をするときに無意識は私たちを真剣に受け入れず、私たちが取り組んでいない素材を準備しない」とノーマン・メイラーは断言している。

「私たちの目標に関連する情報や私たちにとって意識的には難しい回答を見つけようとする出来事や物体について、常に哨戒兵のように用心深く待ち構えている。そして、その目標を意識的に与えることが、困難な回答を見つけようとする」とジョン・バーグは述べている。

この「意識的な依頼」＋「無意識の協力」の循環では、指導者は意味のある方法で選手に質問をする必要がある。そうすることで、選手自身が本当に無意識的な依頼をすることができる。そして、何よりも、無意識は約束を果たすために任命された場にいようとする。これが実現しない場合、無意識的な依頼は起こらないため、弱い意図しか起こらず、無意識はすぐに弱い意図と解釈し、内部的に意味のないことを満たさない。

「実施意図（信頼性が高く効果的なもの）は、行動の制御を自己生成的な内的思考から外部環境からの刺激に変える。つまり、Xが起こったときに、私たちはYをするだろう。X→Yを覚える必要も、考える必要もない。私たちは、X→Yに気づくことなく行動する」とバーグは述べている。

ここで実施意図には、「いつ、どこで、どのように、これらの意図を実行するかを具体的に計画する必要がある」ことを思いだそう。

「予防的なルーティンをトレーニングするためにジムに行きたい」と言うのと、「クラブの駐車場に到着したら（いつ）クラブのジムに行き（どこで）予防的なルーティンをトレーニングする（どのように)」と言うのは、異なるのだ。

バーグは、神経科学的な根拠を提示している。

「神経画像学の研究は、これらの実施意図が機能することを示している。基本的に、実施意図が形成されると、行動の制御はある領域から別の領域に移行する。何かをする目標や欲求があると、自己起動型の行動と関連する領域が活性化される。これは『ブロードマンの脳地図』として、知られている部分だ」

要するに、「最も効果的な自己制御は、不要な衝動や行動を抑えるための意志力や努力によって行われるものではない。それはむしろ、無意識の心の力を効果的に活用して、私たちのためにより簡単に自己制御を行うことによって達成される。良い成績を収め、健康で、運動をし、過重体重でなく、喫煙せず、より多くのお金を稼ぎ、より良い人間関係を築いていると思われる人々は、最も意志力がある人々ではない。むしろその逆だ。生活をうまく調整している人々、より自動的で習慣的な方法で正しいことをする人々が、まるで額に星が輝いているかのように見えるのだ」とバーグは述べている。

実施意図については、次のように補足しなければならない。

「神経科学は、これが心の休憩方法であり、何も起こっていないときに時間を使用してい

ることを示している。まだ解決していない重要な問題に取り組んでおり、将来解決する必要があるものだ」

認知的に迅速な選手を求めるなら指導者にもスピードが求められる

この神経科学的な確認のために、マイクロサイクルの伝統的な時間を見ることが重要になる。次の試合で展開する戦術の意識的な確認は、通常、週の後半に行われる（戦術的ピリオダイゼーションでは、木曜日が戦術トレーニングになっていることが多い）。

一般的な原則として、戦術を準備する時間が長くなることで明示化が遅れるほど、無意識が指導者に解決策を提供する可能性が高くなる。しかし、選手の無意識が解決策に取り組む可能性は低くなる。結局のところ、最終的な解釈者は選手であり、これは微妙なバランスのゲームだ。

指導者が「正しい戦術」を提供する必要性は、理解されているだろう。そして、指導者がアナリストからのレポートをもとに決定を下すと同時に、アナリストの仕事も一時的な再解釈を必要とする。したがって、コーチングスタッフの意思決定の速さは、サッカー選手の意思決定の速さと同じくらい重要になる。

ジョン・バーグは学生に、次のようにアドバイスしている。

「仕事を始めるために、週が終わるまで待つべきではない。または、話をする必要はない。早めに始めることで、目標が動き出し、私たちのために働くことができるようにしなければならない。これにより、心がほかのことに意識を集中させている間に、裏で目標に対して解決策を提供する利点が得られる。心が現在の問題に忙しくないときは、未来に焦点を当て、目標に取り組むと、さまざまな解決策をシミュレートしやすくなる」

日曜日の午後6時に、試合が終了したと仮定しよう。午後6時1分が、次の試合の準備を始めるのに最適なタイミングだ（無意識に仕事をする機会を、より多く提供する）。意識を活性化するほど早く、無意識に多くの指示を与えている。実際には、無意識は私たちに訊ねる前から、独自に働いているかもしれない。なぜなら、無意識は私たちの目標と欲望を誰よりもよく知っているからだ。

意識での作業はフィジカルトレーニングのようなものだ。その瞬間に強くなるためには行わない。実際、疲れているので弱くなる。超回復のプロセスが発生し、より強くなるために行われる超回復こそが、心―意識―無意識の関係を機能させる方法だ。

したがって、認知的に迅速なサッカー選手を求めるなら、指導者やコーチングスタッフにもスピードが求められる。私たちが迅速にゲームプランを生成するほど、ゲームプランを選手に伝えるスピードが改善される。意識的な刺激と無意識的な刺激を迅速に用意するほど、選手の精神的なスピードが改善される。レアル・マドリーとの試合前日に、リオネル・メッシをゼロトップとして起用することを決めたペップ・グアルディオラは、ゼロトップという戦術を完璧に機能させた。

週2回の試合という過酷なサイクルに適応しなければならない場合はどうだろうか？　意思決定のスピードを求める緊急性は倍増する。ゲームプランの決定が得られないまま過ぎる時間は、潜在的な「ギロチン」と同等だ。コーチングスタッフの意思決定のスピードは、サッカー選手の意思決定のスピードと同じくらい重要だ。

私たちの求める解決策が必要な出来事のあとに思い浮かんだとき、どれだけ頭の中で良い処理が行われているとしても、試合の要求に追いつくことには失敗している。精神的なスピードが不足しているのだ。解決策の出現を加速させるためにはトレーニングが必要であり、それによって意思決定も加速される。もし私たちの頭の中に戦術的な解決策が浮かばない場合、戦術的な意思決定は行えない。そうでなければ、いつもどおりのものを選択するしかない。

3 実施意図を実際の試合でどのように適用するか？

セビージャでプレーするスペイン代表のＭＦブライアン・ヒルは次のように述べている。

「私は、相手チームを分析していない。相手の分析を始めたとき、『ＯＫ。ダニ・カルバハルはこのようにプレーする。彼のコンタクトは激しいから、相手に対して積極的にプレーしよう』という考えになってしまい、結果的にパフォーマンスが悪化した。脳内で『今はワイドでプレーすべきで、今はインサイドにカットインすべきだ』といつも何をすべきかに囚われてしまい、即興性が失われたような気がした。そのうち、分析をしていないときは不安に思うようになってしまった」

これは一般的に「分析による麻痺」として知られており、過剰な前頭前野の活性化による低下反応だ。フロー状態に入りたい場合は、考えてはいけない。ジョン・サリヴァンは「スポーツでは、考えすぎるとダメだ。感じ、思い、実行する。私たちは最も効果的なとき、一般的に行動を意識的に処理していない。試合中、本当に考える時間はない」と述べている。

　では、解決策を提案したい。意識で分析されるべきことは、意識自体によって実行されるべきではない。ジョン・バーグの提案に従い、それは無意識に委ねられるべきだ。したがって、ブライアン・ヒルが試合中にダニ・カルバハルに対して何をするか考える代わりに、前の晩（可能であれば朝も）に指示（実施意図）をインストールしておく。そして、それ以降は意識的に考えないようにする。「ダニ・カルバハルと対峙したときには◯◯をする」という具体的な指示を与え、無意識にその魔法を起こさせる。これは万能薬ではない。しかし、意識的に自分を苦しめるよりもはるかに優れた方法だ。

4 「無意識の実施意図」がある場合はどのようになるか？

私たちがサッカーの試合をプレーする際、リアルタイムで無意識の状態で状況を解決している間に、脳が以前に失敗した状況を解決するために情報を無意識に処理している可能性がある、ということを知ることができるのだろうか？　つまり、私たちが意識的に考えていなくても、解決策が自動的に生成されていることを知ることができるのだろうか？

私たちはリアルタイムで解決策を意識しておらず、失敗した状況のあとに生成される解決策も意識していない。もしも解決策が発生しているのであれば、「無意識の実施意図」に遭遇していることになる。つまり、無意識が解答を発見し、同様の状況が再び起こった際に解答を使用することを自己に伝えているのだ。

2つの状況の間に意識的な思考が介在していない点を考慮すれば、選手がある状況で失敗し、次の瞬間に成功するということを説明する以外の方法はない。高速で移動している選手の認知という領域では、神経科学による解明はまだ始まったばかりだ。私たちを待ち受けている未来は、興味深いものだろう。

5 無意識を助ける意識的なプロセス

「意識を定義しようとする際、難解なのは意識を『構築物』としてではなく『現象』として認識していることだ」

——ノエル・スミス（アメリカの心理学者）

記者「試合が機械化されているような感覚はあるだろうか？」

マルティ・ペラルナウ「そんな感覚はない。サッカーは、制御できないものだ。指導者は制御しようとするが、制御することが難しいことを理解している。むしろ、現象をより深く理解しようとしている。私たちは共通の辞書を持ち、何かが起こったときにどうするべきかを知ることができる。プログラムすることはできないが、不確実性を減らす方法はある」

——マルティ・ペラルナウ（スペインのスポーツジャーナリスト）へのインタビュー（2021年）

私たちは、無意識が意識を助けてくれると信じている。逆に意識が無意識を支援する手段はあるのだろうか？　助けるべき人が、助けられるのだ。

アトレティコ・マドリーは2021年4月中旬、アンダルシア州で苦戦していた。セビージャに敗北し、ベティスとは引き分け。勝ち点のアドバンテージを失い、レアル・マドリーとの差は1ポイント。バルセロナも虎視眈々とチャンスを狙っており、ルイス・スアレスは負傷している。これが、彼らが直面していた状況だ。

ディエゴ・シメオネは、チームを鼓舞するために次のように告げた。

「翌日、私はクラブのスタッフと会話した。理学療法士や医師、用具係や運転手……一人ひとりと、真剣に話をした。そして彼らに、こう伝えた。『選手たちに挨拶する前に必ず私たちはチャンピオンになると言ってくれ』と。そして『私に、どのようにするかを見せてみてくれ』と伝えると、彼らは『私たちはチャンピオンになる』と返答した。私は『違う！いくぞ！　チャンピオンになろう！　強くなろう！』と叫んだ。そして、『そこから挨拶をしよう』と彼らに頼んだ。毎日のように伝え続けた。何が起こるだろうか？　彼らは混乱し、困惑していた。しかし、心配する必要はない。日々、勝利する文化を醸成するとはそういうことなのだ。そして、それを担うのは彼らだ。理学療法士や医師、用具係や運転手……チームを鼓舞するのに彼らよりも優れた人々はいない。決定的なものはなく、すべてが重要だ。チームとして、私たちはチャンピオンだけが生存できる環境を作らなければな

らない」

――ディエゴ・グロッソ記者によるインタビュー（『ラ・ナシオン』紙、2021年）

本書は、サッカーにおける迅速かつ効率的な意思決定における無意識の脳処理の重要性を再認識することを目指している。しかし、決して意識の価値を無視するべきではない。両者は互いを補完しながら、チームとして働く。ここではリヴァプールの伝説的な指導者ボブ・ペイズリーのコメントを引用しよう。

「これは意識的な脳処理と無意識的な脳処理の問題ではなく、正しい脳処理の問題だ」

したがって、試合の特徴に適合する脳の刺激を見つけることが重要だ。なぜなら、それぞれの脳が対応する処理は独自（自己中心的）であり、トレーニングする方法も重要だからだ。

リカルド・フェシェらは、次のように説明している。

「それぞれの脳は、同じ情報を異なった方法で処理している。それらの方法は、これまでに処理されてきたすべての情報をベースにしており、さらに重要なのは情報がどのように準備されたかという部分だ。これは、神経回路の動作方法に応じた個性が出現するベースとなっている」

ファン・カルロス・オソリオが使用している興味深い手法

私たちの脳処理は、個人の歴史だけでなく、脳のトレーニングにおける歴史の産物でもある。もし私たちのトレーニングの歴史がドリルトレーニングやアナリティックトレーニングによって構成されている場合、その脳は機械的で柔軟性に欠ける方法で操作され、感受性を持つようになる。したがって、ヴィセラルトレーニングは現在の迅速な認知トレーニングとして機能するだけでなく、脳処理における損傷を修復する副次的なトレーニングとしても機能する。

私たちが意識的に刺激を与えることで、どのように選手を手助けできるかを考えてみよう。ファビオ・ガレゴは、オリンピックの十種競技選手だったブルース・ジェンナーが4年間、自宅のリビングにフェンスを設置していたと述べている。このアイデアは、無意識から、驚きとともにアイデアが現れる「エウレカ」として彼の頭に浮かんだのかもしれない。しかし、フェンスを部屋に置くという行為は意識的な選択であり、意識が彼の無意識を刺激していた。

日々の生活において、ジェンナーの意識的な知覚機能は、フェンスの存在に気づかないこともあったに違いない。しかし、無意識の処理は賢いので、毎回フェンスを見ていたのだ。ポイントは、彼が椅子に座るたびにフェンスを精神的に飛び越えていたことだろう。プロゴルファーのジャック・ニクラスは、ショットの前にイメージを再生していた。想像の中で、彼はボールをどこに置きたいのかだけでなく、その場所に辿り着く方法も描いている。

「脳内でシュートを成功させた回数は、実際にコート上で成功させたシュートの回数よりも多い」

――マイケル・ジョーダン（アメリカの元バスケットボール選手）

「魂は、精神的なイメージなしで思考することはできない」

――アリストテレス（古代ギリシャの哲学者）

しかし、指導者がFWに「家のアーチを、ゴールに似た形状にすること」と求めることは合理的ではない。選手を意識的に手助けするのには、いろいろな手法がある。その1つは、自分が気づけることに気づかせることだ。選手は、試合中に考えてはならない。

インドの神秘家ジッドゥ・クリシュナムルティは、「自分自身の思考の絡み合い、自分自身の反応や感情に注意を払うと、人はますます自己に気づいてしまう。そして、彼が関わる人にも気づいてしまう」と表現した。

ファン・カルロス・オソリオが使用している興味深い手法では、彼は自身のシャツにモチベーションを鼓舞するフレーズを挿入することを好む。彼が選手たちとフレーズの内容について話し合っている場合、それは意識的なアプローチになる。フレーズを明示していない場合、それは無意識的なアプローチになる。

フアン・カルロス・オソリオのTシャツ

〈オソリオがTシャツに記した言葉〉
負ける可能性を理解しなければ、
勝つことは不可能だ
才能は個人のもので、
努力は全員のものだ
言い訳をしてはならない
最高な状態は達成できるものではなく、
追求すべきものだ

オソリオが、どちらのアプローチを選択しているかは不明だ。しかし、どちらだとしても興味深い。なぜなら、それぞれが異なる道を辿るからだ。一方は意識—無意識、他方は無意識—無意識となる。

6 現実の出来事に基づいた感情的な優位性としての状態依存性記憶

「状態依存性記憶」という概念は、サッカーにおいて「秘密」の代わりとなるだろう。これは、特定の記憶を引き起こす出来事、場所、状況であり、快適で幸せな勝利の瞬間や、苦しいトラウマ的な敗北の瞬間を呼び起こすものだ。これは自分自身を強化し、相手を弱めるための非常に有用な概念だ。

S・F・ゾルネッツァーは、次のように述べている。

「通常、記憶の形成では、学習時に脳内に存在する特定の興奮パターンが保存された情報の重要な要素となる。この特定の興奮パターンの神経表現は、アセチルコリン、カテコールアミン、セロトニン系の活動パターンに依存する。記憶の形成時に存在するこの個別的な脳パターンの状態は、記憶の処理において保存された情報を再生産するか、少なくとも近似する必要がある」

では、サッカーにおいて状態依存性記憶をどのように利用して好影響を与え、相手に対して悪影響を与えるのだろうか？　それは、無意識の記憶を引き起こすべきだ。

【好影響の場合】大会の初戦に勝利した場合、すべてを思いだすことが重要だ。ホテルの部屋、食事のメニュー、スタジアムへの移動スケジュール、バスの運転手、バスの経路、更衣室の配置、更衣室にいた人々、トンネル出口のポスターなど、数千もの変数や細部を含め、出来る限り前回の試合と同じようにする必要がある。ただし、絶対に口に出してはいけない。選手の意識を通過すると、すべてが台無しになってしまう。ここでは選手が自覚することなく、自尊心を高める無意識の中で、良い瞬間を取り戻すことが重要だ。隠された手法を使って、選手を勝利の状況に置こう。各場所、各行動、各人物は、最近の過去からの充実感を選手に呼び起こすべきだ。

2016年のUEFAチャンピオンズリーグ決勝戦において、レアル・マドリーの監督だったジネディーヌ・ジダンは意識的、または無意識的にさまざまな工夫を凝らしていた。彼は、家族と一緒にバーベキューを楽しむことを奨励したのだ。トレーニングのあと、選手はパートナーや子どもたち、コーチングスタッフとともに、マドリードで食事を楽しんだ。

これは、感情的な記憶と何の関係があるのだろうか？　ジダンがアシスタントコーチとして働いていたとき、カルロ・アンチェロッティも同様の食事会を開催していた。彼は2014年、ポルトガル・リスボンで行われたチャンピオンズリーグ決勝で、レアル・マドリーがアトレティコ・マドリーに勝利したとき、同じようなイベントでチームの雰囲気を和ませていた。

【相手に対して悪影響を与える場合】前回の試合で、相手のＧＫがクロスをクリアする際に重大なミスをしてしまった。そのミスがゴールにつながり、チームの敗北に結びついたとしよう。状態依存性記憶を呼び起こす方法の1つは、前回の試合でミスが発生した場所から可能な限り多くのクロスを送ることで、前回のミスを引き起こしたクロスが落ちた場所とまったく同じ場所に落ちるようにすることだ。これにより、相手のＧＫの無意識に脆弱性、不信感、疑念の感情を抱かせようとする。

これは陰謀のように思えるかもしれないが、実際にはそうではない。これは記憶に根づいた、同じ神経パターンにアプローチすることだ。同じ目的を追求するために科学的なアプローチがある。チームに有利な状態依存性記憶を引き起こす方法はさまざまだ。以下の3つの属性が必要になる。

①過去の出来事の記憶
②事実の調査と記録
③異なる環境でそれらを再解釈し、複製するための創造力

7 無意識から暗黙的に学ぶそのほかの方法

ジョン・バーグは、次のように説明している。

「ほかの人の行動や感情は直接目撃したり、個人的に観察したりするだけでなく、それらの結果をあとから見たり読んだりするときにも、私たちに伝染する。ある瞬間に私たちが知覚するものからくる行動の『示唆』は、無意識に模倣することができる他者の身体的な行動に留まらず、複雑で抽象的な行動の形式にまで広がる。（中略）私たちは周りの人々に、非常に注意を払う。毎日、絶えず、私たちはほかの人々が何かをしているのを感じ取る。彼らのジェスチャーやマナー、姿勢や感情表現だ。（中略）私たちが見聞きしたことは、同じことをする可能性を自然に増加させる。無意識に見たものを模倣する。私たちはそれに気づいていないし、意図している訳ではない」

古い意識と無意識の相互作用の中で、私たちは目指したいと思う人々に対し、意識的に模倣してきた。

例えば、グラナダのMFゴンサロ・ビジャールは次のようにコメントしている。

「私はずっと、イニエスタに注目してきた。彼はインテリジェンスで、ドリブルしていた。速くなくても、ドリブルができることを教えてくれた。彼はボールをとても巧みに扱い、DFが足を出すのを待ってからタッチすることができた」

しかし、無意識の模倣については誰もが知っている訳ではないだろう。「サッカーは、観察することで学ぶ。また、模倣することでプレーする」と、アルゼンチンのサッカー指導者アンヘル・カッパは述べている。

バーグが主張するように、「無意識の模倣と共感の力を利用すれば、他者の行動を変えることも可能だ」とされている。例えばロングシュートを得意とする選手を育成するには、単に遠距離からのシュートを無限に繰り返させるだけではなく、無意識の模倣に頼るべきだ。

例えばトレーニングの前後で、ロングシュートをトレーニングする選手たちと一緒に時間を共有させることが1つの手段だろう。ただし、彼を隣に置いていることを知らせてはならない。自然かつ暗黙的に、行動に染まっていく必要がある。彼が無意識に影響を受けるようにしよう。

しかし、ここで最も重要なことは、ロングシュートに対する無意識の影響ではなく、技術や戦術に対する無意識の影響よりも、態度に対する影響だ。私たちは安価なレトリック、無駄な要求、罰金といった方法で、選手の行動を変えようとする。しかし、それらは効果的ではない。もっと忍耐力があり、挫折に対する耐性のある選手を望むのであれば、テニス選手のラファエル・ナダルとともに過ごさせることが理想的だ。しかし、ナダルはテニスの試合で忙しいため、指導者は自分のチームの「ナダル」が誰なのかを見極め、その絆を刺激し無意識レベルで強力な影響を与えるようにしなければならない。そのために、選手を励まし続ける必要はない。

「カメレオン効果」は多くの人々にとって職場の環境に影響を与える

ジョン・バーグは、次のように述べている。

「私たちの脳は、目からさまざまな情報の『流れ』を受け取るようにプログラムされている。1つは理解と知識を目的としたものであり、もう1つは適切な行動をするためのものだ。最初の流れは意識の河口に向かって流れ、もう1つはより自動的で無意識の河口に向かって流れていく。これらの2つの視覚の流れは、1990年代に神経心理学者のデイヴィッド・ミルナーとメルヴィン・グッデールによって発見された。それぞれの流れは網膜を離れて脳の主視覚皮質に向かい、分析のための脳の領域に到達する。一方の流れは、物体の識別などを担当する脳の領域に向かい、その識別などを回答するために使用する情報の種類を供給する。もう一方の流れは、応答方法を示す行動を担当する領域に直接向かう。この行動の流れは、意識の外でほとんど操作されるが、認識と理解を担当する流れは通常、意識的な心にアクセスできる状態にある」

脳卒中の患者では、この領域の損傷がその結果として検出された。

「1つの領域の損傷は『識別』を担当する視覚情報の流れをブロックした（彼は本を掴むことはできたが、本が何であるかはわからなかった）。一方、ほかの領域の損傷は『行動』の視覚情報の流れをブロックしたが、識別する視覚情報の流れはそのままだった（彼は本であることを知ることができたが、本を掴むことはできなかった）。したがって、私たちは文字どおり先天的な模倣者だ」

これは「心の肯定的な訓練」とは呼べないが、「無意識の肯定的な訓練」と呼ぶことができる。バーグは「カメレオン効果」と呼んでいる。

「誰かが私たちと似たように行動すると、私たちはその行動を把握し、その人をより好きになり、より強く結びついた感覚を持つ。さらに、私たちの相互作用はよりスムーズに行われ、行動はより調和する。私たちの自然な傾向として、その時々にほかの人がやってい

ることをすることで、より大きな一体感と友情を醸成することができる。（中略）模倣は、一種の社会的な接着剤だ。２人以上の人を一緒に保持する。無意識の模倣は、感情的な絆の形成を促進する」

このより強い情緒的な絆から、パコ・セイルーロによって「社会情緒的優位性」と呼ばれる優位性が生じる。これは基本的には、私たちは「競争相手よりもチームメイトとより良い関係を築く」ということだ。サッカーアナリストのファン・マヌエル・ナバレッテは、「これを促進するためには、自然で有機的にお互いを理解するサッカー選手を見つける必要がある。実際、これは無意識のレベルで起こることだ」と付け加えている。

カメレオン効果は、多くの人々にとって職場の環境に影響を与えることがある。同僚や仲間の行動、もちろん私たち自身の行動は、オフィス全体やチーム全体に広がる。グループ内でのポジティブなリーダーやネガティブなリーダーについて、どれだけ言われてきたことだろう。実際に、科学によれば「腐ったリンゴ」は全体を腐らせる可能性がある。

8 無意識的にトレーニングを助ける「警告」

研究者のイトウ・トシオらは、自動車の運転手を対象とした実験において、無意識の学習効果により運転手の注意力が向上することを示している。彼らは、次のように述べている。

「車線変更や右左折の際には、運転手は周囲を確認し、方向指示器を点灯させて運転するなど、一連の行動をしなければならない。本研究では、車線変更やUターンをする前に周囲を十分に確認しない運転手に対して、軽い警報音で警告を与えた。運転シミュレータを用いた実験では、運転手が無意識に必要な行動をするように訓練されることが示された。したがって、本論文では、警報音を利用した無意識学習の効果について報告している」

音響を活用する戦略によって、指導者によるフィードバックの増加によるガイド効果の干渉を低減することが可能となり、より高いタスクへの関与を追求することができるだろう。

ジョン・ダイアー、ポール・ステイプルトン、マシュー・ロジャーは、「音響は知覚運動の作業空間内で、タスクに関連する出来事の時空間的な構造を保持した」と述べている。

近い未来には、選手に対して小さなアラーム音で警告するトレーニングセッションが行われるかもしれない。例えば狙うべきパスコースがあったのに、パスコースに気づけなかった場合などだ。知覚や意思決定を改善するために、指導者がアラーム音を使って手助けする。これによって、脳に「これらの失敗をチェックする」ことを呼びかける。ヴィセラルトレーニングの連続性が中断を拒むので、それはバックグラウンド処理に移行する。

このアラーム信号は、のちにビデオの映像とも同期される。したがって、現在（ビデオ）で鳴るアラームは、私を過去（トレーニング）と接続する。

知覚や意思決定の側面について、選手たちが指導者からのフィードバックを受け取るトレーニングセッションが行われるようになるかもしれない。そのフィードバックは小さなインターコムを通じ、警告される。指導者は質問形式で、選手に対してフィードバックを与える。例えば、「あのパスコースを認識していたか？」「反対のエリアでフリーになっている味方を認識していたか？」というフィードバックだ。ヴィセラルトレーニングの連続性を中断せずに、フィードバックを与える方法になるだろう。

9 行動の観察

神経科学では「行動を観察しているとき、運動系が活性化する」ことが証明されている。これは最初に霊長類の実験で観察されており、行動の理解におけるベースになっている。ジャコモ・リゾラッティらは、次のように示唆している。

「行動の観察は、正確な運動制御を必要とする分野で既存の運動スキルを調整するのに役立つ可能性がある」

それはおそらく、マルセロ・ビエルサがリーズ・ユナイテッドでFWパトリック・バンフォードに、マンチェスター・シティのFWアーリング・ハーランドのビデオを観ることを勧めた理由だろう。ビエルサは、次のようにコメントしている。

「ハーランドは、DFの背後に抜け出すスキルに長けている。これは、トレーニングによ

る習得が難しい。模倣は、選手の成長におけるカギになる」

ティム・ガベットらは、次のように結論づけている。

「ビデオを利用した知覚トレーニングは、フィールド競技のアスリートの意思決定能力を効果的に向上させることを示す研究結果がある。彼らはトレーニングによって意思決定の精度が向上し、記憶エラーの回数が減少した。そして、結果として試合への理解と意思決定能力が改善された」

ビエルサが求めていたのは、観察学習として知られるものだ。これによって、実際に動作を実行しているかのように神経が活性化する。それは、良く知られているミラーニューロンだ。セシリア・ヘイズとキャロライン・キャットムールは、以前まで信じられていた「ミラーニューロンの脳領域は観察された行動の低レベルな処理には寄与しているが、高レベルな行動の解釈には寄与していない」という学説に異を唱えている。

一方でミラーニューロンだけでなく、リチャード・ラムジーらが示唆するように、「もし日常生活での観察学習を理解することが最終目標であるなら、人のミラーニューロンシステム内外で相互作用する分散的で多様な神経認知機能を考慮する必要がある。（中略）より一般的な運動系、および意味処理、注意、記憶と関連する領域、（中略）観察試行の回数を増やすことは、物理的なトレーニング試行の回数を増やすのと同じように学習を改善する。物理的なトレーニング環境と同様に、観察環境でも文脈的干渉効果が生じる。したがって、物理的なトレーニングと観察的なトレーニングによる学習は、部分的に共有された認知的ベースに依存しているようだ」。

選手がトレーニングのビデオを意識的な視点で観察することは有益である

この現象は、スポーツに限らない。アスリートに起こることは、音楽家にも起こる。ピアノのトレーニング後にメロディを聴くことが、聴覚―運動ネットワーク内で特定の連続表現における引き金になる。ただ、この観察的学習と物理的学習の関連にも、限界がある。デイス・アプシュヴァルカは、次のように述べている。

「研究結果は、物理的学習と観察的学習の共有メカニズムの仮説には限界があることを示唆している。実際に、観察的学習は、物理的学習と比較して共有されるプロセスと独自のプロセスに基づく学習の範囲を反映するために、アップデートされる必要がある。私たちは、このような違いが、物理的なトレーニングにおける学習がより意図的な性質を持つ一方、観察的学習は作業記憶や流動的知性などの高次の認知リソースにより大きく依存していることを反映している可能性があると考えている」

図53：ビデオを観る順番 ①

❶ビデオの観察 ＋ ❷トレーニング

図54：ビデオを観る順番 ②

❶トレーニング ＋ ❷ビデオの観察

一部では、「トレーニングの前にビデオを観ることで、似たような意思決定を促すこと」がポジティブな影響を与えることが示唆されている。

トレーニングのあとにビデオを観ることで、自分の成果を予想されていた成果と比較することができると考える専門家もいる。

私はトレーニングの前、トレーニングの中間、トレーニングのあと、ビデオを観ることを推奨する。これによって、意識的な注意が無意識を刺激することが期待される。ビデオの時間は、一般的に短くするべきだ。

ヴィセラルトレーニングのあとに、サッカー選手がトレーニングのビデオを意識的な視点で観察することは有益だ。なぜなら、フィールドで必要な無意識のプロセスを養うことを可能にするからだ。正しい反応を観察することで、その反応パターンを確立する。その神経的な痕跡は、強化されていく。逆に間違った答えを観察することで、彼らは無意識的に新しい解決策を発見するかもしれない。

図55：ビデオを観る順番 ③

❶ビデオの観察 ＋ ❷トレーニング ＋ ❸ビデオの観察 ＋ ❹トレーニング ＋ ❺ビデオの観察

どちらの場合でも、刺激はポジティブなものだ。ランダム性や意識的な処理に基づく複雑性の増加を観察することで、選手たちは自分がフィールドで「知覚できたすべて」と「知覚できなかったすべて」に対する真のフィードバックを得る。そして、知覚がどのように無意識の決定に影響を与えたかを知ることになる。自分自身の「知覚のカオス」を観察することはサッカー選手にとって興味深いプロセスであり、意味のある学習に必要な動機づけを強化する可能性がある。

ダイコク・タツヤらは音楽の研究において、次のように主張している。

「複雑な刺激の快楽価値は、新規性が低くなるにつれて増加する傾向があり、一方、単純な刺激については逆の傾向がある。刺激の習熟が進んだ場合、単純なパターンの興味が減少する一方、複雑なパターンの興味がヴント曲線（感覚の快適さと刺激の強さを関係づける逆U字型の曲線）のピークに達することを意味する。（中略）予測パターンが確立されると、変則的で不確実な音楽のパターンからも快楽を得ることができる。いわゆる『音楽によって鳥肌が立つ状態』は、期待からの逸脱と相関している」

神経学的な研究によれば、「音楽によって鳥肌が立つ状態」は報酬領域（腹側線条体）の脳活動を増加させ、扁桃体と前頭前野腹内側部の活動を減少させることが明らかになった。これは、予測の逸脱と確認された予測の両方に対して報酬を得ることができることを示唆している。

では、私たちは予測不能なサッカーのパターンから快楽を得ることができるのだろうか？　選手の予測に対する期待から逸脱するトレーニングで「サッカーによって鳥肌が立つ状態」を感じさせられるのだろうか？　それが、ヴィセラルトレーニングの野望だ。

10 ビジュアライゼーション

「ビジュアライゼーション」（直接は見ることのできない事柄や現象、関係性などをイメージすること）を選択することは、無意識のネットワークが集中する想像力のエクササイズを意識的に活用し、将来のパフォーマンスを促進する。

質と量の両面で、最も典型的な例が水泳選手のマイケル・フェルプスだ。彼はオリンピックのメダル獲得数において、歴代1位の記録を残している。

フェルプスのトレーナーであるボブ・ボウマンは、スーパーアスリートの秘密を明かしている。

「レースの数カ月前に、マイケルは完全なリラックス状態に入る。彼は2時間を費やして異なるシナリオをリハーサルし、自分が勝利する姿をイメージする。空気の香りを嗅ぎ、水の味を感じ、音を聞き、時計を見る。また、自分自身のキャリアの観客として自分自身を想像し、勝利を阻む可能性のある障害について考える。（中略）もし最も強力に成功するシナリオを想像し、そこで自分自身をイメージできれば、脳は即座にそのシナリオを実現

する方法を探し始めるだろう」

ビジュアライゼーションは、具体的、包括的、野心的な実施意図の一形態だ。サッカーは固有の力学が水泳選手とは異なるため、1つのチーム全体が数カ月間、毎日2時間をビジュアライゼーションに費やすことはない。しかし、集団的なトレーニングとしては使われていないとしても、個々の選手がスポーツ心理学の専門家にアドバイスを受けながら、この手法を使って脳機能を補完することはある。

結局のところ、特定の瞬間に無意識に助けを求める回数が多く、明確な方法で求めれば求めるほど、より良い方法で私たちを助けてくれるはずだ。

11 瞑想

私たちは、「脳の可塑性は外部の刺激から得られる」と考えることが多い。しかし、瞑想は内面から可塑性を得る方法だ。大脳皮質のジャイリフィケーション（脳回と脳溝の発達、または大脳皮質の折り畳み）におけるレベルと瞑想を行っている年数の間には、直接的な関係があることが証明されている。

Oshoは、次のように述べている。

「瞑想者は、ほかの人よりも賢くなければならない。もし彼らが賢くなければ、彼らの瞑想は偽物であり、彼らは瞑想が何なのかを理解していない。瞑想という名前で、別のことをしているのだ。（中略）瞑想者は、より感受性があり、より知性的で、より創造的で、より愛情深く、より思いやりのある人でなければならない。これらの能力は自然に、成長する。その秘密は、心の動きを止めることを学ぶことだ。心を止める方法を知ることで、自らが操作している状態になり、心は美しいメカニズムになる。（中略）瞑想は心の状態ではなく、明晰性の状態だ。心は混乱している。心は決して、明確なものではない。心は明確であることはない。思考は私たちの周りに雲を生む。それらは非常に曖昧な雲だ。思考と一緒に心が作られ、明晰性は失われる。思考が消え、私たちの周りに雲がない状態、私たちが単純な状態であるとき、明晰性が生まれる。そのため、遠くを見通すことができる」

ルーベン・ラウコネンとヘリーン・スラグターは、次のように示唆している。

「瞑想は徐々に、一時的で深い反事実的な認知を減少させる。すべての概念的な処理が消え、純粋な意識の状態が明らかにされるまで、徐々に減少していく」

同じ研究者は、瞑想が「自己と他者の区別の喪失と時間の停止」を引き起こすと主張している。

「つまり、意識が今この場所に存在するなら、抽象的で時間的に深い処理を含むすべての心的なプロセスが論理的に消えるはずだ。それには自己意識、時間、空間、身体の表象などが含まれている」

これは、サッカーの試合と似ている。選手は、試合と一体化しているように感じた経験があるはずだ。

マイケル・ジョーダン率いる伝説的なシカゴ・ブルズのヘッドコーチだったフィル・ジャクソンは、選手たちを手助けするために瞑想の専門家を雇った。そこで選ばれたのが、ジョージ・マンフォードという高校時代、有望なバスケットボール選手だった男だ。彼はアルコールと薬物に溺れて輝かしいキャリアを失ったが、瞑想によって自分自身を取り戻した経験者だった。

ジョーダンは「観客が静かになり、私の時間が始まる。それは、禅仏教の一部だ。その状態に入ると、物事がゆっくり動き始め、コートが非常にはっきりと見えるようになる。だからこそ、私は相手が何をしようとしているかを予測することができた」と述べている。

要するに、瞑想はより本能的になることを助けるものだ。あるいは、意識的な脳処理、集中した心、明示的な注意、皮質、前頭葉皮質のようなものから離れることで、「コンセプトをプレーすること」から「文脈をプレーすること」に向かって進むことができる。

12 無意識へのアプローチにおける最後の手法：夢

「よく眠れると、すっきりとした気分で目覚めることができる。そのとき、目覚まし時計に頼る必要はない。ただ『大丈夫。最高のコンディションで、この日に立ち向かえる』と感じるんだ」

――レブロン・ジェームズ（アメリカのバスケットボール選手）

ペップ・グアルディオラは選手が翌日のトレーニングに集中するために、8時間の睡眠を推奨している。パフォーマンス面で睡眠が重要なことには疑いの余地はないが、認知機能にとってはどれほど重要なのだろうか。

ニーナ・フルツらは、次のように説明している。

「睡眠は認知機能と脳機能の維持の両方にとって重要だ。ノンレム睡眠時の特殊な脳波波形（徐波）は記憶の定着に寄与し、脳から代謝廃棄物を除去する脳脊髄液も同様だ。これ

らの2つのプロセスが関連しているかについては引き続きの研究が必要になるだろう」

無意識は、私たちが眠っている間でさえ頼れる味方だ。疲れ切った意識は休息を必要とするが、無意識は私たちが眠っている間でも活動しており、さらに加速していく。モチベーションを研究する「モチベーションの科学者」エリック・クリンガーは、「私たちは、目覚めているときだけではなく、眠っているときも重要な目標から影響を受けている」と主張している。

次の流れを、想像してみてほしい。あなたはチームのヘッドコーチで、アナリストチームが対戦相手の映像を用意した。それは意識によって、解釈される。心配は無意識的にインストールされ、その心配についての解決策を探し続ける。結果として、眠っているときに解決策を発見し、目を覚ますかもしれない。

ジョン・バーグは、次のように説明している。

「私たちが眠っているとき、起きているときに問題を解決しようとしていた脳の領域が、無意識的にも問題を解決しようとする。しかし、違うことも起こる。なぜ眠っているときに問題を解決しようとしていた心が、目を覚ましたときにも迷惑をかけるのだろうか？なぜなら、問題が重要で緊急であり、無意識だけでは解決できなかったからだ。そこには、意識の手助けが必要だったのだ」

元スペイン代表の監督ルイス・アラゴネスは、まったく同じことを告げている。

「私は、24時間ずっと考えている。眠っているときでも、時々、夢の中でボールを蹴り、目が覚める」

彼の無意識が、意識に何かを伝えたがっていたのだ。言い換えると、無意識の心が答えを提供できないとき、意識の手助けが必要であることを示す。無意識は、常に私たちを助けようとしている。

1978年アルゼンチン・ワールドカップの決勝で、アルゼンチン代表のFWマリオ・ケンペスがオランダ代表の選手に囲まれながら、ボールをゴールに押し込もうとしている写真がある。アルゼンチンのジャーナリスト、マティアス・バウソはTwitterアカウント（@centrojas）で写真を共有しながら、興味深い点に気がついた。その写真では3人のチームメイト（レオポルド・ルケ、レネ・オウセマン、ダニエル・ベルトーニ）が無意識に、そのボールを蹴ろうとしている。彼らは無意識に、ケンペスを手助けしようとしているのだ。

3人による無意識の手助け

13 明晰夢

「明晰夢」とは、眠っている人が夢を見ていることを意識しており、ときにはその経験を自在に操ることができる状態だ。実際に明晰夢は存在しており、世界中の研究者は明晰夢を解読しようとしている。学術研究が示しているように、人々と夢の中でもコミュニケーションすることやトレーニングを通じてコミュニケーションに回答を提供することが可能だ。

研究者たちは、「特定の状況では、誰かの夢にメッセージを送り、メッセージを聞き、回答を計算し、返答することが可能である」という結論に至っている。科学者たちは、テクノロジーで人々がレム睡眠状態にあることを確認し、事前のトレーニングによって眼球や顔の動きなどで回答を受け取ることを検証している。この意識と無意識の境界が曖昧になる干渉は、サッカーのパフォーマンスを向上するための領域になるかもしれない。

サッカーにおいて、ほとんどの指導者が行っているように、意識的なコミュニケーションは日常的だ。また、無意識を働かせるために意識的、または無意識的に刺激を与えることも、少しずつ指導者の注目を集めている。

明晰夢は、試合の認知的・感情的側面を深めるのに役立つ第三のコミュニケーション手段になるかもしれない。これはまだどの指導者も活用していない領域だ。パフォーマンスを最適化し、試合の解決策を見つけるために無意識の脳におけるメカニズムを利用するのだ。

研究者たちは「双方向な夢」というこの新しい領域が、個々の夢の内容を外部から指示するという、新たな研究の道を開く可能性があると主張している。これには、「個々の目標に応じて、選択された夢（音楽やスポーツのスキルをトレーニングするなど）」や「感情的なトラウマの影響を軽減するための治療的な夢」などが含まれる。

この治療には、被験者からのリアルタイムのフィードバックを伴う。言い換えれば、認知と感情の両方に対応することが可能だ。そして、それだけではない。睡眠状態を利用して問題を別の視点から捉えることで、問題解決のセッションにも使えるかもしれない。この新しい視点によって、「夢の創造的な利点」と「覚醒したときの論理的な利点」を組み合わせていく。

第7章

感情とモチベーション

FOOTBALL VISCERAL TRAINING

1

ヴィセラルトレーニングにおける感情

「学習において、情動的な脳が私たちにすべての情報を提供する。この情動的な脳は、情報が認知的な脳に到達する前に、私たちの知覚をフィルタリングする役割を担っている」とマヌエル・ヒメネスは説明する。

「この視点から、感情はスポーツ、特に高いパフォーマンスの世界において重要な役割を果たしている。なぜなら、感情は選手が自身の状況を最初に解釈するものだからだ」

感情は選手のパフォーマンスを決定することができるのだろうか？　この質問に答えるために、マヌエル・ヒメネスと彼の共同研究者は、スペイン・ロハ大学およびマラガ大学のスポーツ科学者によって構成されたグループで研究を続けてきた。

彼らは試合前にサッカー選手の感情を測定し、そのパフォーマンスと比較した。

「私たちは心理生理学的な観点から分析を行っており、競争的な不安や主観的な認識のテスト、平均心拍数などの生理的な変数、コルチゾールやテストステロンなどのホルモンレベルなどのデータを測定した。選手のストレスを測定し、ストレスがどのようにパフォーマンスに悪影響を与えるのかを調査している」

このプロセスでは、コルチゾールとテストステロンの濃度を考慮することが非常に重要になる。テストステロンは個人を感情的に行動させ、目標を達成するためにより多くのリスクを取るように促す。一方、コルチゾールは捕食者から逃れるために、挑戦から逃れることを推奨する。「これらのホルモン間の比率に基づいて、私たちは選手のフィールド上での反応を予測することができる」とマヌエル・ヒメネスは説明する。

「競争の活力が不安よりも高いレベルであれば、自らの挑戦に積極的に取り組む選手だ。逆に、テストステロンのレベルが低く、コルチゾールのレベルが非常に高い場合、受動的な方法で挑戦に立ち向かっている選手だ。ストレスは考えさせ、疑わせる。そしてパフォーマンスは低下する」

身体教育にテクノロジーを応用する方法について研究しているマヌエル・ヒメネスは、「マーセットインテリジェントフットボール」（2021年）で素晴らしい記事を発表している。

サッカーの世界では、古代の感情と未来志向のテクノロジーが驚くほど共存している。その中心にはサッカー選手がいる。無意識のプロセスと同様に、チャールズ・ダーウィンは無意識の感情の重要性を進化の手段として先駆けていた。それは、自発的で無意識の感情だ。そして、再び、無意識の世界に入る。感情は進化的な適応であり、生存にとって重要なことに注意を向けることを生物に可能にし、その後、幸福に向けた関心を持つことを可能にする。

ダーウィンが150年以上前に提唱して以来、なぜ意思決定やトレーニング、試合への影響において、感情は考慮されてこなかったのだろうか?

ジョン・バーグは非常に説得力のある説明をしている。

「理解できないことに（そして残念なことに）、ダーウィンが感情に関するアイデアを発表してからほぼ1世紀、心理学はほとんど彼のアイデアを活用していなかった。1969年にポール・エクマンと彼の同僚が革命的な記事を発表したことで、ダーウィンの理論が拡張された。（中略）ダーウィンが彼の著書の理論で主張したように、私たちの種は感情を自動的、無意識的に感じ、表現するよう進化してきた。ダーウィンは感情が私たちによって選ばれるものではなく、無意識の中で私たちに起こるものだと理解していた。私たちは決して不安や心配を感じることを選ぶことはないが、不安や心配は有用な機能を果たす感情だ。私たちに問題に立ち向かうよう警告するのだ。立ち向かうのが遅すぎる状況になってしまう前に」

私たちがトレーニングで引き起こす（または引き起こさない）感情に注意しなければならない。なぜなら、その感情が試合の熱狂に、私たちが適応できるか否かを決定するからだ。ダーウィンは単純ではなかった。彼も感情は自発的で意識的に表現されることがあり、偽ることもできることを知っていた。しかし、私たちが興味を持つ点に戻ると……。

「ダーウィンは指摘した。私たちの無意識の感情表現は何よりも重要なコミュニケーション機能を果たしている。それは、私たちに恐れるべき危険があることを伝えてくれる。例えば、この水を飲んだり、あの実を食べたり、厄介な選手や効果的な戦術が存在することを。そして、その情報が有効であるためには、感情表現は大部分が自動的で無意識的である必要がある。顔の表情の説明は、生存と繁殖のための人間の本能のもう１つの先天的で基本的な約束に私たちを導く。それは、幼少期にさえ持っている無意識の本能であり、社会的な絆を築くときに表れる共同性の本能だ」

リカルド・フェシェらは、次のように続けている。

「各脳の活動は、さまざまな深層構造で反射される。扁桃体は生命的および生理的な関連性を検知し、視覚内臓反応を視床下部を介して活性化する（感情の身体的要素）。そして大脳皮質の覚醒および興奮または不安を生じさせる可能性がある。中部のセロトニン作用核は不安と気分を制御し、社会的制約、倫理的価値、選択（認知的および行動的）における現実の判断の重みを調節し、感情的な反応を定義するのに貢献する。中脳のドーパミン作用構造は愉悦と操作的評価を行い、基底核を介して自動的に行動を導き、前頭前皮質に対する動機づけの衝動を生成する。これらの準備はすべて、感情、期待、欲望を生み出すために辺縁皮質に供給される。各感覚体験、運動および認知プログラム、または行動は、個人の幸福と成功または快い結果の達成を目指す感情的および情動的な枠組みの中に配置される。この変換がどのようにして、個々の神経活動パターンを個人的に重要な出来事に変え、自発的かつ合理的にプログラムされた行動を自己の最善の利益に向けて導くかが明らかになるはずだ」

私たちがストレスを経験しない限り、主観的な再評価には価値がない

ここで私たちが考えなければならないのが、アナリティックトレーニングがどのような感情を引き起こすのか、感情機能をオンまたはオフにするのか、感情のコミュニケーションを促進し、それによってサッカーチームの形成に不可欠な協力本能を助けるのか、自己組織化プロセスを促進するのか、そして意識的な刺激に基づくトレーニングによって無意識に基づく感情を喚起することが可能なのか、ということだ。

前記のすべてと増加する変数を考慮すると、ヴィセラルトレーニングは、「実践的な神経科学」（知覚、意思決定、実行機能に関する）を行うだけでなく、同時に感情を引き起こすものとなり、選手に不確実性、不安、挫折への耐性、その3つに伴うすべての感情とともに生きることを強制する。元アルゼンチン代表のMFファン・セバスティアン・ベロンは言った。

「常に挫折とともに生きなければならない。良い瞬間があるが、それらは過ぎ去り、もう存在しない。それは恒常的なトレーニングだ。失敗はすべてを教えてくれる」

ヴィセラルトレーニングは、選手に自己を深く知る機会を与えるだけでなく、チームメイトについてもより多くのことを知る機会を与える。そのようにして、誰がより支援的であり、誰が支援的ではないのか、誰が逆境環境によりよく耐えることができるのかを知ることができるようになる。

不確実性：ヴィセラルトレーニングでは、起こり得ることをすべて把握することは不可能である

不安：「コントローラー（トレーニングを操作しようとする指導者）」にとっては苦悩の源となる可能性がある

挫折への耐性：通常よりも複雑なトレーニングの特性は、通常よりも高いエラー率につながる

忍耐力：前記のシナリオに直面した場合、2つの方法がある。降参してあきらめること（ここでは選手が言い訳をすることが多いだろう。「好きではない」「機能しない」と言うかもしれないが、実際には対処することができていない）。または、逆境に慣れるために粘り強く努力することだ（この場合、逆境は遊び心や認知的なものに限られる）

ここで明確にしたいのは、私はアナリティックで単純なトレーニングに反対している訳ではないということだ。実際、私はヴィセラルトレーニングのインスピレーションを得るために、アリゴ・サッキから学んだ。彼はかなり常識から外れた方法でトレーニングを行った。ボールを使わずに、チームをプレーさせたのだ。

ミランは1989年のUEFAチャンピオンズカップ準決勝でレアル・マドリーに5対0で勝利し、その後、決勝でステアウア・ブカレスト、インターコンチネンタルカップでアトレティコ・ナシオナルを破り、サッカー史上最強のチームの1つになった。言い換えれば、どんなアイデアでも貴重なリソースになる。たとえ、それがボールを取り除くことであっても。しかし、これは例外であり、ルールではない。ペップ・グアルディオラはバイエルン・ミュンヘンの監督に就任した当初、前任のユップ・ハインケスのトレーニングと比較し、相手チームのいない状況で、基本的な動きのトレーニングを行っていた。

私は、アナリティックトレーニングに反対しているのではない。反対しているのは、容易さが過剰になる状態だ。これによって、意志力、忍耐力、挫折に対する耐性にも逆行してしまう。

ヴィセラルトレーニングが引き起こすストレスとの共存は、感情の必要な調整を容易にするだけであり、それ以上のものではない。この観点から見ると、ストレスは知覚と意思決定の改善の副次的な効果にすぎないが、同時に必要なものだ。

カチャ・ランガーらは、次のように述べている。

「感情の調整はストレスに対処するために重要だが、逆にストレスにも影響を受けることがある。ここでは、急性ストレスが異なる感情調整戦略に与える影響を調査した。結果は、再評価時の瞳孔直径の有意な拡大を示し、より大きい認知的な調整の妥協を示唆し、最終的にはより良い感情調整結果につながった可能性がある。コルチゾールの分泌は再評価の主観的な成功と正の相関があり、グルココルチコイドによるメカニズムがストレス後の感情を調整する役割を促進することを示唆していた」

マルセロ・マッジョラは、次のように提案していた。

「コルチゾールはシナプス可塑性（長期増強および長期抑制）を調節し、それによって学習の扉を開く」

言い換えれば、選手がストレスによって引き起こされる感情を調整することを学ぶためには、ストレスとともに生活することが必要になる。コルチゾールの分泌は通常、神経化学的に否定的な所見として重視されている。以前の研究は逆の結果を示唆することもある。私たちがストレスを経験しない限り、主観的な再評価には価値がないということだ。

ウー・ジャンヒとヤン・ジンは、次のように述べている。

「数十年にわたる動物の研究は、ストレスとストレスホルモンが主に海馬、扁桃体、前頭前皮質に影響を与えることを証明してきた。（中略）この研究の結果では、急性ストレスが実行機能、ハンドアイコオーディネーション（視覚と手の動きにおける連携）、心的回転（心の中に思い浮かべたイメージを回転変換する認知的機能）、空間記憶に対して有害な影響を示し、同時に想定されるリスク状況の認知は急性ストレス下で増加した。脳のレベルでは、急性ストレスの効果は注意リソースの割り当てを反映するもの、および知覚タスク中の神経効率の低下に現れ、つまり、最適な行動パフォーマンスを生み出すためには、脳活性化により主要および二次体性感覚皮質へのより大きな関与が必要とされる」

良いストレスと耐えられるストレスは「有害なストレス」の出現を抑制する

ここで、アメリカの生理学者で、ストレス研究の第一人者ジョン・ウェイン・メイソンが提唱し

図56：ストレスの流れ

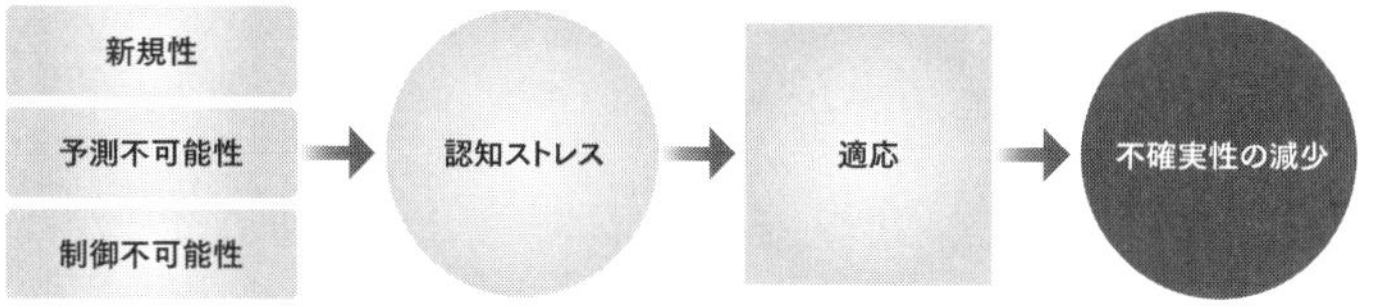

た3つのストレス要因である新規性、予測不可能性、制御不可能性についてて思いだしてみよう。

アヒム・ピーターズらは、次のように述べている。

「一部の人々は、慣れることで慢性的なストレスに適応するが、すべての人がそうではない。ストレスへの適応は、不確実性の状況で生活する際の一形態の適応と見なすことができる。私たちは、同じ敵対的な環境に繰り返しさらされると、自律神経、内分泌、代謝反応が緩和される傾向がある人々を『慣れる人々』と呼ぶ。ストレスへの慣れは、どの戦略を選択するかについての不確実性を減らす」

常にトレーニングを試合への必要な段階として捉えるべきだ。もし私たちがトレーニングで行っていることが単にトレーニングのためであり、試合のためではないのであれば、私たちはほとんど「指導者中心主義」に陥っている。

ピーターズらはストレスについて、詳細に述べている。

「外部または内部の環境によって危険な変化にさらされた場合、個人は3つの可能な結果に直面する。第一の結果は『良いストレス』を示し、満足のいく結果を表す。確信を取り戻すことができ、個人は全能感と良い自尊心を経験する。幸福感は完全に回復する。第二の結果は『耐えられるストレス』を示す。この場合、個人は過酷な環境での変化を元に戻すことはできないが、慣れなどの緩和メカニズムによって不確実性を減らすことができる。これらの人々は低いストレス反応と中間レベルの自尊心を示す。第三の結果は『有害ストレス』を特徴とする。この場合、緩衝メカニズムが失敗し、個人は過酷な環境に閉じ込められる。ストレスへの反応は最大限であり、自尊心のレベルは最小限になる」

私は、次のように考えている。選手がトレーニングセッションでストレスと対話する機会が少ないほど、試合においてストレスに達するスピードが速くなる（慣れている人は慣れていない人に比べてグルココルチコイドと心血管反応が低く、ストレスに対する耐性が高いことを示している）。ストレスがなければ、どんなストレスも試合において有害なストレスに変わる可能性がある。

ヴィセラルトレーニングが提供する手段と経験を通じて、良いストレスと耐えられるストレスは「有害なストレス」の出現を抑制、回避（最良の場合）または遅延、延期（最悪の場合）することを目指す。なぜトレーニングで有害なストレスを経験するのは難しいのだろうか？　それは、選手がトレーニングと試合の「生存の観点」での違いを完璧に理解しているからだ。トレーニングマッチに負けることと試合に負けることは同じではない。

最もフロー状態にある選手は誰だろうか？　最もフロー状態にあるチームはどんなチームだろうか？　彼らは有害なストレスの状態に陥らず、「過酷な環境に閉じ込められ、ストレスへの反応が最大限でありながら、自尊心が最小限になる」という状態に陥らない。ヴィセラルトレーニングは「ストレスではないストレス」であり、認知を最適化するために必要なすべてを内包しているが、同時に認知から切り離すことができない感情も内包している。

ガラン・ルフィティアントらが示唆するように、「研究結果は、無意識の感情が非感情的な行動にバイアスをかける可能性があることを支持している。それは直感的なプロセスであり、無意識で、迅速で、感情的に充満したプロセスが関与する」ということだ。

また、感情もヴィセラルトレーニングのパターンに特定の方法で応答する。フェリックス・ショーラーとレオニード・ペルロフスキーによれば、「感情のプロセスのほとんどは、意識の閾値以下で発生する」。また、感情と学習の関連性については、「知識を獲得するための生得的なメカニズムのベースとなる感情のほとんどは、意識の閾値以下で発生する。（中略）これらの無意識の感情は、認知の適切な機能にとって重要となる」とされている。

ロイス・アイゼンマンによれば、「ウォルター・フリーマンは、複雑性理論に基づいて、知覚は意識の前に起こり、感情的・動機づけ的な要因に強く影響を受けると主張している。彼の思想では、動物と人間の両方の知覚は、内部の要求と目標、物体の意味、外部の物体や出来事の両方に指向される」。

■「感情はすべての直感のベースである」

私たちのトレーニングの中で、どれだけのものが過度に構造化されているのか、または生気や意味が欠けているのか、感情を除去（比喩的に）しているのかを考えてみよう。そして、感情を取り除くことで、ある意味で学習も取り除かれてしまう。そのため、目標を達成するためには何百回もの反復が必要になるのだ。感情が欠けると、無限の反復が必要になる。意味のある学習は、たった1度の反復で達成されることもある。

車のブレーキをかける方法を教えてもらい、習慣化するには何百回の反復が必要になるはずだ。しかし、私たちが衝突を経験すれば、次のコーナーでは確実にブレーキを踏むだろう。トレーニングにおける感情的な負荷によって、適応に必要なトレーニングの量が変わってくる。感情的な関与は、最大強度の運動における力の生産にさえ無意識に影響を与えている。

サラ＝ジェイン・ブレイクモアによれば、「感情的に中立な文脈では、非行動のあとにピーク力は行動のあとよりも低くなった。しかし、刺激的な感情イメージは運動系に対して相互作用する動機づけの効果を持っていた。不快なイメージは非行動の前において大きな力の発揮（改善された努力）を示し、コントロール群の類縁種に比べてより高い力の生産をもたらし、腹側部基底核、広がりを持つ扁桃体、右前頭皮質に関連するネットワークを活性化させた。対照的に、行動の前に提示される楽しいイメージ（コントロールと比較して）は力の減少をもたらし、デフォルトモードネットワークの領域を活性化させた。これには下部頭頂葉と前頭前野が含まれる。これらの結果は、感情的な文脈が無意識の目標の表象がどのように動機づけのプロセスに影響を与え、実際の運動結果に変換されるかを決定することができることを示しており、直接的な報酬の連鎖なしでのものだ」と述べている。

数年前、アジアの1部リーグで指導者と共同作業をしていたとき、無意識の知識を利用することになった。次の対戦相手を分析すると、彼らのサッカーの特性を超えて、選手たちの闘争心が武器の1つであることが非常に明白だった。私は、今もそのことを覚えている。彼らは真の戦士であり、試合開始から終了まで命を賭ける覚悟があった。相手は戦士の概念が優勢なチームであり、その概念に挑む必要があった。

そのため、戦争から想像できる最も強烈な場面を備えたビデオが準備され、ロッカールームに画面が設置され、上映前にすべてのライトが消された。映像や音は衝撃的で、選手たちに衝撃を与えた。彼らはその結果、戦士の効果を享受した。試合は引き分けだったが、感情的には対戦相手のチームが自分たちよりも戦士らしく見えることはなかったはずだ。

一方、感情も知覚を決定する。ジャン・イーらは「感情的に影響のある刺激は、意識的な処理が欠如していても、私たちの視覚処理に優先的に作用する」という結論に至っている。学習における感情の問題とトレーニングの改善は、すでに広く研究されている重要な問題であり、感情が認知を制約し、歪めることが示されている。さらに、認知（特に無意識の認知）は感情の遅延から生じる。

ロイス・アイゼンマンの結論として「感情はすべての直感のベースであり、重要な経験として私たちが体験するものを決定する」と述べている。

「進化の観点から見ると、感情は生存にとって重要な要素に注意を払わせるための無意識的で遺伝的に決定された身体調整のグループだ。（中略）二次的または皮質の感情経路は、第一次的、無意識的な身体の経路によって栄養を供給されるが、過去の経験によって個別化される。無意識の感情の建設的な役割に関する画期的な研究は、無意識の認知と直感の学術的な受容において重要な役割を果たした。それらは、無意識の感情が直感としばしば関連づけられる直感的な感情やほかの身体的なサインを引き起こす可能性があることを示した」

このアイゼンマンの結論によれば、サッカー選手の意思決定は無意識だけでなく、感情的でもあると考えられる。

意思決定は「経験の感情的な文脈」から分離できない

私は以前、Twitterで次のように投稿した。

「サッカーを理解するためには、サッカーを『感じる』ことが最良の方法だ。分析だけでは、すべてを説明できない（人間の感情が関与している）。人間科学だけでは、すべてを説明できない（試合の論理を理解する必要がある）。『感じる思考』は、エドゥアルド・ガレアーノ（ウルグアイのジャーナリスト）の天才的な言葉だ」

サッカーを理解しようとするあらゆる努力（特に、意識的に理解しようとする場合）は、完全に理解できないというあきらめから逃れられない。

「人生とは、謎だ。誰も人生を理解することはできず、人生を理解したと主張する人は単なる無知だ」

——Osho（インドの瞑想指導者）

人生と同じく、少しは理解できるかもしれないが、サッカーを完全に理解することは難しい。したがって、無意識の理解に十分な余地を残しておく必要がある。1670年にフランスの哲学者ブレーズ・パスカルが言ったことについて考えてみよう。彼は「心には、理性でわからない理由がある」と述べた。

スティーブン・ナフマノヴィチは、次のように述べている。

「感じることには、独自の構造がある。思考にもレベルがあり、感覚と思考の両方を超えた何かがある。それは感覚と同時に思考でもあり、両方であり、どちらでもない。私たちが『直感を信じよう』と言うとき、それはこの活動、直感に私たちの意思決定を委ねることを意味する」

ホルヘ・バルダーノが、イングランド・プレミアリーグのトッテナム・ホットスパーで監督を務めていたマウリシオ・ポチェッティーノにインタビューしたことがある。ポチェッティーノのオフィスには黒板やノートパソコン、さまざまな道具のほかに、ボールも置いてあった。そして彼は話をしながら、そのボールを選手たちに手渡すことがあった。それによって、選手たちの感情を刺激するためだ。

ガレアーノ、パスカル、ナフマノヴィチ、ポチェッティーノ。彼らは、サッカーを感じることの重要性を示している。

パコ・セイルーロは、ここでも金言を残している。

「新たなパラダイムは、自分たちのスポーツを知ることではなく、自分たちの選手を知ることだ」

要するに、選手を知ることによって、彼らの意思決定をより深く理解することができる。そして、意思決定は「経験の感情的な文脈」から分離できない。

　私の著書『ジェットコースターで考える』では、2人の権威ある研究者アントワーヌ・ベシャラとアントニオ・ダマシオの研究を紹介した。彼らはアメリカ・アイオワ大学で神経学を研究しており、「知識と理性の排他的な使用だけでは、有利な意思決定をするためには十分ではないこと」を示した。彼らは、感情に関連する脳の特定の領域に損傷を受けた患者を研究したが、損傷の前は平均的に良い決定を行っていた。これらの患者は、自身に有利な結果をもたらす決定をする能力に著しい欠如があった。言い換えると、合理的な能力は保持されていても、環境を解釈し文脈を提供する感情的な要素の欠如により、不適切な意思決定が行われたのだ。

2 ヴィセラルトレーニングにおけるモチベーション

「学びこそが経験であり、ほかのすべては情報だ」
——アルベルト・アインシュタイン（アメリカの理論物理学者）

ビセンテ・デル・ボスケ「今のサッカーは、選手に魅力的な何かを提供しなければならない」

ホセ・ルイス・メンディリバル「そのとおりだが、理解していない人も多い。彼らは試合に負けると、もっと激しくトレーニングしなければならないと不満を口にする。それは、愚かな誤解だ。例えば日曜日の午後に、月曜日に仕事に行かなければならないことを思いだし、『明日の仕事は嫌だな』と考える人もいるだろう。しかし、そのような考えでトレーニングに来てもうまくいかない。だから、選手が楽しめるようにトレーニングを適応させなければならない。もちろんトレーニングは試合に役立つものでなければならないが、リラックスした状態で選手をトレーニングに参加させる必要がある」
——『ザ・カントリー』（2020年）

継続的に複雑な状況を解決することを要求することやトレーニングの多様性は、問題解決と目標の達成を求める挑戦的な選手を育てるはずだ。神経科学はその歴史において、モチベーションの重要性を強調してきた。モチベーションを失ったとき、記憶を司る脳は情報や知識を収集しない。記憶の強い定着には、興奮状態として考えられているモチベーションが重要な役割を果たしており、グルタミン酸というアミノ酸型の物質を放出する。

ヴィセラルトレーニングは「サッカー選手の心を魅了し、その内容に異なる感情的な意義を与える」ことを目指している。それは、熱狂を引き起こすだろう（ギリシャ語のエンスーシアスモス：神を内に秘めたもの）。エドゥアルド・ガレアーノは「勝利は喜びであり、義務であってはいけない」と主張している。ホルヘ・バルダーノは「それを感じるためには、絶対的な単純さに戻る必要がある」と推奨しており、マウリシオ・ポチェッティーノは次のようにコメントした。

「選手がプロになると、サッカー選手になるための感覚よりも義務感でプレーするようになる。義務感は悪いものではないが、プレーを楽しむことを忘れずに、ボールのおかげで何ができるかを思いだしてほしい。責任は持たなければならないが、同時に楽しまなければならない。そうしなければ、最終的に消えてしまう。楽しまない人は、消えてしまうのだ」

ある意味で、ポチェッティーノは、哲学者フリードリヒ・ニーチェが100年以上前にすでに宣言したことに興味を持っている。

私たちは「小旅行やガイドつきのツアーを利用することを拒まない」

モチベーションは認知の調整にも役立っており、無意識的な認知制御も手助けする。ジャオ・リュウティンらの研究によれば、「高価値の報酬は、意識からは独立した高次の抑制プロセスを促進し、認知制御のモチベーション変調を支える脳プロセスに関する情報を提供する」。

私の家族は少し前から、時間が秒単位で決められているツアーに参加することをやめることにした。そこでは1日の時間が緻密にプログラムされている。朝食は午前8時、昼食は正午、夕食は午後9時……もううんざりだ。私たちは自由に、その街や風景を楽しみたいのだ。食事をしないこともあれば、日の出より前に出かけることもあるだろう。まだ経験すべきことが残っていると感じれば、旅を延長するかもしれない。私たちは、即興で行動している。そこにはリスクもあり、繁忙期には宿を予約できないかもしれない。

しかし、それも旅の一部だ。不快に感じるのは、最初だけだ。困難も、旅の一部となるだろう。私たちは、経験と学習の時間を尊重するために、危険を冒すことを好む。私たちは、旅行会社の指示ではなく、自分たちが感じるままに行動する。私たちは、直感的でありながら、より心地良い経験を大切にする。こうして私たちは、アルゼンチン北部全体やブエノスアイレスのビーチを楽しんできた。
しかし、ここで最も重要なことは、私たちは、状況に応じて「小旅行やガイドつきのツアーを利用することを拒まない」ということだ。それどころか必要だと感じたら、喜んでツアーに参加するだろう。それは一方通行ではなく、両方からの道だ。トレーニングも一方通行ではない。観光の方法（分析的・直感的な違い）は、社会人類学者ティム・インゴールドの研究をベースにしてカール・ウッズが主張していることやエンスキルメント（学習は行為と場所と不可分であることを忘れてはならない）という概念に似ている。

「地図は最初に、不慣れな地域を歩こうとしている人に道を教えてくれる（不慣れなタスクを探求しようとする選手にとって、指導者の指示のようなものだ）。しかし、訓練された人々は地形、動植物、気候、天体の動きなど、直接体験することが難しいことを徐々に学ぶことで、旅をする。（中略）この分離された視点は、移動として理解される。人々は地図、コンパス、または衛星に頼ることで、現在地と目的地の関係性を理解しようとする。ナビゲーションは、初心者が単独でマスターするために技術を連続した部分に分解することができるマニュアルに類似している。これらの部品は、全体として逆算作業される前に、これらの動作部品がどのように見えるべきかという操作マニュアルに記載されている基準に照らしてマーキングされる。（中略）一方、訓練された探求者は、一般に、終着点に向かっていく経路を辿る『数学的な学習』には関心を持たず、経路に沿った環境の特徴に着目して

いる。経路の探求は彼らにとって、ほかの人々、動物、風の向き、天体など、その環境における動きに応じて、旅行者の動きを調整することだ。何も動かないところでは、彼らは何にも反応できない」

ブラジルのサッカー指導者ロドリゴ・ビチェンツィの言葉で、サッカーに戻ろう。

「計画や分析以上に、瞬間の解釈こそが感性を示す。それは、創造性を阻むような精神的な台本とは違った価値を持っている」

ヴィセラルトレーニングは旅であり、同時に旅の方法でもある。

■スポーツ選手の神経可塑性もモチベーションに左右される

モチベーションにおいて、ある活動（部分的で機械化された動きを無限に繰り返す）を工業的に行わせるほど、サッカー選手は労働者になってしまう。労働者は8時間、何千個もの同じネジを調整したあと、家に帰りたいだけなのだ。その仕事には個人的な関与がなく、指導者はそのような状況を避けなければならない。一方で職人的な仕事は、責任を感じさせる。

スポーツのトレーニングで誘発される神経可塑的な変化は、脱文脈化されたタスクによって強制されるよりも、むしろ自主的に動機づけられたトレーニングのほうが持続する。言い換えれば、スポーツ選手の神経可塑性もモチベーションに左右される。そして、そのモチベーションはデザインに左右される。

分析的なものは、できるだけ伝統的に（例えば、選手自身が提案した動きで）行われなければならない。その場合、私たちは「妥協された工業化」にアクセスすることが可能になる。

スティーブン・ナフマノヴィチは、次のように述べている。

「仕事と遊びの人為的な分離は、私たちの『時間と注意の質』の間に溝を作ってしまう」

もし選手たちが1時間半のトレーニングが終わるのを待っているのなら、それは悪いことだ。選手たちを怒らせてはいけない。それは、トレーニングに対するモチベーションが機能していないという、公然かつ散発的な現れなのだ。そこに悪はない。心の奥底から湧き上がってくるものが、表面に出ているだけなのだ。おそらく、そこには古代から残る二進法的な掟が存在する。良いか悪いかの二択で、彼らは悪いと感じている。残るか去るかの二択で、彼らは去りたいと感じている。

私たちは彼らを非難するのではなく、むしろ彼ら自身がなぜそれらの原始的な感情が起こっているのかを理解できない、彼らの最も原始的な感情を解釈する方法を知らない指導者を非難するべきだ。彼らの本能が「ＮＯ」と言っているのだ。彼らの本能が表現しているのだ。なぜなら、それらを知る必要はなく、ただ感じるだけで十分だからだ。トレーニングを意図的に妨害することと、本能から生じる自発的で自然な表現とは異なる。

ジョン・バーグの言葉によれば、「私たちの情動（または評価）機能の多くは、意識の縁で動作している」。また、アメリカの社会心理学者ロバート・ザイアンスによれば、「好みには、推論は必要ない」「私たちは即時の情動的な反応を示す」思考のない感情だ。

「残るか去るかを決めるとき、私たちの反応において、私たちは意識的な思考よりも速く、本能的なレベルで操作する精神的および筋肉的な反応を有している。進化の力は、これらの無意識のメカニズムを試し、私たちが生き残り、存続した99％のすべての種とは異なる存在になることを可能にした」

バーグも次のように述べている。

「複雑な問題を『意識的な思考の助けなしで無意識に解決すること』は、進化的に有意義な能力だった。私たちの種の歴史の中で、私たちは意識的な思考能力を非常に遅くに発達させたからだ」

ヴィセラルトレーニングは、トレーニングへの導入として、中心的なトレーニングとして、あるいはトレーニングの最後に、その試合性と特異性によって、仕事と遊びの二元性を解決する。その2つによって選手の無意識に、去りたいというより留まりたいと思わせる。困難なトレーニング、ストレスや不確実性の受容は、選手たちに好意的に受け入れられる必要がある。誰もそのような状況になることを好んではいない。

なぜなら、そのような状況は、私たちが常に避けようとしているものだからだ。したがって、ヴィセラルトレーニングが行うのは、葛藤、不確実性、ストレスをより親しみやすい形で提示することだ。そうすることで、トレーニングに対するモチベーションが高まり、より深く受け入れることができる。トレーニングがより楽しくなり、その楽しさの中で、これらすべての特徴と自然に共存するのだ。

2・1 モチベーションの最も深い源泉：エロス

スティーブン・ナフマノヴィチは、次のように述べている。

「音楽は、セクシュアリティと感性が交差する場所で心の中で奏でられる。エロス、欲望と愛の神聖な原則は、私たちの最も深い進化的手段から生じる。それこそが、創造の衝動だ。（中略）芸術家の内的な生活におけるその役割は、私たちを抑制されていないスキルを

持って達成された作品を創造するように活性化させることだ。（中略）それは私たちの心のもっと神聖な領域に、催眠術的に人々を引き寄せるための手段だ。（中略）私たちがあらゆる障害を通り抜ける重要で神秘的な要素は、未完成の作品への愛だ。『建設と創造の間のまったく異なる点は次のとおりだ。建てられたものは建てられて初めて愛されるが、創造されたものは存在する前から愛される』とギルバート・キース・チェスタトンは書いている。建てられたものは、単なる意識の産物だ。私たちは建てられたものをその全体で見る。しかし、創造の中では、私たちは無意識から現れるより深いパターンとの情熱的な結合で作業する」

指導者は科学者の声には耳を傾ける（これは素晴らしいことだ）が、芸術家にはあまり耳を傾けない（これは素晴らしいことではない）。その結果、彼らは芸術的な創造から目を背け、研究室の装置を構築してしまう。

建設と創造は同じではない。ヨハン・クライフは「1日でチームを作ることはできない」と警告した。彼は「建てる」という動詞を使わなかった。言い換えれば、クライフは科学的な考えよりも芸術的なアイデアを持っていた。そして、その芸術性は彼のチームからも強く感じられた。

第8章

創造性

FOOTBALL VISCERAL TRAINING

1 ヴィセラルトレーニングと創造性

「プロのようにルールを学び、芸術家のようにルールを破る」

——パブロ・ピカソ（スペインの画家）

イギリスのフレデリック・マイヤーズは、最初の科学的な心理学者の1人だった。彼はウィリアム・ジェームズ、ピエール・ジャネ、アルフレッド・ビネーほど有名ではないが、心理学者として創造性の研究に生涯を捧げた。偶然かもしれないが、「天才は、普通の人よりも潜在意識（無意識）的な思考を使う」と述べた。

私は、ディエゴ・マラドーナ、リオネル・メッシ、ヨハン・クライフ、ネイマールが、平均的な選手よりも無意識的な思考を使っていることを確信している。戦術的に過度に従順な選手は飼い慣らされ、意識に縛られてしまうので、天才にはなれない。

ホルヘ・バルダーノは、警告している。

「従順さは、選手の直感と創造性を殺す」

従順であることを強制することで、うまくいかないときに解決するために必要な道具を失ってしまうのだ。「盤上では皆、世界チャンピオンだ」とリカルド・ラ・ボルペは皮肉を込めて言った。また、アルフレド・ディ・ステファノも「盤上では皆、勝つ」と述べている。

アメリカ・エモリー大学の応用神経科学の教授グレゴリー・バーンズは、次のように述べている。

「知覚と想像力は関連しており、脳は両機能に同じ神経回路を使用している。想像力は、知覚を逆転させて実行するようなものだ」

つまり、知覚を最大限に刺激すれば、ある意味で想像力も刺激されることになる。この点で、ヴィセラルトレーニングはあらゆる形態の知覚を引き出すことにより、間接的に想像力と創造性を引き起こす。ヴィセラルトレーニングによって引き起こされる未知の状況に直面すると、馴染みのある状況を想像しようとする場合よりも創造的に考えることが容易になる。

想像力を刺激する最も確かな方法は、自分が経験していない環境を探すことだ。しかし、プロのサッカー選手とサッカー場では、すでに成功した行動を繰り返しているために、新たな変動や適応が引き起こされることが少ない。

熟慮性が高ければ高いほど、以前の成功した行動の反復が増える。逆に、熟慮性が低ければ低いほど、新たな反応を探求する必要が増える。この探求は多元思考につながり、多元思考は脳のネットワークの再構築を導く。

私の講演では、「過度な馴染みと新しい反応の探求がもたらす対照的な要素」を示すスライドを提示することが多い。1つは自己の繰り返しを反復する脳であり、もう1つは必然的に更新され、再編成される脳だ。一方では、一方向の道がある。もう一方では異なる経路が交差する道がある。

しかし、その神経経路では安定性が少ないのではないだろうか？　しかし、もし試合が私たちに異なる経路で答えを見つける必要を迫るとき、なぜ1つの神経経路の安定性を望むのだろう？　重要なのは、適切な経路を見つける柔軟性だ。失敗した経路に固執する代わりに、正しい経路を見つける柔軟性を得ることだ。

変動性は創造性を刺激するための必要条件でもある

最も現代的なサッカーを、どのイメージが象徴しているのだろうか？　未来のサッカーを最も象徴しているイメージは何だろうか？　サッカー選手は、単純化された経路を持つべきだろうか？　彼らは、カオスで不確実な状況ともうまく付き合っていかなければならない。

最近の研究では、アレクサンドル・ドンブロフスキーらが次のように述べている。

「決定を下す際には、既知の良い選択肢を利用すべきなのか、それとも潜在的により良い選択肢を探求すべきなのか？（中略）空間的に構造化されていない選択肢の探求は、新皮質、尾状核、扁桃体に依存する。しかし、自然な状況では、最良の選択肢はグループ化され、構造化された価値分布を形成する。海馬は報酬情報を認知地図に割り当て、そのような空間でのナビゲーションや探求を手助けする。人間の後部海馬は探求を活性化し、前部海馬は空間的に構造化された報酬関数を持つ強化学習タスクにおいて、利用を促進する」

「成功したことをやり続けること」と「探求行動」の違いは、顕著だ。ナサニエル・ドーの研究では、「前頭極皮質と頭頂間溝は、探求的な決定の際に好ましく活性化する。対照的に、線条体と腹側前頭皮質の領域は価値に基づく利用的な意思決定の特性を示す活動を示している」と報告されている。

私たちが指導者として、そのような神経科学的な複雑性を理解する必要はない。しかし、探求を要求する運動と、事前にすべての答えを提供する運動の認知的な重要性を知っていることは必要だ。事前に答えを提供することで、私たちは架空の信頼を作り出す。

Osho は、次のように述べている。

「真の信頼は、疑いや問いかけ、問い正すことを通じてだけ、生まれる。そして、疑いを破壊し、問いかけを破壊し、すべての探求、探究を破壊し、人々にすでにできあがった真

図57：探求行動レベル

探求行動レベル	文脈	予測	変化と不確実性	自己組織化レベル	解決策
低い	数個の文脈に適応する	予測と試合が一致している必要がある	変化と不確実性でチームが悪影響を受ける	低い（過度に指導者に依存している）	チームだけでは発見できない
普通	通常レベルの文脈に適応する	予測から多少の逸脱はOK	変化と不確実性が多少であればOK	中程度（指導者に依存している）	多少の解決策は発見できる
高い	多くの文脈に適応する	計画からの逸脱に問題なく対応可能	変化と不確実性とチームが共存している	高い（指導者に少しだけ依存している）	多くの解決策を発見できる

実を与えることによってやってくるのが、偽の自信だ」

真の信頼は意識的な防御を緩和し、無意識の避けられない拡張的な表現を解放する。

脳は動的な適応型ネットワークだ。この動的な性質は、記憶の獲得と定着のプロセスでニューロン間のシナプス接触の生成と剪定によって生じる。その結果、異なる2つの脳に到達する。1つはすべての明かりが消えている状態で、もう1つはすべての明かりが点灯している状態だ。したがって、ヴィセラルトレーニングは予期された解決策を提供しないため、認知的な脳の刺激としては常に前者よりも後者に近づくことになる。

そして、私たちが知っていることは、

熟慮性は探求を経る必要があるということだ。したがって、特定の脳処理に到達するためには、ほかの処理を経る必要がある。そして、私たちが知っていることは、トレーニングからのさらなる探求が多様な習熟度を試合で発見することができるということだ。そして、その探求がより馴染みのあるものであれば、不確実性に遭遇する可能性が少なくなる。自然の複雑性を単純化した習熟をベースとした馴染みは、通常競争がより複雑に表現されると、すぐに薄れてしまう。

アヒム・ピーターズらは、次のように述べている。

「行動と不確実性の間には、弁証法的な関係があるようだ。探求行動と回避行動の両方が、不確実性に対して二相的な影響を示す。探求行動はリスクの多様性を伴うため、『短期の不確実性』を生じさせる（例えば、クリストファー・コロンブスの航海のように）。しかし、探求行動の（認識的な）恩恵は、『長期の不確実性』を減らすことだ（地図の白い領域を埋めることだ）。逆に、回避行動は短期の不確実性を減らすことができる（退却はリラックス効果をもたらし、不確実性を減らす効果がある）ただし、回避行動中に適切な信念の更新を停止している人々は、その間に大きく変化した世界に非常に驚かされるかもしれない。回避行動が認識的な探求に影響を与えると、旧式の信念への適応を促進し、長期の不確実性を引き起こす可能性がある」

要約すると、環境の変動性に基づいて、代理の変動性を推定する能力をより重要なことに使って長期的な不確実性を最小化するためのアプローチと、回避のバランスが存在している（Friston, 2009）。探求は、変動性をベースにしている。そして、変動性は創造性を刺激するための必要条件でもある。ドミニク・オースは、次のように述べている。

「変動性による適応性は、創造性と密接に関連している」

スペイン・カタルーニャ国立体育大学のアルベルト・カントンらも同様のことを述べている。

「通常とは違うトレーニングの探求的な環境は、多様で柔軟な行動を促進することができ、選手がより適応性を持ち、同時により創造的になることを学ぶことができる。その結果、探求的な行動はチームスポーツにおいて重要であり、その理由は『即興演奏と選手間の相互作用が変化する環境の中で行われるため』（Hristovski et al.,2012）だ」

「失敗とは、まだ利益に変えられていない出来事だ」

探求的な行動はサッカー選手だけでなく、科学者や芸術家にとっても必要になる。したがって、いくつかの引用を紹介しよう。

「何をするつもりかを正確に知っているのであれば、それは役に立たない。（中略）絵を描くためには、描き始めなければならない」

――パブロ・ピカソ（スペインの画家）

「自分が何を描いているのかわからなくなって初めて、画家は良いものを生み出す」

――エドガー・ドガ（フランスの画家）

「結果がわかってしまうと、迷子になってしまう」

――ファン・グリス（スペインの画家）

「私たちが調査の結果を知っているのなら、それを調査と呼ぶべきではない」

――アルベルト・アインシュタイン（アメリカの理論物理学者）

「働いている間、形が現実味を帯びる。言い換えれば、絵を描く準備をするのではなく、私は描き始め、絵を描きながら、絵画が自己を確認し、自己を示唆し、私の筆の下で自己を表現する。そして、その線が女性や鳥の形に変わっていく」

――ジョアン・ミロ（スペインの画家）

私たちは指導者として、トレーニングが「安全な実行」においてアナリティックなものであるとき、無意識のうちに探求に反対している。深層において、私たちは（無意識のうちに）エラーを恐れている。私たちはエラーを恐れ、台本から外れること、新しいものの探求、自分自身のアイデアを捨て、ほかの新しいアイデアを選ぶことを恐れている。

私は過去に「失敗とは、まだ利益に変えられていない出来事だ」という言葉を聞いたことがある。それは、天才的な発想に思えた。私たちは、アメリカの映画監督アーサー・ペンからも学ぶことができる。

彼は映画俳優が自発的で、本物で、独創的で、想像力に富んだ方法で行動することを必要としていた。彼らが今まで試したことのないことを試すような冒険に挑み、彼らの提案やアイデアを歓迎し、自分自身の新しいアイデアを展開し、そのアイデアに取り組むことを求めた。彼は柔軟で、自分自身が事前に用意した概念に固執するのではなく、映画俳優たちが自分自身の事前概念を捨てるのを助けていた。

トレーニングを過度に単純化すると選手の創造性は引き起こされない

創造性には「意識的な処理と無意識的な処理の相乗効果」も必要だと考えられている。リャン・シーらは、事前に決められたネットワークと前頭葉—頭頂葉ネットワークの協力が必要であることを強調している。「創造性のベースとなる大規模な脳ネットワークの接続性に関しての研究結果は、創造的な状態では後部デフォルトモードネットワークと前頭葉—頭頂葉ネットワーク（FPN）の接続強度が有意に高くなる一方、右FPNと左FPNの接続強度が制御状態よりも弱くなることを示している」と述べた。

キーラン・パティルらは「創造的な認知は、複数の自発的な認知プロセスの統合として認識されており、複雑な認知プロセスに関連する脳の分散した領域内および領域間の複雑なネットワークとして現れる」と結論づけている。

要するに、トレーニングを過度に単純化すると、サッカー選手の創造性は引き起こされない。これらの複雑な脳のネットワークは動き出す必要がある。創造的な認知は、自発的な解決のあるタスクに関与しないタスクでは、開発または刺激されない。もし指導者によってすでに解決されているのであれば、その脳は道と努力を省かれている。現在は快適に過ごせるが、将来の試合において生じる不快感を避けられないだろう。

決定的なインスピレーションが生まれるためには、困難を経験する必要がある。

アメリカの詩人ウェンデル・ベリーは、次のように表現している。

「明確なビジョンと欲望を与える創造性のミューズ（ギリシャ神話における詩と音楽の女神）**と、何度も戻ってくる実現のミューズという2つのミューズがあるように思われる。それは想像したよりも難しいと何度も言い続ける。**（中略）**つまり、形が私たちに最も役立つの**

は、私たちを妨害する役割を果たすときなのだ。私たちを混乱させ、私たちが進むと思っていた道を逸脱させるような妨害として機能するとき、形は私たちに最高の奉仕をするのだろう。形は、私たちを混乱させ、私たちが従うと思っていた道を逸脱させる。私たちが何をすべきかわからなくなったとき、私たちは真の仕事に到達したのだ。どこへ行けばいいのかわからなくなったとき、本当の旅が始まったのだ。困惑していない心は、使われていない」

スティーブン・ナフマノヴィチは、さらに付け加えている。

「限られたフィールドや挫折を引き起こす状況によって引き起こされる困難は、のちに創造性として見られる重要な驚きを引き起こすことがある」

創造性のミューズは創発的思考と関連し、実現のミューズは収束的思考と呼ばれるものと非常によく似ている。

ガオ・インとチャン・ハオの研究では、さらなる神経科学の研究がヴィセラルトレーニングを支持しており、その研究によれば「創造的な問題解決は、ネットワーク内に弱く拡散する示唆的情報の無意識の処理を通じて調節される可能性がある」と述べている。

脳神経科学が創造性をテストする前に、20世紀のアメリカを代表する作曲家で、親しみやすく明快な曲調でアメリカ音楽のベースを作ったアーロン・コープランドは、すでに創造性を直感していた。

「創造性は一種の超意識、あるいは潜在意識になることができる。どちらかはわからないが、自己認識ではない」

意識は、ヴィセラルトレーニングで起こるすべてを支配することはできない。あまりにも多くのことが同時に起こっているからだ。

■知覚の向上は創造性とどのように関連しているのか？

アメリカの細胞生物学者ブルース・リプトンによれば、意識的な理性は秒間約40ビットの情報を処理する一方、潜在意識は約2000万ビットを処理している（ほかの研究では、意識が秒間2000ビットを処理するのに対して、潜在意識は約4000億ビットを制御していると計算している）。これらのデータは、それらの間に大きなギャップがあることを示しているが、一点においては明確だ。

無意識は、意識よりもはるかに多くを処理する。これらの重なり合った情報の膨大な量は、それぞれの要素では弱いが、複雑な相互作用では強力だ。認知負荷の増加により、動き出す情報ビットの量が増加し、さらに層の組み合わせによって指数関数的に増殖する。

その結果、問題は無意識で解決される必要がある。そして、その無意識の解決の中で、「従来の解決策」だけでなく、「創造的な解決策」も現れる。

スティーブン・ナフマノヴィチは、次のように提案している。

「無意識と一緒に処理するとき、私たちは表面下に泳ぐ豊かな見えない生命の形を持つ海と向き合うことになる。創造的な仕事では、私たちはその魚の1匹を捕まえようとする。しかし、私たちは魚を殺すことはできない。魚を捕まえる際には、魚が生命を保つようにする必要がある。ある意味で、私たちは魚を両生類のように水面に引き上げ、すべての人の前で歩かせる。（中略）これらの魚、無意識の思考は受動的に『そこに』浮かんでいるわけではない。彼らは自ら動き、成長し、変化する。そして、私たちの意識的な心はただの観察者または侵入者だ。だからこそ、カール・グスタフ・ユングは無意識の深部を『客観的な心』と呼んだ」

では、ヴィセラルトレーニングがもたらす知覚の向上は創造性とどのように関連しているのだろうか?

ダニエル・メメルトは、正確な答えを提供している。

「不注意な盲目、経験、創造性の間には、直接の関連がある。フリーの選手に気づく能力

が必要になるスポーツのトレーニングを経験した思春期の若者は、フリーの選手に盲目的だった13歳の若者よりも、スポーツ特有の状況でよりオリジナルな解決策を発見することができた」

つまり、私たちが認識するフリーの選手が少ないほど、パスを成功させるチャンスも少なくなる。そして、認識できるチームメイトが少ない（マークされている場合でも）ほど、パスの成功率も低くなる。もしチームメイトを認識できない場合、私たちはボールをキープするか、ドリブルを仕掛けるしかない。認識できるものが少ないほど、技術的・戦術的要素を組み合わせる選択肢が少なくなる。そして、組み合わせが少ないほど、創造性も減少する。

一方、認識はタスクに依存するのだろうか？　それともタスクは認識に依存するのだろうか？最初の選択肢では、一般的な選手が増え、文脈に柔軟に適応できるようになる。そこでは、何が起こるかが重要だ。2番目の選択肢では、専門的な選手が増え、特定のアクションに重点を置き、スキルを文脈よりも重視する。何が起こるかよりも、自分が何を知っているかが重要になる。

2 意識における1つのタスク：機能的固定

私たちが「機能的固定」という概念について考えるようになってから、約100年になる。ノーマン・マイヤーとカール・ダンカーが、この概念を発展させた。ジョン・バーグによれば、機能的固定とは、「物を利用する際に習慣的な使い方に過度に焦点を当ててしまい、より創造的な使い方を無視してしまうこと」だ。

そして、特にプレッシャーやストレス下にある場合、この傾向はより顕著に現れる。マイヤーは、問題に取り組む際に無意識的なメカニズムが、意識的なメカニズムと比較して注意の焦点が狭まらないため、新しい解決策を見つけ出し、突然の「エウレカ（探していたものがあった）」の瞬間をもたらすことができることを発見した。

繰り返しの自動化は、サッカー選手を機能的固定に陥らせる可能性がある。これは陸上のハードル選手には有用かもしれないが、サッカー選手には有用ではない。意識的な努力はフィールド上での動きを遅くするだけでなく、創造性も損なう。神経科学の研究者たちがすでに証明しているように、最高位の皮質層は最も低位の層よりも長い時間規模で不変性を示す。

したがって、機能的固定（技術的に）は、パスのあとにはコントロールが続くべきだと思うことであり、機能的固定に陥らない選手は、最後の瞬間までボールをコントロールせずに直接別のチームメイトにボールを渡したりすることができる。

機能的固定（技術的・戦術的に）は、危険な選手ほどマークしなければならないと信じることであり、ヨハン・クライフは相手選手に関するレポートを受け取った際、「彼はマークを外す素晴らしい能力を持っている」という記載に対し、次のように答えた。

「それなら彼をマークしなければ、彼はマークを外す方法を持たないだろう」

したがって、機能的固定（戦術的に）は、低いブロックで守備をするチームがカウンターアタックを狙うと信じることだ。ペップ・グアルディオラ率いるマンチェスター・シティは、ダニエル・ファルケ率いるノリッジ・シティに驚かされた。彼らは守備ブロックを自陣の深いエリアに設置しながら、攻撃時はGKを使いながら丁寧なビルドアップでプレスを外そうとしたのだ。低いブロックのチームはロングボールやカウンターを使うことが多いので、グアルディオラにとってこのアプローチは予想外のものだった。

バーグは、次のように断言している。

「この理論において重要なのは、私たちが意識的に代替案を考えることを妨げられるか気

を散らされると、意思決定のベースとなる情報を取得する際に使用された同じ脳領域が無意識に活性化されるということだ。（中略）実際、科学、知識、芸術的な閃きは、最も予期せず別のことを考えているときに起こることが多い。アインシュタインは髭を剃っている最中、アルキメデスは入浴している最中に『閃きという稲妻』に打たれた。何も考えておらず、ぐっすり眠っているときにも起こる」

しかし、サッカーでは、次に変更する予定の携帯電話のモデルについて考えながら、その気晴らしによって答えを得ることはできない（ヴィセラルトレーニングの気晴らしは特定のものだ。例えば、レイヤー1のタスクを解決している間に、レイヤー2やレイヤー3の問題を引き起こす解決策が生成されるかもしれない）。

この気晴らしは選手よりも指導者にとって役立つ。ただし、事前に（意識的に）試合で起こる可能性のあるさまざまな問題や状況を提示することで、選手の無意識が解決策を生成するように働くこともある（試合前に一部が意識の中で明らかになり、ほかの解決策がプレー中に無意識の中で浮かび上がるかもしれない）。

3 「自動化」対「創造性」

「人間は遊びによって人になる。そして、遊ぶからこそ、人なのだ」

――フリードリヒ・フォン・シラー（ドイツの詩人、戯曲家）

自動化の過剰や創造性の欠如、創造性の過剰や自動化の欠如は、いずれも誤りだ。その両方を、バランスを考慮しながら使い分ける必要がある。自動化のプロセスで、サッカー選手の創造性を排除することはない。しかし、創造性が効果的に働いているときには、自動化の生成を妨げるべきではない。自動化は、貴重なリソースを節約するために役立つ。

自動化は、創造的な自発性を補完するためにトレーニングされる。一方、創造性は、自動化が効率的に機能していないときに自動化を補完するためにトレーニングされる。

第9章

認知的柔軟性

FOOTBALL VISCERAL TRAINING

1 機能的結合の変化

認知効率には、明確な論理が存在している。休息と活動の間で機能的な連結性の変化が少ないほど、効率が良くなるのだ。これは、2014年に実施された神経科学の研究でも証明された。この研究では、ネイマールと2部リーグのサッカー選手や水泳選手を比較した。同じタスクを行ったとき、ネイマールはほかの研究参加者に比べて運動皮質をはるかに少なく活性化させた。したがって、運動皮質の低い活性化は、意識的な制御を必要としないことで、認知的な効率性を示していた。ダグラス・シュルツとマイケル・コールは、次のように述べている。

「脳のネットワークの構成は、現在のタスクの要求に応じて異なっている。例えば、静かに休息しているときには、脳の機能的な接続はある方法で組織化されるが、意思決定を求められると別の方法で組織化される。私たちは、脳のネットワークの組織化の更新の効率性が一般的な知能、つまりさまざまな認知的に難しいタスクをうまくこなす能力と正の関係があることを発見した。具体的には、休息時の脳のネットワーク構成は、知能の高い個

人ではさまざまなタスク構成に近くなっていた。これは、タスクが変化を要求する場合にネットワークの連結性を効率的に変更する能力が、高い知能の特徴であることを示唆している。（中略）機能的連結性の小さな変化は、効率的なネットワークの更新（つまり小さな更新）を最適化し、処理要求を減らすことで行動パフォーマンスを向上させる可能性がある」

代謝的な観点でVo2max（最大酸素摂取量）を狙ったトレーニングが代謝的な意味で効率的になるように、特定の認知を目指すトレーニングは脳の処理において効率的になるだろう。また、乳酸濃度が低い選手は身体的な疲労が少ないように、休息している脳のネットワークの変動範囲が小さい選手は、認知的な疲労が少ない可能性がある。

選手の脳が予測不可能性と共存できるようにしなければならない

特定のシナリオでは、効率的な状態を持続的かつ適度なリソースの消費で保てるだろう。しかし、確実性のみを提供することができるだろうか？　試合が私たちに複雑性を突きつけるとき、どうなるだろうか？　その場合、サッカー選手は柔軟性を必要とする。柔軟性と効率性がなければ、選手たちは持続的に活躍できない。

だからこそ、サッカー選手は高度な予測能力を持つ指導者を好む。確実性を与えられることで不確実性が減り、不確実性が減ることで認知的柔軟性の必要性も減少する。長期的な指導者からの予測が正確であれば、サッカー選手は自身の短期的な予測に頼る必要性が少なくなる。

短期的な予測はオンライン、リアルタイムで使用され、知覚―行動の循環に組み込まれる必要がある。指導者の長期的な予測は選手の短期的な予測を支援することができるが、選手自身も予測能力を調整しておかなければならない。なぜなら、対戦相手の指導者の予測がその予測を上回ることもあるからだ。

リオネル・メッシは、ペップ・グアルディオラについて次のように述べている。

「彼は私の唯一無二の指導者であり、彼から多くのことを学んだ。彼は毎試合、異なる準備をし、試合で発生することやどのように動くべきかを教えてくれる。そして、それが実現する。彼は勝つための方法を私たちに伝え、そして実際に勝つ。多くの知識を持っている指導者はいるかもしれないが、彼は何が起こるかを教えてくれる」

ラファエル・サントス・ボレは、マルセロ・ガジャルドについて同様のことを語っている。

「彼は事前に、試合中に何が起こるかを教えてくれる。私たちがピッチでプレーするとき、事前に言っていたことが実際に起こるのだ」

ホセ・バスアルドは、カルロス・ビラルドについて「彼は試合を分析し、何が起こるかを教えてくれる。信じられないことだ」と語っていた。

ピッチで予想したことが起こる場合、サッカー選手は適応力をそこまで必要としない。トレーニングを再現することで、十分な成果を期待できるだろう。しかし、どれだけの指導者が100％の信頼性を保証できるのだろうか？　誰も、それはできない。指導者は選手をトレーニングすることで、彼らの脳が予測不可能性と共存できるようにしなければならない。それによって彼らの脳処理が変化したり、崩れるリスクを軽減するのだ。

2 精神的・認知的な耐性を強化するためのヴィセラルトレーニング

スポーツのパフォーマンスにおいて、根強く信じられている思想がある。優れたフィジカルコンディションによって、認知パフォーマンスも向上するという思想だ。なぜなら疲労感は、精神面のコンディションを損なう要素だからだ。身体的疲労は、体力や協調的なパフォーマンスだけでなく、認知パフォーマンスにも悪影響を及ぼす。これは、おそらく事実だろう。これは、広く共有されている思想であり、サッカー選手も認識している。

では、逆から推論してみよう。自己認識的な報告から発見するのは簡単ではないが、精神的な疲労が早期に現れると、精神的なパフォーマンスだけでなく、身体的なパフォーマンスを損なう危険性もある。例えば試合のタスクを解決することができないと、実際よりも身体的な疲れを感じることがあるだろう。

テリー・マクモリスらの研究によれば、「認知的疲労は後続する身体的なパフォーマンスに影響を与え、脳内のエネルギーの枯渇、脳内のカテコールアミン神経伝達物質の枯渇、モチベーションの変化を引き起こしてしまう」。

幸いなことに、私たちは分断されてきた枠組みを乗り越えてきた。サッカーが相互依存の一体であるということを考えれば、「心理的な要素」と「身体的な要素」を分離することは誤りだ。主観的な疲労感や知覚は、努力や負荷のレベルを測定するために考慮され、評価されるようになっている。これは、PSE（主観的な努力感）のアンケートを通じて一般化されてきた。つまり、身体が生物学的に影響を受けることだけではなく、選手が感じることが影響を与えると考えられている。PSEは言葉遊びのように思えるが、私たちはすでに皆、PSEがそのままであるのではなく、私たちがPSEをどう考えるかが最終的には何であるかを決定することを知っている。

精神的なコンディションが良ければ選手たちはもう一歩走ることができる

これは最近になってから発見されたことではなく、古代から考えられてきた。例えば自動車のフォード・モーターを創業したヘンリー・フォードは「あなたができると思えば、できる。できないと思えば、できない。どちらにしてもあなたが思ったことは正しい」という名言を残している。ラテン文学の黄金期を担った詩人のプーブリウス・ヴェルギリウスは、「できると思うからこそ、できるのだ」と明快に述べていた。古代ギリシャの哲学者アリストテレスは「運命は性格である」と表現し、ブッダは「すべては心の中にある」とコメントしていた。

ベンジャミン・パポーとロムアルド・ライパーズは、精神的な疲労がスポーツのパフォーマンスに及ぼす影響について研究した。彼らは2009年から18年までに発表された研究結果を調査し、精神的な疲労がスポーツのパフォーマンスに与える影響に着目した。彼らは30の研究を要約し、「精神的な疲労は持久力のパフォーマンス、運動技能的なパフォーマンス、意思決定的なパフォーマンスに影響を与える」と論じている。ただし、最大強度を発揮するとき、アスリートは精神的な疲労の影響を度外視していた。

これらの研究結果から、精神的な疲労は最大下運動（有酸素能力を極限まで発揮させるような運動を「最大運動」と呼び、それ以下の強度の運動を「最大下運動」と呼ぶ）では、スポーツのパフォーマンスに影響を与える。しかし、最大運動では影響を与えない。精神的な疲労が最大下運動に与える否定的な影響は、努力の知覚が増加することによって仲介される。

極端な単純化ではあるが、身体的なコンディションが明晰な思考をもたらす助けになるだけでなく、明晰な思考によって身体的なコンディションも維持される。精神的なコンディションが良ければ、選手たちはもう一歩走ることができるかもしれないのだ。彼らは効率的な判断をすることで、エネルギーを節約する。したがって、卓越したフィジカルが認知にも影響を与えるように、ヴィセラルトレーニングは脳処理を改善するだけでなく、間接的には「持続的な精神的活力」を知覚させることで、物理的なパフォーマンスにも良い影響を与える。

3 認知的疲労

「身体的な疲労の前に、戦術的（認知的）疲労がある。それは、驚くべきことではない」

――ルイ・ファリア（元アル＝ドゥハイル監督）

「認知的疲労」というワードを説明する前に、認知負荷とは何かを明確にする必要がある。ローラン・スパロウらは、次のように提案している。

「認知とは、記憶、言語、推論、学習、知能、問題解決、意思決定、知覚、注意を含む一連の心理的プロセスだ。これらのプロセスは知識を豊かにする。これらの異なる機能が実装される強度は測定可能であり、ＣＬ（認知負荷）と呼ばれている。認知の研究は、科学的に検証され、標準化されたさまざまな実験を通じて行われる」

２０１２年のＵＥＦＡチャンピオンズリーグで、チェルシーに敗れたバルセロナを目撃したファアン・マヌエル・リージョは認知的疲労というワードを使うことで敗北の理由を説明しようとした。彼の説明に対する反応は、2つだった。この現象を知らなかった人々はリージョを揶揄したが、他方ではこのテーマを深く調査しようとした人々も存在した。そして後者によって、この分野の研究が進展することになった。

ジェローン・ヴァン・カットセムらは、次のように表現する。

「認知的疲労は、要求の高い認知的活動が長い時間続いたときの状態だ。そして、この認知的疲労はフィジカル面のパフォーマンスにも影響を与える」

ミッチェル・スミスらの研究によれば、「認知的疲労が、サッカー特有の意思決定の正確性と速度に影響を与える」可能性がある。Al-Shargie（2016）はモントリオールイメージングストレスタスク（MIST：制限時間の中で暗算を行うテスト）を使い、3つの数を加減する計算タスク（例えば、7－3＋1など）が認知的なストレスを高めることを示唆した。特に時間制限を設定されたり、ストレスにさらされているとき、この認知的なストレスは強くなった。

グレン・ワイリーらは、次のように結論づけている。

「認知的疲労が増すことでミスが増え、知覚の感度が低下する。そして、より保守的な反応バイアスを採用することで、その低下を補おうとする」

言い換えると、認知的疲労は間違いなく存在しており、適切な知覚や意思決定を損なう。しかし、それ以上に問題がある。「認知的疲労は、保守的な反応によって相殺される」という事実だ。つまり、認知的疲労によって選手は保守的な判断を増やし、結果的に創造性が失われる。そうなれば、相手のDFがプレーを予測するのは難しくない。

再びルイ・ファリアのコメントを引用する。

「強度について話をするとき、集中力の強度についても話をしている。プレーすることは基本的に考えることであり、考えるためには集中力が必要だ。そして、トップレベルの試合について話すときは、集団にとって基準、つまりプレー原則を考慮しながら適応することを指しており、それにはさらに集中力が必要だ」

考えることが意識に近づくほど、集中力を意識的に要求されるほど、認知的疲労の進行は加速する。ヴィセラルトレーニングの仮説は「認知的負荷に対する感受性によって、長期的な認知的疲労を緩和することが可能になる」というものだ。選手たちが直感に従うことで、認知的疲労は軽減されるかもしれない。

例えばストリートサッカーを楽しんでいるとき、何時間でもプレーすることができるだろう。そして、まだ続けたいと思った経験もあるはずだ。友人とストリートサッカーを楽しむ少年たちは、太陽が完全に沈むまでボールと戯れている。

◘モウリーニョは10年以上前から認知的疲労の重要性に言及している

ギャンブルは認知的疲労における解毒剤だ。それとは対照的に、エクササイズ、ドリルトレーニング、アナリティックトレーニングは認知的疲労を加速する。それは逆説的なものだ。アナリティックトレーニングは認知的に複雑ではないが、選手の認知力を奪っていく。試合では全体の感覚に身を委ねるが、ドリルトレーニングでは精神的に停滞してしまう。

試合中の認知的疲労については、どのように考えるべきだろうか？　認知的疲労は単純に意思決定の回数に依存するのだろうか？　それとも意思決定の質に依存するのだろうか？

実際に、意思決定の数が影響を与える可能性は否定できない。試合の進行について、脳内ではブドウ糖の消費量が増えていく。しかし、質的な要素も無視することは難しい。認知的負荷はタスクの複雑性や試合内における不確実性、それを引き金にした感情的要求、ストレスなどに依存している。量的な要素と質的な要素のどちらでも、エラーや不確実性、複雑性との共存に慣れることによって、ヴィセラルトレーニングは認知的疲労の軽減に貢献するだろう。

ジョゼ・モウリーニョは10年以上前から、認知的疲労の重要性に言及しているパイオニアの1人だ。彼は1週間のサイクルにおいて、「認知的疲労について考慮しなければならない」と述べていた。

「週に1試合しかない場合、私は試合の翌日を休養日にする。生理学的な観点からは最も正しいとは言えないが、精神的な観点からは正しい。そして、私たちは認知的疲労を総合的な視点から見る必要がある。試合に近づくにつれて、濃度の面でトレーニングを減らすことが重要だ。中枢神経系の疲労は問題なので、試合に近づくほど、そのレベルでの要求の高いトレーニングを行う必要性が減少する」

4 認知的疲労におけるそのほかの要因

脳の活動について考えるとき、生理学的な研究を無視するべきではない。特定の認知的なタスクは、脳全体でブドウ糖の吸収を10%以上増加させることが知られている。マツイ・タカシらは、次のように結論づけている。

「脳のエネルギー源は血中のブドウ糖だけでなく、星状膠細胞のグリコーゲンも含まれる。特に血糖の供給が不足している場合（例：低血糖）には、星状膠細胞のグリコーゲンが重要な役割を果たすと考えられている。低血糖を誘発する長時間の運動では、低血糖が脳のグリコーゲンの減少を引き起こす可能性がある。皮質では、長時間の運動中に脳のグリコーゲンレベルの低下がモノアミン代謝の活性化と関連しており、これが中枢疲労を引き起こす要因である可能性がある」

クイ・ジエらの研究では、「急性運動の利益は、記憶、注意、実行機能などのさまざまな認知領域、さらには低酸素状態でも十分に証明されている」と報告している。

さらに、一般的には、急性運動がほかの認知領域よりも実行機能に対して肯定的な影響を与える可能性が高いと考えられている。実際、いくつかの証拠が示しているところでは、運動によって引き起こされる急性効果の最大の利益は実行機能において生じる。

「認知神経科学の観点から見ると、私たちの研究結果は、心肺フィットネスのレベルが実行機能に与える運動誘発性の急性効果の変化における影響力のある役割を支持し、フィットネスに依存する効果に関連する神経相関についての予備的な証拠を提供している」

これらの研究は、身体の疲労（または疲労を減少させるためのトレーニング）が認知的疲労にどのように影響を与えるかについては多くを教えてくれるが、トレーニングで適用される認知的負荷自体によって認知的疲労が引き起こされる方法についてはほとんど言及していない。マッツイらは、「徹底的な運動は、骨格筋だけでなく脳でもグリコーゲンの超補充を引き起こす。さらに、私たちは運動による皮質と海馬の基礎的なグリコーゲンレベルの増加を観察した。これらの領域は、運動制御と認知機能に関与している。これは、骨格筋と同様に、脳も代謝的に適応しており、おそらく身体的トレーニングの増大するエネルギー需要に対応していることを示唆している」と結論づけた。心血管パフォーマンスと実行機能の関連性も、ヴィセラルトレーニングに非常に特異的な要素だ。

オリヴィエ・デュピュイらは、次のように報告している。

「年齢に関係なく、より高いVo2maxを持つ個人は、低いVo2maxの人々よりも、コンピュータ化されたストループテスト（「赤」「青」「緑」など色名の単語の意味するものとは別の色で書いているものに対し、単語ではなく印刷した色を読んでいくテスト）**の実行条件で優れたパフォーマンスを発揮する。さらに、この効果は変更**（実行）**の条件に特異的だった。**（中略）**私たちは、ストループテスト中に喚起される脳の酸素化反応が、より高い身体的コンディションを持つ女性において、より低いコンディションの女性よりも大きな振幅であることを発見した。私たちの結果は、右側の下前頭回が、より高いフィットネスレベルの女性において、年齢グループには依存しない効果で選択的に活性化されることを強調している」**

心拍数と皮膚電気活動を測定するブレスレットと認知・感情指標をリアルタイムで計算するコンピュータ化されたソリューション（生理学的データを取得するA1バンド、情報を抽出する信号処理アルゴリズム、文脈を同期するモバイルアプリケーション）などのテクノロジーを統合することで、新しいトレーニングが可能になる。実験室では前述した変数の変化を検出可能だが、サッカーでは心拍数の変化が運動活動そのものや認知・感情にどのように影響するのかを見極めるのは難しい。

例えば、皮膚電気活動は、「特定のプロセスに関する情報を提供する強直成分と相電態成分に分けることができる。相電態成分（皮膚コンダクタンス反応：SCR）は、急激な一過性の変化を測定するもので、認知・感情のプロセスや覚醒に関係する。強直成分（皮膚コンダクタンスレベル：SCL）は、自律神経の背景活動を表し、全般的な活性化と認知プロセスの変化を測定する」。

5 トレーニングと同様に重要な脳の回復

ジャーナリスト「脳波測定による想像された音声の解読システムはいつ現実のものになるのだろう?」

ジェリン・パナチャケル&アナンド・マクリシュナン「これに答えるためには、類似したツールの歴史について考える必要がある。最初の音声認識システムであるAudreyは数字の認識しか行えず、しかも親しい声からのものに限られていた。現代では、Google Voice, Siri, Alexaなどをポケットに持ち歩くことができる。想像された音声を解読するための技術はまだ初期段階にあるが、10年後にはどのように変わり、私たちの生活をどのように変革するのかはわからない。いつかは確実なマインドリーディングシステムを持つ日がくるだろう」

——『フロンティアーズ』によるインタビュー(2021年)

以前は身体のトレーナーだけが存在した。年月が経つにつれて、最近ではこれらが「パフォーマンス」(最大限のパフォーマンスに向けて向上を目指すもの)と「リカバリー」(さまざまな回復と再生戦略を通じてパフォーマンスを最適化しようとするもの）に分割されている。本書では、特に最大限の脳のパフォーマンスを追求することに注力している。これは、必然的な認知負荷に伴う脳の回復プロセスの重要性についての警告を発することを意味しない。

この点において、すでに重要な研究が行われており、例えば経頭蓋直流電気刺激法（tDCS）が使われている（これ自体は新しいものではない。1世紀にはローマの医師エスクリボニオ・ラルゴが、頭痛を和らげるためにシビレエイとその電撃を使用していた）。

ギブソン・モレイラらは研究を行い、次のような結論を導いた。

「本研究では、男子プロサッカー選手12人を対象に、公式戦後の日々における経頭蓋直流電気刺激（tDCS）が心拍数と主観的な幸福感に及ぼす影響を調査することを目的とした。tDCSは左前頭前野皮質（DLPFC）をターゲットにして適用された。これらの結果は、DLPFCへのa-tDCSが幸福感と健康の改善に対して正の効果を持つ可能性があることを示唆している。自律神経の副交感神経マーカーを用いた研究では、tDCSを脳指向の回復を改善する有望な戦略として検証するべきだと考えられている。研究結果は、自律神経と情動制御に関連する脳の領域がこれらの変化に関与している可能性があり、tDCSによる偽薬効果の相互作用効果があるかもしれないが、この効果を確認するためにはさらなる研究が必要だ」

私の著書『グアルディオラ―サッカーにおけるアイデア、創造性、革新の泥棒』では、さまざまなことを予測していた。以下に、新たな予測を加えて共有しよう。

将来、サッカー選手が経頭蓋電気刺激（tES）を行うことは珍しいことではなくなるだろう。すでにスキージャンプ選手、野球チームなどでは、実験が行われている。興味深いことに、スキージャンプ選手では電気刺激装置を使用して準備した場合、コントロール群の18％に対し「ジャンプ力が31％向上した」という結果が出ている。経頭蓋刺激技術の研究は19世紀から始まったが、ここ数年で驚くべき進歩を遂げている。

マインドリーディングを実現するための取り組みが進んでいる

イギリス・ロンドンの研究者マイケル・バニシーとニール・マグルトンが発表した「スポーツトレーニングにおける経頭蓋直流電気刺激」という研究論文では、「適切に使用されれば、tESは多くのスポーツでパフォーマンスの向上に役立つ可能性があり、運動能力や知覚学習、またはトレーニング効率を支援することができる」と述べられている。何百年もの間、身体のウォームアップが行われてきたが、今や心のウォームアップが登場しているのだ。これらのデバイスは、90分のトレーニングセッションの最初の20～30分間に装着する必要がある。その利点は、電気刺激によって脳の可塑性が増し、通常よりも神経細胞が容易につながる状態が作られることにある。創造性の向上には、欠かせないだろう。

アメリカ・ノースカロライナ医科大学の科学者たちは、健康な成人の脳に微弱な電流（10ヘルツ）を流すことで、創造性を7・4％増加させることに成功した。もし利益が証明され、副作用がないことが示されれば、将来的には選手たちはトレーニングセッションの30分前に登場し、脳刺激デバイスでの運動を行うことで、より効果的で効率的なトレーニングを行うことができるようになるはずだ。

ロッカールームで試合の前や戦術的な話し合いの前に、頭にデバイスを装着したサッカー選手を見ることができるかもしれない。脳の回復を改善するために、経頭蓋電気刺激が活用されるのだ。アルゴリズムに基づいて血液および脳脊髄液の生物マーカーの測定結果をもとに、脳に関するポジティブな予測（潜在能力など）も可能になる。現在行われているように、認知症の早期検出などのネガティブな予測を得るためにも利用できる。

サッカーにおいて、脳の学習領域はあるタイミングから加速度的に発達するはずだ。億万長者であり、起業家として知られるイーロン・マスクのニューラリンクなどの企業と提携することで、予測が可能になる。ニューラリンクではすでに、アカゲザルが「マインドポン」と呼ばれるゲームの色パレットを思考で制御することに成功している。

マスクはさらに、対麻痺患者が再び歩けるようになると主張している。ニューラリンクの大きな利点は、脳に埋め込まれた電極によって、皮膚を通過するワイヤーを回避できることだ。脳―コンピュータインタフェースの双方向性は、ケーブルでどのデバイスにも接続される必要がなく、試合での絶対的な自由を可能にするだけでなく、異なる脳領域の操作を強化または緩和することもできるため、「神経科学的なドーピング」と見なされることが多くの議論を呼ぶだろう。

言葉を発することなく、マインドリーディング（心を読むこと）を実現するための取り組みが進んでいる。これは、科学者が追い求める夢の1つだ。ジェリン・パナチャケルとアナンド・マクリシュナンは言う。

「脳の電気活動を利用したマインドリーディングシステムに関する最初の研究は、ドイツの精神科医であるハンス・ベルガーによって実践された。マインドリーディング自体は成功しなかったが、これらの取り組みは脳波測定の発明におけるベースとなった」

数年前から、簡単な単語を読み取ることが可能になった。将来的には戦術的な内容などの特定の思考を読み取ることが可能になり、選手が説明できる明示的な内容と実際に選手が考えていることを比較できるようになるかもしれない。私たちは皆、言葉だけでは思考や感情を完全に説明できないと感じている。

人型ロボットとの対戦はトレーニングマッチよりも難しいものになる？

遠い未来には、トレーニング中の選手の思考が伝達され、運動中に彼らが考えていることをリアルタイムでフィードバックすることができるようになるだろう。これはトレーニングデザインや戦術の改善に役立つ。これを実際の試合に応用するには、さらに時間がかかるだろう。

この予測については、『グアルディオラ──サッカーにおけるアイデア、創造性、革新の泥棒』でも言及した。

「新しい技術は、驚くべきスピードで進化している。これらの技術は指導者の要求に応じて進化し、選手は個人トレーニングにおいて人型ロボットに手助けしてもらうようになるかもしれない。ロボットは、あらゆる分野で生活の一部になっていく」

将来、人型ロボットとの対戦は、現在のトレーニングマッチよりも難しいものになるかもしれない。2050年までには、「ロボカップ」で優勝したロボットのチームが、ワールドカップで優勝した人間のチームを破ると予想されている。この時間軸は、人工知能が人間を上回ると予測されている瞬間（シンギュラリティ：技術的特異点）と重なるだろう。

イギリス・オックスフォード大学未来人類研究所の所長ニック・ボストロムが行った4つの調査の結果によれば、2075年には90％の確率で機械が人間の知性に到達する。1997年にIBMが開発したスーパーコンピュータ・ディープブルーが世界チェスチャンピオンのガルリ・カスパロフに勝利したことを考えれば、非現実的な話ではない。2006年にも、世界チャンピオンのウラジーミル・クラムニクがディープフリッツに敗北した。

さらに驚くべきことに、2016年にはGoogleの子会社ディープマインドが設計したコンピュータプログラムが、世界最高の囲碁棋士である韓国のイ・セドルを破った。専門家は、チェスよりも囲碁は複雑な競技だと考えていた。コンピュータは、自らイノベーションを起こせるのだろうか？人工知能は、すでに自己学習を繰り返していくアプローチを習得している。

アルゼンチンの起業家で、エンジニアとしても知られるサンティアゴ・ビリンキスは、次のように述べている。

「ディープラーニングとして知られるこれらのメカニズムの背後には、人間の脳機能に触発された302の人工的なネットワークがある。これらのコンピュータの多くの特性は、その創意工夫と創造性によって、人間の能力との類似性を示している」

イギリスのスポーツ研究所で、パフォーマンス解決部門のディレクターを務めるマーク・ジャーヴィスは、ほとんどのスポーツが意思決定に基づいていると考えている。勝者と敗者の違いは、彼らが行う意思決定だ。人工知能が進化し続ければ、刺激を検出し、解決策を発見する能力において、私たちの脳を上回るかもしれない。そうなれば、人型ロボットがサッカー選手を上回るだろう。

アメリカのコンピュータ科学者マイケル・リットマンは、次のようにコメントしている。

「人間はあまりにも多くのことに長けすぎているが、どれにおいても最高ではない。問題

の一部を解決することが明確に定義された場合、その目的のためのハードウェアやプログラミングは一般的な人間の知性を上回るだろう。特化は1つのタスクにおいては効果的になるが、ほかのタスクにおいてはより効果的ではない」

この予想をベースに考えると、サッカー選手が人型ロボットとトレーニングする未来があるかもしれない。本書を執筆中に、イーロン・マスクが1メートル68センチの人型ロボット「テスラボット」を発表した。危険で反復的、退屈なタスクを実行することに長けたこのロボットは、68キロの物を持ち上げ、時速8キロメートルで走ることができる。

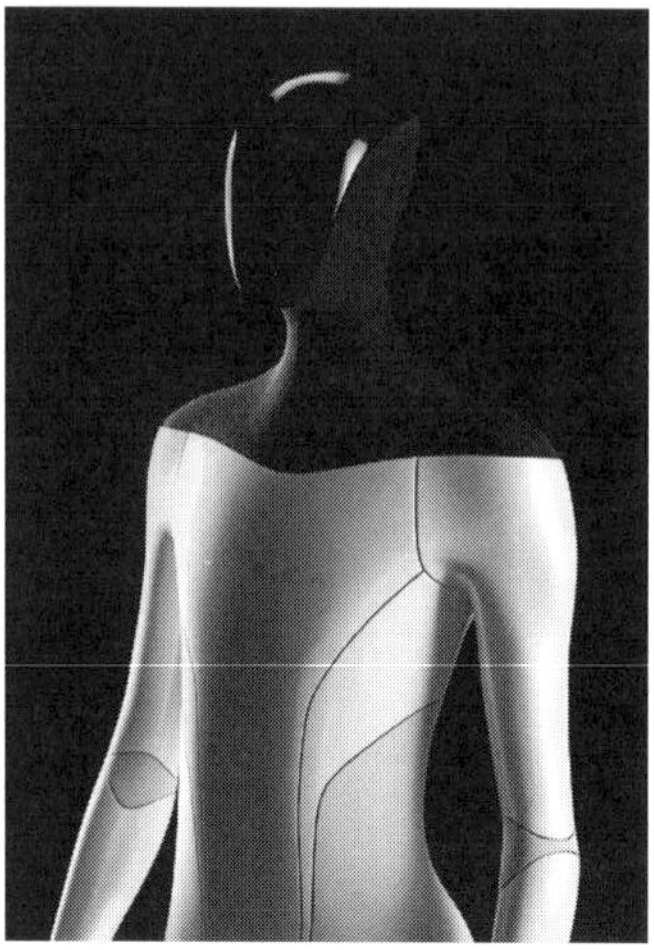

テスラボット

もちろん、まだリオネル・メッシのようにサッカーをプレーすることはできない。しかし、テクノロジーは驚くべきスピードで進化している。トレーニンググラウンドに、シンプルなタスクを任されたロボットが現れる日は、そう遠くはないのかもしれない。

第10章

テクノロジーとイノベーション

FOOTBALL VISCERAL TRAINING

1 テクノロジー・イノベーション・ヴィセラルトレーニング

「試合によって、意思決定力は向上する。サッカーは経験を通じて、学ばれるべきだ。プレーすることで向上する。より多くの状況を認識することで、その状況を識別することで決定し、実行できる可能性が高まる」

――フアン・カルロス・オソリオ（ザマレク監督）

本書の目的は、最新のテクノロジーを導入することでヴィセラルトレーニングを追求することではない。「研究室から実際のピッチへ、LEDからボールへ」と私は主張してきた。最新のテクノロジーは重要な補完要素ではあるが、選手の脳処理能力を向上させるために不可欠なものではない。テクノロジーはフィールド上で特定の作業を補完するものであり、それらに取って代わるものではないということだ。

例えばベルギー代表のストライカー、ロメル・ルカクはインテル時代にボールを30～40キロメートルで射出する装置のおかげで、「相手を背負った局面での判断力が向上した」とコメントしている。

「以前は、自分をマークしているDFよりも反応が遅れていたが、今では、DFの2秒前にプレーできる。今では、バスケットボールのシャキール・オニールのようにプレーしている」

ここでは、テクノロジーは選手に関連している。射出されたボールをトラップし、味方にパスをしなければならない。「SART」というツールがある。これは反応時間と予測する能力を測定するソフトウェアで、視覚的選択への反応時間、複雑な視覚的選択への反応時間、聴覚的選択への反応時間、複雑な聴覚的選択への反応時間、そして高速・低速のボールへの予測能力を評価する6つの感覚的・認知的なテストから構成されている。

また、「Sparq Strobe」というツールもある。これは数年前にナイキが開発した技術で、主にアーチェリーの選手が反射神経と視覚パフォーマンスを向上させるために使用される。将来的には、サッカー選手にも標準化されるかもしれない。

一時的な視覚の遮蔽は、脳が連続的かつ迅速に再処理を行うように強制し、すでに処理されていると思われていたものを再処理することになる。つまり、知覚的に確立したところに疑問符を加えることで、脳に再び計算、予測、仮説を行わせるのだ。感覚的なトレーニングは情報を効率的に処理するのに役立ち、反応時間を短縮し、チームメイトやライバルを識別し、実行のための余分な時間を得るのに役立つ。

強化プログラムを使用して、非対称な知覚フィールド制限を持つ選手に対して、レンズをプログラムすることで弱い側の周辺視野を刺激することができる（強い側だけを隠蔽する）。同様の機能は、知覚・意思決定・アクションが一方に偏る傾向がある選手にも適用できる。瞬時の側面的な遮蔽によって、弱い知覚を強化し、それによって弱い意思決定・アクションを強化することが可能になるだろう。側面の視野だけでなく、視野の高さ・方向を制限することもできる。

例えば、ボールをコントロールするために下を向く傾向がある選手には、レンズの下部領域で遮蔽が発生し、彼に「上を向いている必要がある」ということを思いださせる。これらのレンズは、個別のビデオ作成を可能にする。トレーニングの中断時に、各選手は同じトレーニングセッションに関するビデオ（リアルタイムで編集される）や以前に編集されたトレーニング内容に密接に関連するビデオを視聴することができる。これらのビデオは完全に個別化された映像になるだろう。

レンズにはマイクと聴覚機能が搭載され、フィールド上の適切なトレーナーとリアルタイムで相互作用することが可能になる。したがって、MFはビデオを受け取るだけでなく、トレーニングを中断することなく指導者と対話することができる。この点で、再び強調すべきことがある。概念的な刺激は、環境的な刺激をできるだけ遮断しないようにする必要がある。したがって、最小限の中断で概念的なものと環境が相互作用することを可能にする技術ツールが求められる。NFLのトレーニングで使用されているロボットも、ヴィセラルトレーニングとそれに伴う知覚的および意思決定的な影響の増強に非常に役立つだろう。

これらのテクノロジーを利用できるようにすることで、トレーニングデザインを無限に豊かにすることができる。SART、Sparq Strobe、NFLロボットなどは、フィールド上での認知トレーニングの補完として使用される限りは非常に有用だと思うが、決してそれらの代替手段として使用すべきではない。なぜ補完であり、代替ではないのだろうか？

なぜなら、これらのツールは個人内の変動性を追加するが、ヴィセラルトレーニングは個人内および個人間の変動性を追加し、選手は両方に同時に適応する必要があるからだ。技術革新の波は止められないものの、私の望むほど速くは進んでいない。

ジャージの色が変更可能になるようにスペースのサイズも変更可能になる

2019年2月、NBAは「未来のスマートシャツ」を発表した。それは、番号や名前を自由自在に変えることができる（スマートフォンを使用し、ステフィン・カリーやマイケル・ジョーダンの名前や番号を変更した）。

このようなNBAの技術革新とマーケティングの取り組みがヴィセラルトレーニングと何の関係があるのだろうか？　この技術がジャージの色を変えることを可能にすると、認知トレーニングがますます認知的になり、選手たちは感覚、知覚、および意思決定能力を刺激する数百万の異なる状況に適応する必要があるということだ（研究によれば、人間は何かを見た瞬間に無意識の判断を行う。そして最も驚くべきことは、その判断の90％以上が主に色に基づいているということだ）。現在のトレーニングセッションで行う必要があるシャツ（またはビブス）の変更は、スマートフォンの画面から行うことができるようになる。これにはいくつかの利点がある。

❶現在、変更は予測可能であり、選手は変化を知った状態で活動を再開する。この技術では、変更は選手にとって予測不可能になるため、変化に対応するスピードを加速させることが効率的なタスクの解決に不可欠となる

❷現在、ビブスの変更は試合を停止させる。この技術では、試合を停止することなく同じ試合の異なる組み合わせを行うことができる。これは、ロシアの生理学者で現代運動科学の基礎を作ったニコライ・ベルンシュテインの「反復のない反復」を実現するための方法の1つだ

❸概念的で、明示的な宣言は後回しにされる。急な変化ごとに即座の洞察力と自己組織化の必要性が刺激される。環境に常に適応する脳が存在する

❹変動性、カオス、不確実性が最大限に活かされる。適応するが、その後に再び適応する必要がある。カオスを解決するが、再び現れる。不確実性を最小限に抑えるが、何度も戻ってくる。これ以上ないほど柔軟な脳を作るための最善の方法だ

ジャージの色が技術的なデバイスから変更可能になるように、同じ試合が行われている間にスペースのサイズも変更可能になり、設定を変更することができるようになるだろう。体育館や屋内スポーツ施設で見られるようなこれらの技術は、サッカーフィールドにも到達する。したがって、例えば円形の範囲内でプレーし、あとで長方形になり、その後は菱形になる。これは選手に通知せずに行われるため、彼らは環境との調和を図るために非常に注意を払う必要がある。

次の段階では、ゴールにも変動性が追加される（サイズの変更、方向の変更、単一ゴールから複数のゴールへの変更など）。試合を停止することなく、さらには、ゴールした選手に明示することなく変更することができるようになるだろう。

ベルンシュテインの「反復のない反復」は、私が「知的な反復」と呼んでいるものだ。反復はある。しかし、状況に合わせて調整されている。ヴォルフガンク・シェルホルンが指摘するように、「情報は違いからしか得られない。つまり、繰り返し自体が価値を持つのではない」ということだ。同じことが繰り返されるが、常に異なる形で行われる。

スティーブン・ナフマノヴィチが言う。

「実際に音楽には『楽譜』と呼ばれるものはない。楽譜はピッチを表す抽象的なシンボルであり、それは実際の音だ。何千もの音楽を奏で、すべてが異なるものになる。何も標準化されることはない。各事象は独自の振動的な試合だ。（中略）すべての感動とすべての動きは、音楽家の最も小さな無意識の衝動を反映している。ヴァイオリンには何も隠されていない。シミュレートすることは不可能だ」

感覚的な運動に戻ると、私たちは選手の知覚的適応を自身に対しても促す。サッカー選手は自分

図58：知覚を鍛えるヴィセラルトレーニング ①

1

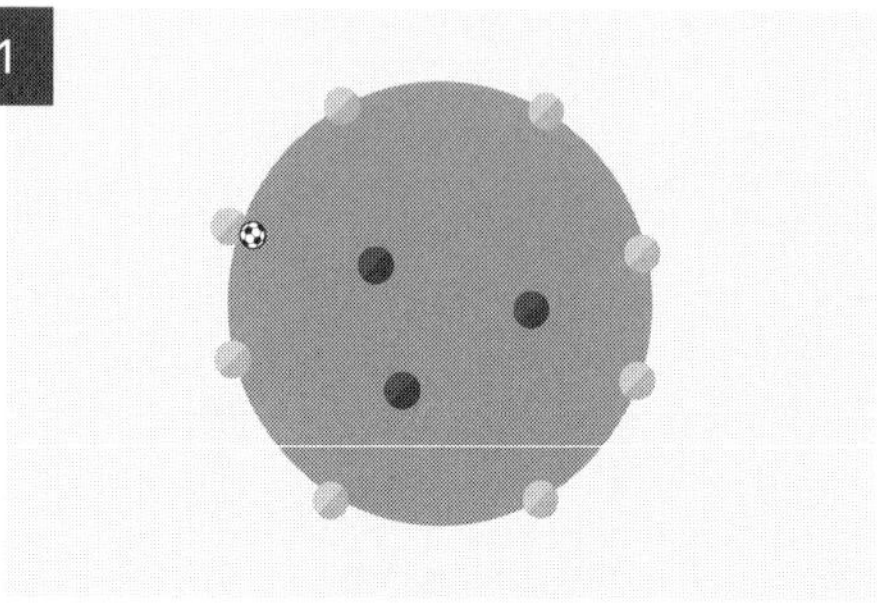

8対3のロンド

2

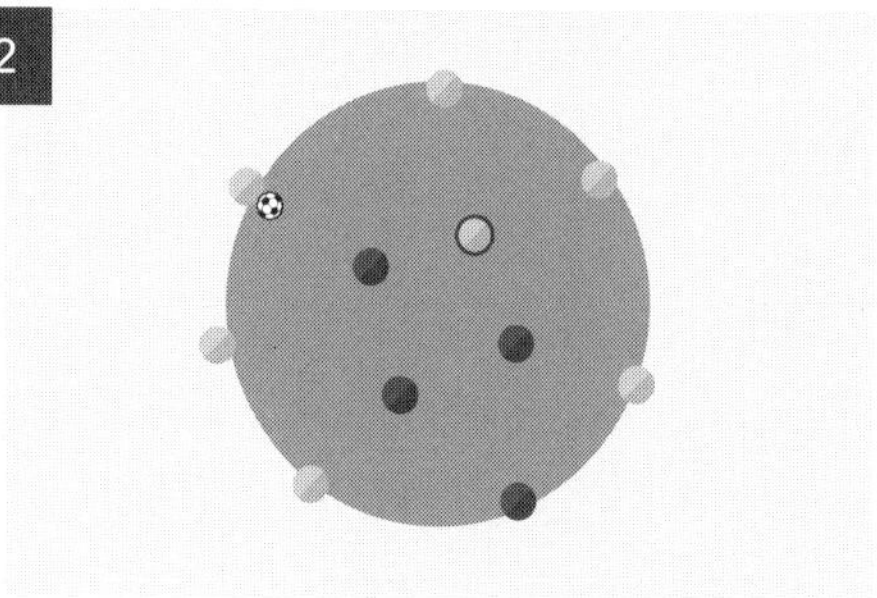

■のトレーニングと同様だが、8対3から選手が役割を交代することで7対4のように変化する

3

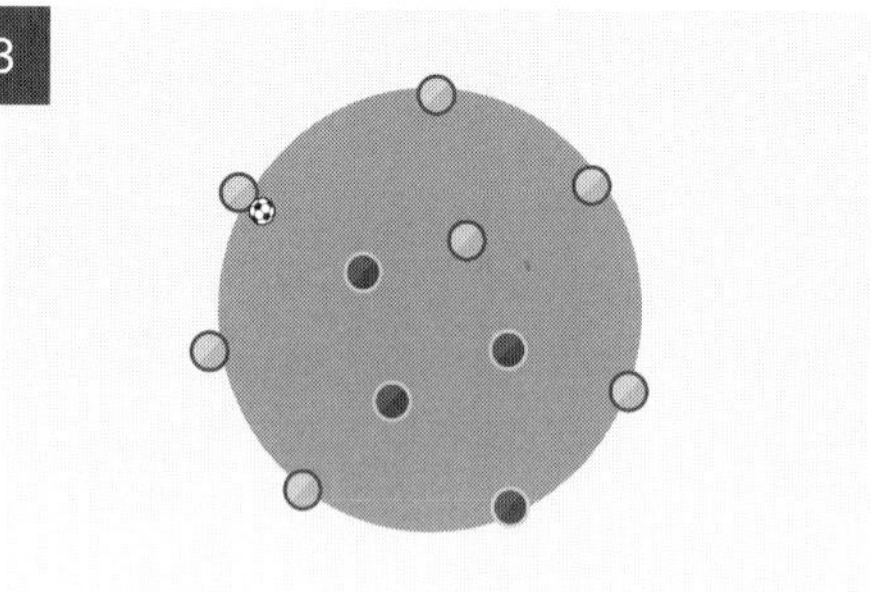

8対3と7対4が継続的に変動するトレーニング

4

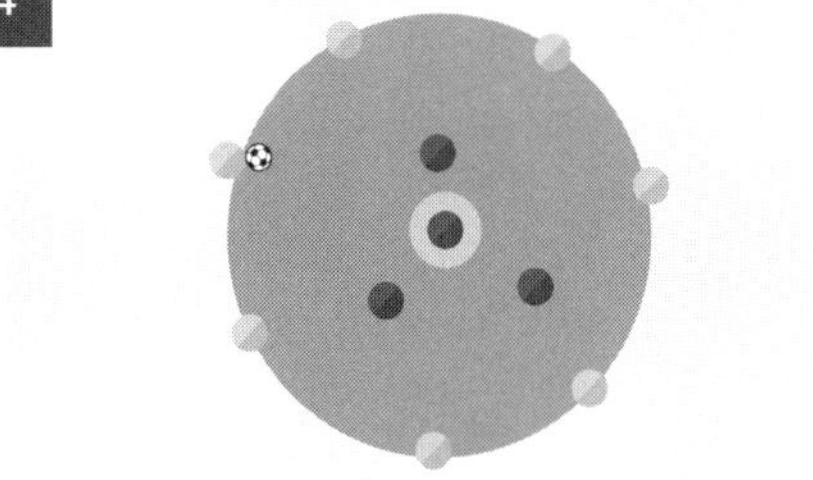

7対3＋ランダムで参加する
攻撃側のフリーマン

5

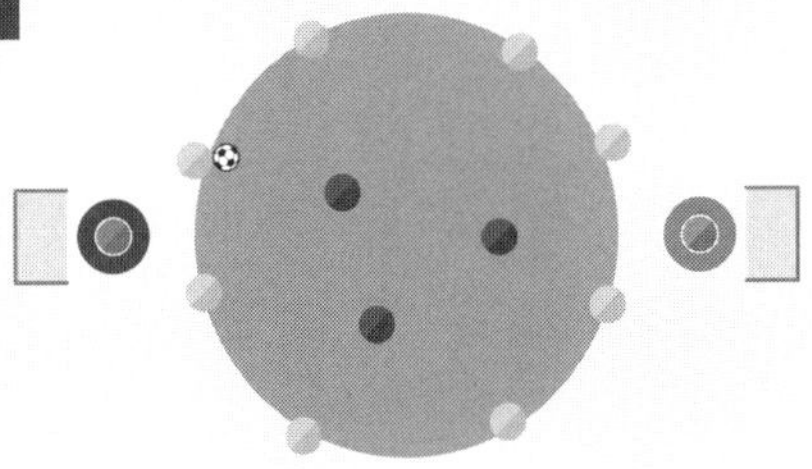

ロンドが試合に変化するが、
選手たちは誰が味方になるかが
わからないトレーニング

6

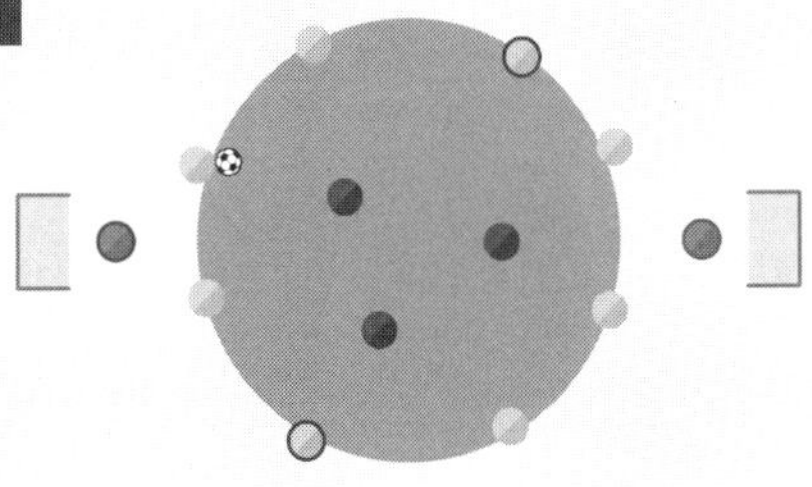

5のトレーニングと同様に
ロンドが試合になるが、
攻撃側のフリーマンが加わる

トレーニング動画

図59：知覚を鍛えるヴィセラルトレーニング ②

1

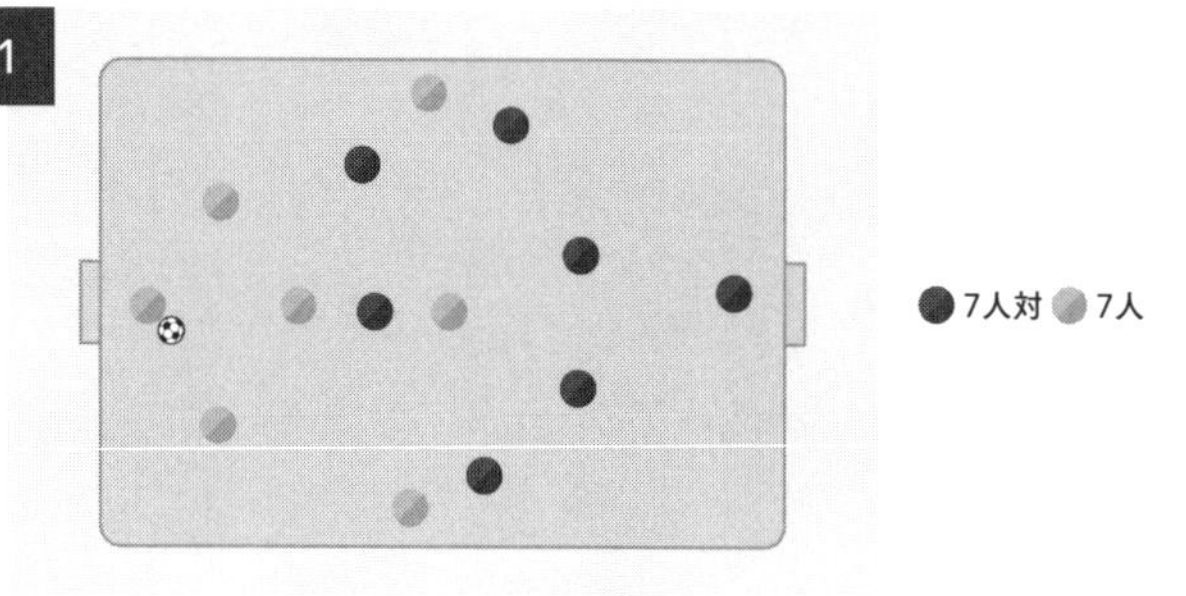

2

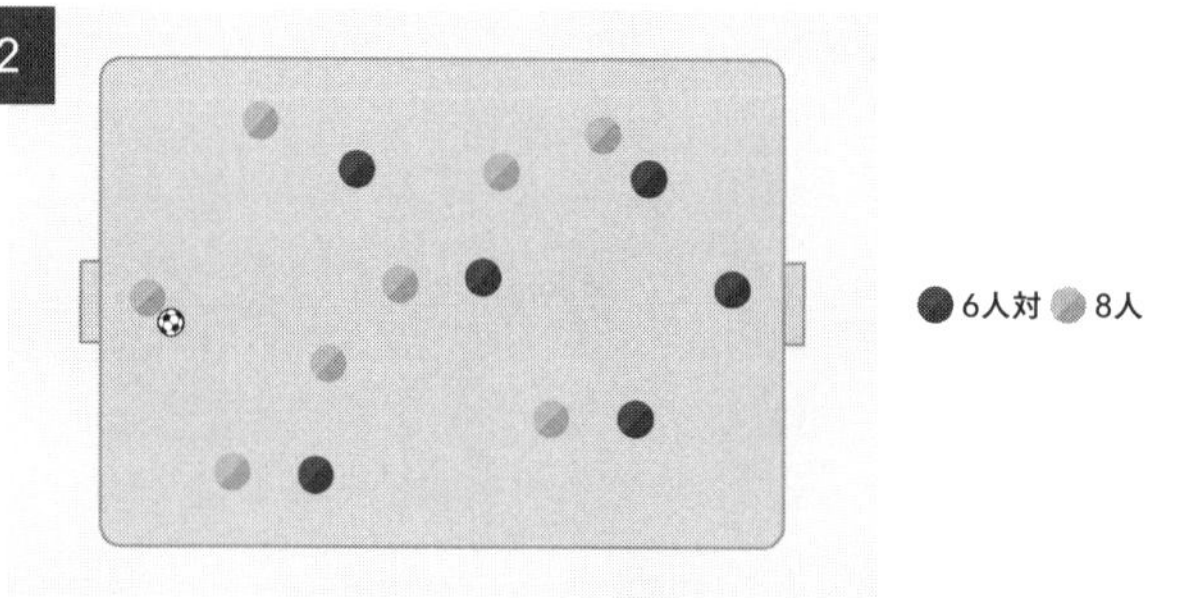

3

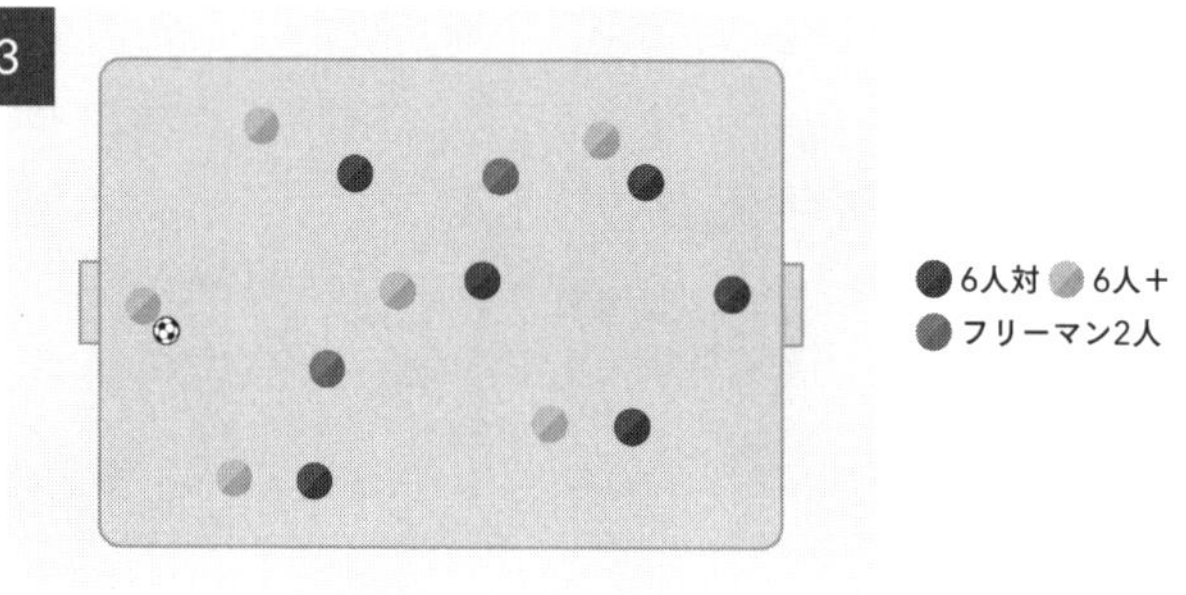

4

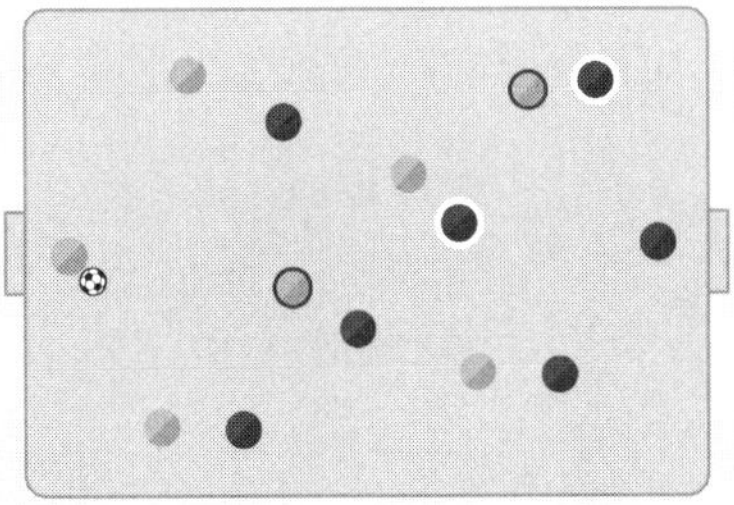

5人対 5人＋ランダムに
or に色が変わる
4人の選手

5

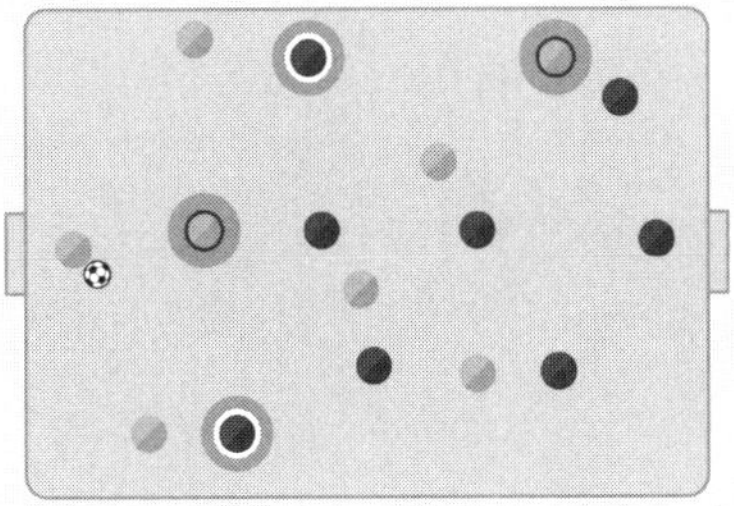

5人対 5人＋ランダムに
or or or に
色が変わる4人の選手

トレーニング動画

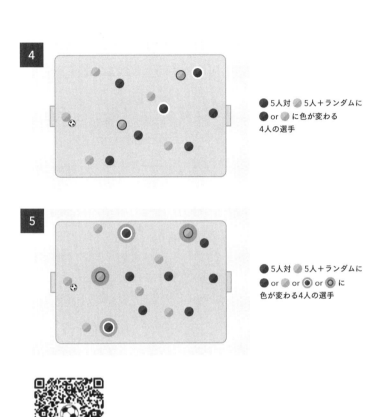

図60：知覚を鍛えるヴィセラルトレーニング③

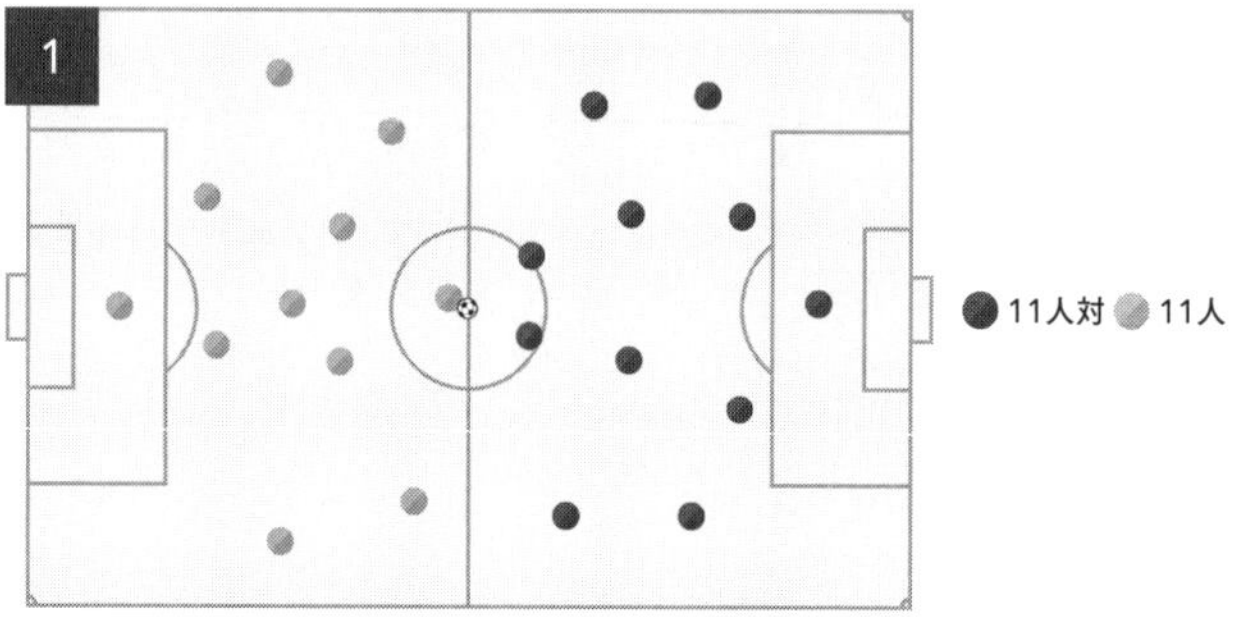

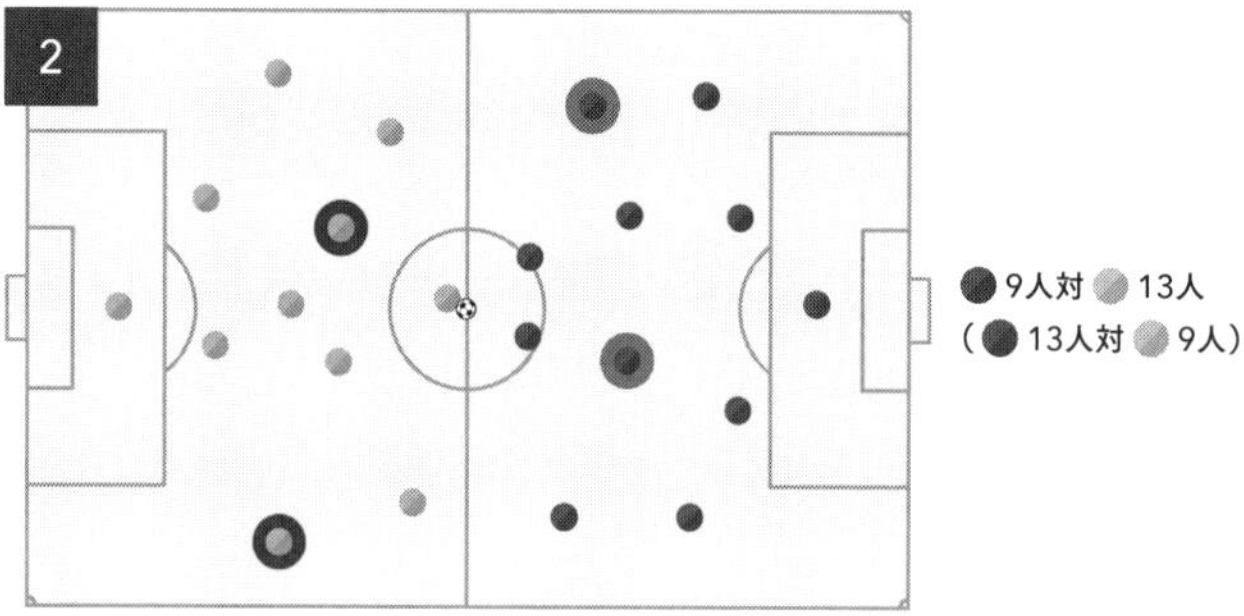

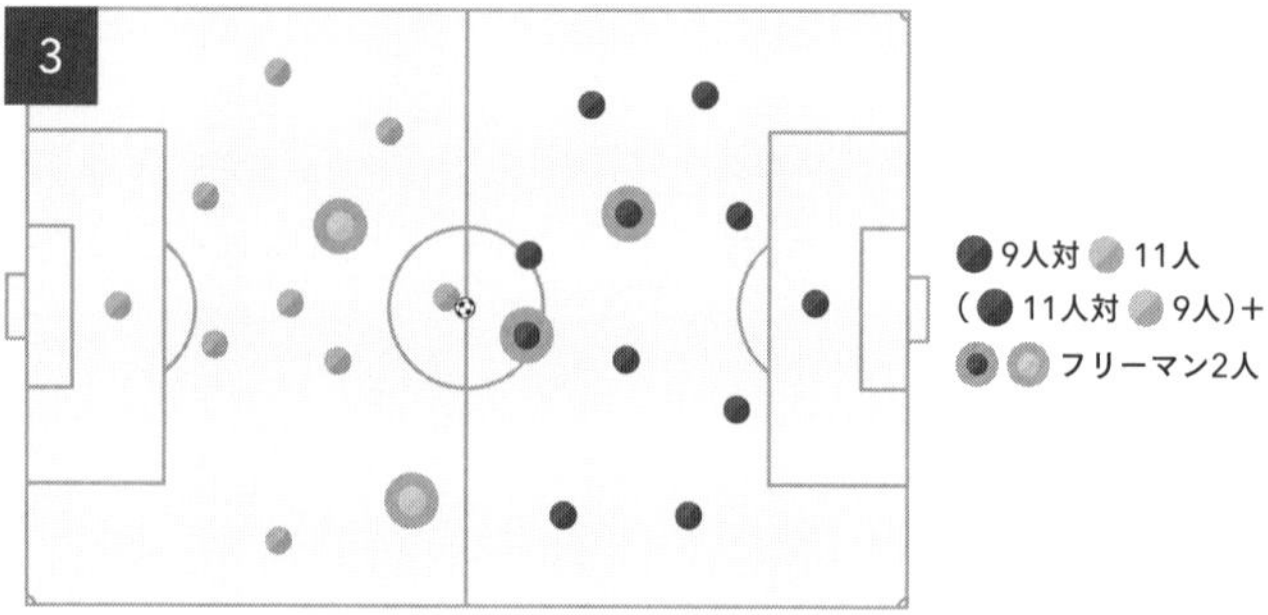

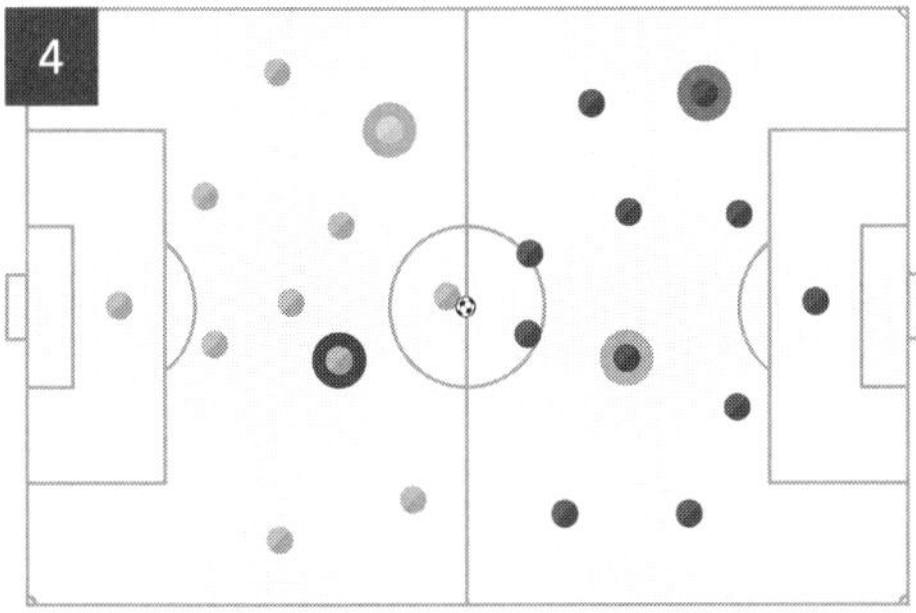

9人対 9人＋
フリーマン2人＋
ランダムに or に
色が変わる2人の選手

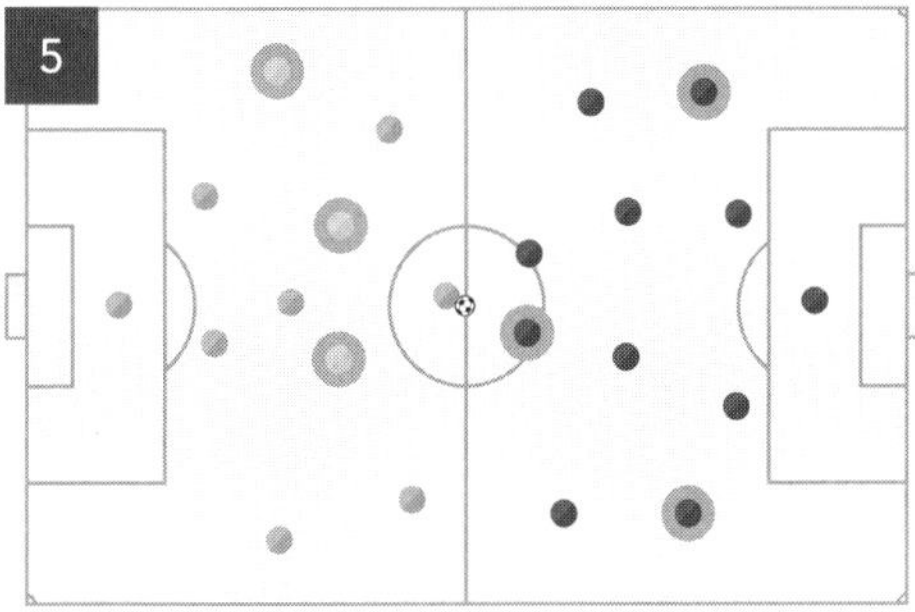

8人対 8人＋ランダムに
に色が変わる3人の
選手＋ランダムに or に
色が変わる3人の選手

トレーニング動画

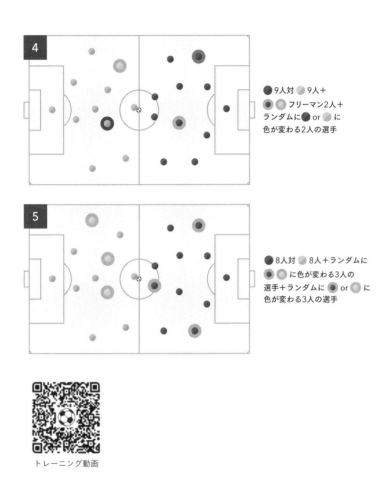

のジャージを見ない。しかし、今ではそのジャージに注意を払う必要がある。そして、その小さなタスクはすべての脳処理を変える。無意識と意識の状態を動的に行き来させるのだ。さらに、そのジャージへの注目（もし周辺視覚だけでは不十分な場合）は、彼らが試合を見失うことを強制する。したがって、再開したいときには、再びその全体のシナリオを理解する必要がある。これらは異なる脳のプロセスと、プロセスに応じた適応の多様性に対する挑戦だ。したがって、NBAの技術を活用することで、トレーニングを中断することなく選手に予測不可能な順序を構築し、選手の知覚機能を鍛えることが可能になる。これによって、試合を中断せずに選手を驚かせることができる。

選手に求める知覚的および認知的適応が速いほど、引き起こす変化はより速く、よりランダムになる。サッカー（およびほかのスポーツ）へのトレーニングの無限の可能性を実現できることに気づいただろうか？　さらに、この技術の潜在能力をヴィセラルトレーニングと組み合わせることで、変動性と戦術的適応性を提供できる。

これらの技術はサッカー選手のトレーニングにとって未来的だが、アシスタントコーチが連続的に色つきのビブスを選手に配布する形でも同じトレーニングを設計できる。しかし、予測不可能性は低くなり（チームメイトがビブスを変えるのを見ることができるため）、ランダム性の速度も低くなる（自動的に色が変わるのではなく、選手がビブスを交換するため）。予測不可能性とランダム性の速度が低くなることにより、これによるカオスと知覚的・認知的負荷は、NBAの先端的なビブスを使用したときよりも低くなる。

それでも、この方法でトレーニングすることによる知覚的・認知的な利益は、この方法でトレーニングしない場合よりも大きい。また、すべての選手がランダムに役割をローテーションする必要がある。カオス、変動性、不確実性に対する適応性は、チームメンバーのすべてが習得する必要がある。

テクノロジーがなければ指導者は何もできないのだろうか？

アルベルト・カントンらによる研究は、「一時的な数的不均衡の利用は、指導者に対してよりダイナミックなトレーニング状況と試合に似た異なる適応性のあるトレーニング環境を提供する可能性がある」という結論に至っている。

どの技術も否定したり軽視したりすべきではない。単に、サッカー選手をトレーニングするためのより特異性を提供する技術が高く評価されるべきだ。魚を水から出すために、テクノロジーがある訳ではない。それは選手を、現実から遠ざけるためにある訳ではない。魚をより良くするために、海から追い出す人がいるだろうか？　水中から引き離された魚は、魚ではなくなってしまう。フィールド外のサッカー選手は、サッカー選手ではなくなってしまう。テクノロジーは、選手をプレーの中で良くするために存在している。

ユニフォームの色の変化とスペース構成の変化（最終的にはゴールのサイズと位置の変化）を組み合わせた場合、タスクの設計における変動性と複雑性のレベルを想像してみたい。テクノロジーがなければ、指導者は何もできないのだろうか？　答えは、ＮＯだ。創造的にトレーニングをデザインする限り、常に多くのことができる。ここでは、いくつかの簡単なヒントを紹介したい。

❶薄くて軽いビブス（または背番号）を着用し、ビブスを脱ぐことによるトレーニング。バスケットボール選手が長いズボンを脱ぐように、迅速にビブスを着替えなければならない。時間を無駄にすることはできない

❷最も優先すべき色と2番目に優先すべき色を決定し、違う色のビブスを着た状態で行うトレーニング。選手は最優先の色に従って決定し、その後に2番目に優先される色を確認することが求められる

❸ビブスから異なる色のパッチを取り外す（または追加する）トレーニング

❹靴下やスパイク、または水泳帽子を被らせ、その色に基づいて検出することが必要になるトレーニング

これらのヒントを活用することで、多様なトレーニングセッションが設計できるはずだ。

2 サッカーにおける仮想現実と拡張現実

「仮想現実（VR）のスタジオは頻繁に、自動化された運動から得られる情報が環境の特徴やタスクの目標と統合されるという、実世界における重要な側面をシミュレーションすることに失敗する」

*Park, Dudchenko,Donaldson（2018）

アメリカの神経科学者デイヴィッド・イーグルマンは、「神経可塑性、つまり脳が自分自身を再構築する能力によって、私たちはあらゆる感覚を解釈することが可能になる。それを利用して、サッカーの世界を新しい感覚で捉える方法を創造する」と述べている。技術革新のおかげで、知覚能力を仮想現実の環境や拡張現実の環境でトレーニングできるようになった。

仮想現実では、サッカー選手は仮想環境と対話している。拡張現実では、サッカー選手が経験する仮想環境が実世界の環境に重ね合わされる。ヴィセラルトレーニングでは、サッカー選手が経験する実世界に、1つまたは複数の実世界環境が重ね合わされる。拡張現実は、知覚を拡大することを目指している。それは、ヴィセラルトレーニングが本当に求めるものだ。

サッカー選手の知覚能力を向上させるために仮想環境で拡張現実を追求することは、現実の環境でその拡張現実を引き起こすことができるという点では逆説的ではないだろうか？ 結局のところサッカー選手は実世界でプレーするので、仮想環境ではなく実世界でのことだ。真実の拡張現実は、実世界と仮想現実を組み合わせたものだ。ヴィセラルトレーニングは、実世界に実世界を追加する。

第11章

制約

FOOTBALL VISCERAL TRAINING

1 ヴィセラルトレーニングはなぜ伝統的なタスクの制約ではないのか？

「バルセロナに到着したとき、ある指導者が私に言った。ここではボールを味方にパスしなければならず、2回のタッチでプレーし、ドリブルをあまりしないようにしなければならない」

――リオネル・メッシ（アルゼンチン代表、インテル・マイアミFW）

「EUROという大会は、私たちに戦術的な流行を教えてくれる。特に試合の集団的な概念が、精緻化している。それは制御とパスだ。制御とパスが行われる基準は、別の話だ。狭いスペースでのトレーニングは、スピードと正確性を増加させている。しかし、私たちは私たちから奪っているものを考えるべきときがきたと思う。指導者たちは、選手がますます大胆さを失っていると言う。それは、彼らがトレーニングで何度も同じことを繰り返すことに避難しているからだ。私たちが選手たちにただ『もっと速く』と叫ぶだけでは、彼らは試合で必要な時間を作ろうとはしない。私たちが『1タッチ』と命令すれば、彼らは

試合で大胆にドリブルしようとはしない。たとえフリーな選手でも、フリーなチームメイトを探すことに固執していると、自分がフリーな選手であることを忘れてしまうのだ。これが心でサッカーを教えるという問題だ」

――ホルヘ・バルダーノ（元アルゼンチン代表FW、『エル・パイス』紙、2021年）

この時点では、読者はヴィセラルトレーニングのことを「制約をリソースとして利用するトレーニング」であると考えるかもしれない。しかし、ヴィセラルトレーニングの制約は従来の制約とは異なっている。ヴィセラルトレーニングは、従来のタスクにおける制約を検証しない。例えば、有名な「2タッチでのゲーム」は、コンビネーションを奨励するために世界中のトレーニングセッションで使われている。

ヴィセラルトレーニングでは、どんなタスクにも強制されたり制限されたりしない。むしろ、その逆だ。やりたいこと、好きなこと、出てくることは何でも許容される。制約はタスク自体から与えられる。ただし、実行上の制限ではなく、活動自体から生じる制約だ。なぜなら、実行上の制限は、同時に認知的な制約になるからだ。

もし3回のタッチでプレーしたときに、トレーニングの制約自体が2回のタッチを求めている場合、活動自体が罰として（ボールの損失という形で）私たちを罰し、進化的な教訓を残す。選択的な圧力（マルセロ・ビエルサの言葉で言えば「過ちの代償を払わされること」）によって、ボールを迅速に手放すようになる。なぜなら、この状況が何度も繰り返されると、チームメイトは私たちにボールを渡さなくなり、指導者も試合で私たちを使わなくなるからだ。世界中のどの指導者も、ボールに触れるたびにボールを失う選手を起用しない。

命令を避け、選択的な圧力を促進する。命令を避け、プレーのスペースを狭めることで、スペースがギリギリで2回のプレーを可能にするようにする。もしスペースをさらに狭めれば、彼らはおそらく1回のタッチでプレーするだろう。

「2タッチのゲーム」では、脳が無意識の選択を行使する自由がない。そこには、義務が存在する。これは古典的な条件づけだ。試合がボールを20メートル運ぶように求めている場合でも、2回のタッチをプレーする。それは意味のある学習ではなく、制限的な学習だ。何かを学ぶこと（2回のタッチをプレーすること）で、ほかのすべての学習が停止する。ヴィセラルトレーニングは、自由があり（タッチの数を自由に探求できるため）、そして制約もある（タスクの増加条件により、いずれにせよボールを早く手放す必要があるため）。

必要になるのは「プレーするために機会（いつ・どこで）を発見する」こと

では、本当に「2タッチのゲーム」を試合と呼べるのだろうか？　制限を選手に強制する息苦しい義務を課す代わりに、ほかの方法を見つけるほうがいいだろう。方法としては、「2タッチでプレーしなければならない」という指示ではなく、選手が自ら発見し、同じ状況で1タッチ、2タッチ、または3タッチのプレーの違いを見つけることができる方法だ。「本当の試合」における論理は、プレーする義務とは関係がない。必要になるのは、「プレーするために機会（いつ・どこで）を発見する」ということだ。2タッチでプレーしなければならないという義務は「いつ」を排除する（常に2タッチでプレーしなければならないため）。また、「どこで」も排除される（どこでも2タッチでプレーしなければならないため）。

トップレベルでも、2タッチでのプレーが1つの基準になっているのは事実だ（例えば、UEFAチャンピオンズリーグの決勝でバイエルン・ミュンヘンがPSGと対戦した試合において、チアゴ・アルカンタラは最も頻繁に2回のタッチ＝29回を使用した）。しかし、当然それ以外のタッチ数でもプレーしなければならない。チアゴ・アルカンタラのタッチ数は、1タッチが24回、3タッチが22回、4タッチが3回だった。これは、実際のフィールド上でも現実となっている。

元イタリア代表の監督チェーザレ・プランデッリの逸話を紹介したい。

「試合の中では、やや無秩序なことが起こることがある。その例を紹介しよう。パルマとの試合で、アドリアン・ムトゥがゴールに背を向けたままフィールドの中央でボールをもらった。そのとき、私は『プレーしろ（1タッチで味方に預けろ）』と指示した。しかし、彼はボールをキープしながらプレーを続け、マークした選手を欺きながらゴールに向かい、さらに2人をドリブルで抜くと、そのまま最終的にはゴールを決めた」

これは、示唆に富んでいる。「当然のこと」のプログラミングは、「不適切なこと」を無効にしてしまったのかもしれない。しかし、実際にはゴールは適切な選択ではなく、不適切な選択から生まれた。相手チームは適切なものに対して適切に対応する準備ができていたかもしれないが、不適切なものには準備ができていなかったのかもしれない。これがアドリアン・ムトゥ独自の貢献の説明であり、なぜ台本から外れることが非常に有益であるかの説明になるのかもしれない。

ムトゥは瞬間の感覚に合わせて調整を行い、「正しい解法のマニュアル」から離れた解決策を感じた。彼は既存の解法をプレーするのではなく、現在の問題に対してプレーし、それによってより破壊力があり、驚きをもたらし、何よりも効果的な新しい解決策を見つけたのだ。

アルゼンチン代表の監督だったビエルサは、信じられないほどの才能を持つFWアリエル・オルテガを招集した。しかし、詳細に指示をするビエルサの性格は、オルテガの自由なプレーと即興的な解決能力には合っていなかった。

アルゼンチンのサッカー番組のプロデューサー兼ジャーナリスト、ロブ・アボイアンによれば、以下の対話が行われたという。

ビエルサ「冗談を言っているのか？」

オルテガ「何も理解できないんだ！」

ビエルサ「20分後に君を交代させたとしても、文句を言わないでくれ！」

オルテガはビエルサの指示を注意深く聞いたが、試合の日には自分の本能に従った。それにもかかわらず、彼は試合で最も優れた選手の1人となった。ムトゥのようにオルテガは自分の感覚に従い、素晴らしいパフォーマンスを披露した。

1タッチまたは2タッチは無意識の反応や正しい反応から私たちを遠ざける

制約の観点だけで考えるのではなく、その制約がどのような脳の処理を引き起こすかについて考えることが重要だ。ここで私たちが求めているのは、迅速で無意識的で直感的な脳の処理だ。もし私たちが誰かに2タッチでプレーするように強制すると、意識が介入してその命令を強化するために脳をほかのタイプのより遅い、より意識的で直感的ではない脳の処理に向かわせてしまう。これはまさにヴィセラルトレーニングが求めるものとは逆だ。特定の神経科学的根拠（フィールドの神経科学）からこれらの処理を証明するのは確かに困難だが、遅かれ早かれ証明されるだろう。私が発見した、最も近い神経科学的な説明は音楽に関するものだ。

ダイコク・タツヤは次のように結論づけている。

「機能的磁気共鳴画像法の研究では、定義された音階での即興演奏によって背外側前頭葉皮質（dlPFC）が活性化した。参加者は作業記憶に音の選択肢を保存しなければならなかっ

ためだ。一方、自由な即興演奏はdlPFCが活性化しなかった。参加者は暗黙的学習を利用し、上位から制御することが難しい即興演奏を作り出すことができるからだ」

ここから、以下の類推が可能になる。

❶「定義された音階での即興演奏」は、2タッチのプレーに似ている（dlPFC）。サッカー選手は2タッチという選択肢を、作業記憶に保存する必要がある。この2タッチの傾向は、知覚—行動と循環の自然な結合を永続的に抑制することになる

ジョン・ダイアーらは、次のように結論づけている。

「知識に関連する技能は、記憶の適用ではなく、タスクの力学との知覚—行動の関与を通じて主に普及する」

❷「自由な即興演奏」は、ヴィセラルトレーニングにより近いものだ。dlPFCは活性化しない。サッカー選手は暗黙的学習を利用して、上位からのdlPFCの制御が難しい即興演奏を作り出すことができる

ジョン・バーグはダニエル・ウェグナーとロビン・ヴァラッシャーの考えに依拠しており、「何かをしないようにすること」の結果を発見した。

「何かをしないように努力するとき、私たちは意識的に何かをしないという考えを心に留めなければならない。それによって、望ましくない行動が心の中で活発になり、意識的にその行動をしないように努力するときよりも、さらに活発になることがある。望ましくない行動を強制的に抑制しようとする試みは、私たちが注意を払い、積極的に抑制しようとしている限りは問題なく機能する。しかし、私たちが疲れて集中力を欠いたりすると、望ましくない行動が起こる可能性が高くなる。なぜなら、それらは私たちの心の中では活発でアクセスしやすくなっているからだ」

この形の制約を通じて、私たちは何度もほかの行動（例えばドリブル）を抑制する。私たちは意識的にドリブルを抑制することを強制する。ドリブルを避けることは、選手の賢明な決断ではない。それは、私たちが意識的にその遵守を監視する必要がある義務によるものだ。何百回もの制約の反復のあと、その行動を意識的から無意識的へと徐々に移行することができるかもしれない。しかし、何度も言うが、それは現実の文脈外で学ばれる。なぜなら、試合は常に2タッチをするよう求めている訳ではないからだ。

ステファン・ボードらは、次のように述べている。

「タスクの指示によって外的な証拠が排除された場合、意思決定者は選択の履歴など、潜在的に意識されず、一般的に実験によって隠されているような微妙な文脈情報を証拠として使用することができる」

言い換えると、無意識は常に参加し、第三者によって課せられる干渉があっても私たちを助けようとする。無意識は、特定の状況で1タッチをすることが適切でないことに気づき、その方向に私たちを導こうとする。しかし、強制的な選択肢が直感的な選択肢を置き換えてしまう。

このような制約は、「安定して時速30キロメートルで車を運転するように強制される」ようなものだ。しかし、ほかの車両を追い越すために加速する必要がある場合や、衝突を避けるためにブレーキをかける必要がある場合もある。外部の誰かが30キロメートルを維持するように制約しようとしても、環境が制約を許さない。サッカーも同じだ。サッカーをプレーする方法、サッカーを学ぶ方法、サッカー選手を向上させる方法も同じだ。

その意識的な義務（1タッチまたは2タッチ）は、無意識の反応や、実際には正しい反応から選手たちを最も遠ざけてしまう。私たちは「賢い選手」を追求しており、選手たちが知性と賢明さに基づいて1タッチもしくは2タッチでプレーすることを望んでいる。機械的な制約によって自動化されたプレーではなく、選手たちは自らの意思決定という自由度を保持したプレーをする必要がある。自由でなければ、選手たちは抵抗するべきだ。

機械的で特定されたトレーニングセッションで起こる「決定をしない状態」から、プレッシャーの中で「決定をする状態」へ移行することは最善ではない。知性を自動化された従属の中に押し込めることは最善ではない。押し込めることによって、知的なサッカー選手は機械的なサッカー選手になってしまう。前者は区別力を持ち、後者は区別力を持たない。前者が知性に基づいて1タッチでプレーすれば、その1タッチは賢明なものになる。後者が機械的に1タッチでプレーする場合、その1タッチはときには成功するかもしれないが、賢明さに欠けるためしばしば不必要なものになる。

Oshoは、次のように述べている。

「知性は自然に反抗的だ。知性はどのような従属にも押し込められることはない。知性は非常に明確で個別的だ。知性はどんな機械的な模倣にも押し込められることはない」

意思決定する時間の減少が試合の行動に加わることで制約が現れるようにする

サッカースクールは教義を説くものだ。MFは1タッチまたは2タッチでプレーする。シンプルにする。エラーを避ける。そのため、スペインは大量の技術的に完璧で整然とした選手を排出した。それは養殖された魚のように見える。しかし、その製造ラインをかき乱す存在も現れる。それは、バレンシアのアカデミーで起こった。若者の名前はゴンサロ・ビジャールで、1998

年にムルシアで生まれた。彼は少年時代にアンドレス・イニエスタを真似ることが多く、ライバルを翻弄するようにボールを操っていた。

「バレンシアのユースで、私に『そんなプレーは、するべきではない』と告げた指導者がいた。私は、いつも考えている。『このアドバイスは私のキャリアに役立つのか、それとも彼自身や彼のゲームモデルに適しているだけなのか』と。そして、彼のアドバイスを無視することに決めた。なぜならドリブルでラインを突破し、前向きでプレーするMFは、試合やチームに絶大な利益をもたらすと信じているからだ。（中略）エルチェに行ったとき、パチェタ（ファン・ホセ・ロホ・マルティン）監督が私に、『君の得意なことは何？』と訊ねた。私は『ドリブルで仕掛けることだ』と答えた。『それなら仕掛けろ。ただし、いつ仕掛けるべき、いつ仕掛けないべきかを知っていなければならない』と監督は言った。『彼のような監督がいるのは、素晴らしいことだ』と私は感じた。（中略）中盤では考える時間があまりなく、ほとんどのMFはボールを受ける前に最初のアイデアを持っている。しかし、そのあとは想像力に任せることが多い。相手が一方から迫ってきた場合、反対側に出てフェイントを仕掛けたり、ターンしてサイドを変えたりする。私は、自動的な選手になりたくない。ドリブルが本当に好きだ。ときには危険なエリアでリスクを取ることに対して怒られることもあるが、通常はそれも成功している」

――ディエゴ・トーレス記者によるインタビュー（『エル・パイス』紙、２０２１年）

ほかの制約や制限もあるが、それらについても同様に対処しなければならない。例えば、選手に利き足ではない足でゴールを狙うことを学ばせたいと仮定する。では、どうするべきだろうか？制約を設定する。「逆足でのシュートだけがゴールとして有効」という制約だ。これは、ヴィセラルトレーニングが興味を持つ制約ではない。

ヴィセラルトレーニングは、意思決定する時間の減少が試合の行動に加わることで、自然な形で制約が現れるようにする。制約を強制する意図はない。ヴィセラルトレーニング自体が、逆足でフィニッシュするように導く。もしそうでない場合、指導者は試合が必要な教訓を教えてくれたあとに、簡単な質問で協力する。

「利き足でシュートする時間はなかったが、逆足でシュートしてみるのはどうだろうか？」。元ブラジル代表のソクラテスは、適切な質問をすることで潜在能力を解き放ったといわれている。おそらく、サッカー選手を解放する方法でもあるのかもしれない。

あのスペースは見えた？　チームメイトは見えた？　なぜそこに行ったのだろうか？　そこではなくほかの場所に行った理由は何だったのか？　アルゼンチンの指導者カルロス・ビアンチは指導者とサッカー選手のコミュニケーションは常にシンプルであるべきだと提唱してきた。簡潔で洞察に富む質問をすることもそのシンプルさの一部だ。

以上のすべては、前に見たティム・インゴールドのスキルメントの概念と一致している。

カール・ウッズの研究は、同様の方向性を示している。

「トレーニングのアプローチにおける指導者の役割は主にオリエンテーションの1つであり、ときにはそれが軽い助言やデモンストレーションを必要とすることもあるが、それはほとんどが具体的な方法に基づく指示や教育的な行為ではない。案内や推進、モデル化やデモンストレーションは、さまざまな視点から始まり、さらに探求されていく世界を明らかにすることを目指す『柔らかい教育的アプローチ』だ。これらはしばしば過小評価される教育的な行為であり、芸術家が将来の相互作用で辿るべき問いの糸口を開くことを目指している。それは自己発見（能動的な自己調整）の一種であり、その後の反省に続くものだ。一方、指示や情報提供、指導（何をするか）などの『堅い教育的アプローチ』は、規定された動作の雛型や結果、目的地に固執するリスクがある。芸術家の進行方向をあらかじめ定義された硬直した運命に向けることで、行動の認識を切り離してしまい、タスクの微妙な要素を鋭く理解する能力を制限し、能動的な自己調整を学ぶ能力を阻害してしまう可能性がある。学習の生態学的な約束を定義する探求的な活動、それがトレーニングの根底にある意味だ。経験豊かな人物が物語や質問を使用して、経験の浅い相手がタスクのリズムをより身近に学ぶのを助けることだ」

ナーゲルスマンはトレーニング中ほとんど介入しない

このようなトレーニングの方向性の理解方法は、サッカー選手における「ウェイファインディング」の感覚に近い。ウェイファインディングとは、風景を通じて移動する物語的な方法だ。ウェイファインディングとは、サッカー選手が自己調整に積極的に取り組んでいることを意味する。選手は、トレーニングのための具体的なレッスンと、試合のための暗黙的な提案（必要な場合は明示的な提案も）と、文脈に即した実践を受領する。

これはユリアン・ナーゲルスマン（元バイエルン・ミュンヘン監督）がホッフェンハイムの監督だった頃、『パネンカ』が彼のトレーニングを説明したものだ。

「トレーニング中、彼はほとんど介入しない。彼はいくつかの概念を明確にし、短く修正するだけだ」

これは確かに控えめな介入だ。ルールはシンプルだ。介入が多ければ多いほど、意識的な処理が増え、明示的な学習が増える。介入が少なければ少ないほど、無意識的な処理が増え、暗黙的な学習が増える。これは直感に反するように思えるかもしれない。なぜなら、指導者が修正しなければほかに何をすることがあるのだろうか？　私たちは常に存在感のある指導者に慣れてしまっている。

そして私は、存在感のある指導者が試合の存在とは逆の関係にあるという直感を持っている。指導者が教えることで介入するほど、試合が自ら教えるための余白を与えることが少なくなり、暗黙的な学習を刺激することが少なくなる。

伝統的に、私たちは分析的なものと明示的なものを崇拝してきた。しかし、変わるべきときがきた。包括的なものと暗黙的なものを崇拝するときだ。

ジョン・ダイアー、ポール・スティプルトン、マシュー・ロジャーは歴史的な調査をしている。

「20世紀の終わりにKPとKRの両方は、明示的な命題的知識を表しており、通常は動きの結果に関する知識（KR）、またはパフォーマンスに関する言語化可能な知識（KP）を指していた。過去のKP、KRの研究論文（Adams,1971;almoni,1984）は、運動スキルの学習が知識と記憶に基づく明示的な問題解決のタスクとして明示的に概念化されていたことを示している。これは通常、指導者によるガイダンスやスコア、パフォーマンス、エラーグラフなどが提供されることによって解決できる、知識とルールの明示的な適用によるものだった。その目的は、知覚や行動に独立して『知的に』適用できるプログラミングによって、パフォーマンスを向上させることだった。Thomas,1994は、運動スキルの伝統的な知識ベースの学習アプローチは、段階的なパフォーマンスにおける知覚情報への選択的な感受性の役割を最小限に抑える傾向があると主張している（Fitts,Posner,1967）」

つまり、伝統的なトレーニングが最小化してきたものを、ヴィセラルトレーニングは最大化しているのだ。

もし私たちが機械的な選手であるなら、各問題に対して反応の自動化を引き起こす指導者が必要だ。考えてみてほしい、それは可能だろうか？ もし私たちが知識豊かな選手を育成すれば、その知性は試合で発生するすべての問題を解決する能力を持つだろう。問題の本質は、選手の本質以上に大きくなることはない。なぜなら、人生では「私たちは、私たちが頻繁に行うことだ」とよく言われるように、サッカーでは「私たちは、私たちが定期的にトレーニングすることだ」と言えるからだ。

ここで、日常が私たちに気づかずに私たちを制約する方法についての話をしよう。私たちの家には、2台の車がある。どちらも毎日使用されており、1台は妻が、もう1台は私が使用している。両方の車にはいくつかの違いがあり、1つの特徴がある。私の車の電動窓のスイッチはドアにあり、妻の車のスイッチはギアレバーの横にある。ところが、妻の車に乗るとき、私はドアの窓を直接上げるため、ドアに向かってしまう。無意識的にドアに向かい、意識的にギアレバーの横のボタンパネルに向かわなければならない。妻が私の車を運転することもあるし、私も妻の車を運転する。

そして、逆の効果も発生する。数日間、妻の車を運転したあと、私が自分の車を再び使おうとすると、誤って中央のボタンパネルに無意識的に向かってしまい、意識的に「私の車では窓のスイッチがドアにあること」を思いださなければならない。ギアボックスでも、まったく同じことが起こる（妻のギアボックスはマニュアルで、私のはオートマチックだ）。この問題が起こらないようにする唯一の方法は、より頻繁に車を交換することだ。それによって、そのような固定的な学習が修正される。したがって、サッカー選手をトレーニングする場合、柔軟な解決策を求めることに不寛容になってはならない。エドガール・モランは、「私たちが盲目の知性を発展させる」と言うだろう。ロバート・フリストフスキーとナタリア・バラゲは、イギリスの複雑系研究の先駆者ロス・アシュビーの「必要な多様性」（1956年）の概念に言及している。「この概念は、変動する環境に対処するために、機能（サッカーの場合はチーム）が、少なくとも環境と同じくらい変動する必要がある」という原則を説明している。

制約の性質は何ができるかできないかを決めるべきではない

伝統的な制約は、伝統的な方法で処理速度と自動化（1タッチまたは2タッチでのスピード）を追求する。伝統的な経路に従ってみよう。

ヴィセラルトレーニングの制約は、伝統的な方法ではなく、処理速度と可能な自動化（常に適応的で状況の柔軟性に応じたもの）を追求する。

ヴィセラルトレーニングでは、「無意識的な能力」と呼ばれる意識―無意識の経路から得られたほかの能力を使用することが不可能なのだろうか？　もちろん、可能だ。この「獲得された無意識的な能力」は、「初期の無意識的な能力」と「暗黙の無意識的な能力」から栄養を受けており、逆

図61：意識―無意識の経路

1	2	3	4
無意識的な能力の欠如	意識的な能力の欠如	意識的な能力	無意識的な能力

図62：無意識の経路

	1	2
初期の無意識的な能力	無意識的な能力の欠如	無意識的な能力
知っていることを知らないが、知っている	知らないことを、知らない	知っていることを、知る必要がない

図63：「獲得された無意識的な能力」の使用

にそれらも前者から栄養を受けている。これは相互の関係性のゲームだ。私たちは誤った排他的な考えに陥ってはならない。

「2タッチでプレーする」という制約を課すと、3、4、5タッチでのプレーの可能性が排除される。ドリブルやパスも制約されるかもしれない。もしディエゴ・マラドーナが2タッチでプレーしていたら、彼は1986年のメキシコ・ワールドカップで史上最高のゴールを決めることはなかった。おそらく彼はチームメイトのエクトル・エンリケにボールを返して、例えば「3人目の動き」を実現するためにプレーしただろう。ただし、強制的な制約のみに基づくトレーニングは1つの行動を促進するが、代償としてほかの多くの行動を制約する。義務は即興性や自然な反応、直感的な解決策を奪う。

つまり、制約が存在するだけでは「創造性や即興性、柔軟性や適応性のある反応、問題解決」が生まれるとは限らない。制約が柔軟性を奨励するのではなく、むしろさらなる固執を引き起こす危険性もある。

研究者のジョアン・クラウヂオ・マチャド、ジョアン・リベイロ、カルロス・エベルトン・パウヘタの研究では、20人の選手が36回の短縮、変更された試合に参加した。

「ルール変更の増加は、チームの探求行動に否定的な影響を与えるようだ。したがって、指導者はカギとなる制約を注意深く操作して、タスクの要求を選手の年齢区分やトレーニングの目標に適応させる必要がある。これによって戦術的なパフォーマンスを向上させる

ことができる」

もしルールが私たちを抑制するなら、それは良いルールではない。制約の性質は何ができるか、できないかを決めるべきではないのだ。命令に対する抑制（禁止されて罰せられるので、やらない）と、探求による抑制（自分にとって都合がよくないので、やらない）は本質的に異なる。

これは、トーマス・トゥヘルのエピソードとも共通している。特定の単純なパスに飽きたトゥヘルはピッチのコーナーを取り除いてダイヤモンドを作り出した。選手たちが対角線上にパスをするように促すための仕掛けであり、義務ではなかった。

「私は選手たちがダイヤモンドのピッチでどのようにプレーすべきか、条件を定めなかった。そのプロセスが私の指導者としての役割を変えた。私はそのような条件を望まず、今も望んでいない。縦パスがラインを通過するたびに毎回トレーニングを止めて『違う！斜めのパスを出せと何回言わせるんだ！』と叫ぶような指導者になりたくない。そのアプローチは、もう機能しない」

トゥヘルはサッカーについて話をしているが、アメリカの詩人ウォルト・ホイットマンの発言にも似ている。

「私の意見では、優れた政府は人々を長く平和にしておくものだ」

数年後、トゥヘルは複数のチーム（ボルシア・ドルトムント、PSG、チェルシー）で成功し、そして必然的に、その斜め方向のパスは2021年、チェルシーをUEFAチャンピオンズリーグの頂点に導いた。決勝の前日にも、彼はダイヤモンド型のピッチでチームをトレーニングさせていた。「私は、トレーニングを遅くするような指導者にはなりたくない」とトゥヘルは断言する。それはまるで、パコ・セイルーロの発言に続いているかのようだ。

「指導者の学びの本質は、長い時間、選手たちを見ることだ。選手たちを見て、何も言ってはいけない。彼らが何を成し遂げることができるのかを、吸収するのだ。彼らがそのまま、表現するようにしなければならない」

トレーニングが意味のあるものであればあるほど、指導者の介入は必要ない。逆に、指導者に焦点を当てるほど、トレーニング自体の意味が減少する。それは指導者が説明する範囲内でのみ意味があるのだ。

探求は選手をストリートサッカーでの本質に戻す

私たちがヴィセラルトレーニングで意図するものについて、考えてみよう。エラーが増えたとき、エラーを修正するために試合を止める必要があるだろうか？　それでは、うまくいかない。なぜなら、試合はそのように機能していないからだ。サッカーでは、ハンドボールやバスケットボールのように、エラーが起きた際に指示を出すためにタイムアウトを取ることは許されていない。トーマス・トゥヘルの戦略的な指導とヴィセラルトレーニングでは、スタッフはより多くのトレーナー（守備や攻撃のスペシャリスト、空中戦のスペシャリスト、カウンターアタックのスペシャリスト）になるだろう。彼らは試合に介入し、選手に少しの概念的な貢献をし、それから素早く試合から離れ、ヴィセラルトレーニングが彼らに課す脳の処理にできるだけ干渉しないようにする。

探求は選手をストリートサッカーでの本質、つまり彼らの本質に戻す。探求が本性であるということは、Oshoの言葉を借りれば、「置き去りにしたり、放棄することはできないものだ。しかし、探求については忘れることができる。探求を失うことはできないが、忘れることはできる」ということだ。つまり、原点に戻ることであり、プロであるにもかかわらず、探求者であり賢明な少年に戻ることだ。その記憶は失われることはないが、忘れられる可能性がある。

スティーブン・ナフマノヴィチの言葉を引用してみよう。

「完全に発展した創造性は、訓練を積んで熟練した大人が、内なる小さな子どもが持つ遊びの意識にアクセスするときに生じる。（中略）許容されたときだけ、私たちは自分たちの源流を忘れ、固いプロの仮面を被ることができる。（中略）子どもは、私たち自身の内なる知識の声だ。この知識の言語は、遊びだ。この概念によって、精神科医ドナルド・ウィニコットは心理的な癒しの目標を明確にし、それを次のように定義した。『患者を遊ぶことができない状態から、遊ぶことができる状態に戻すこと。遊んでいるとき、子どもや個人としての大人は創造的であり、自分自身の全人格を使うことができる。創造的でなければ、個人は自己を発見することができない』」

ゴールを取り除くことは直感に反する行為である

トーマス・トゥヘルのトレーニングに戻り、ダイヤモンドの新しい使い方を考えたい。ここでは、ダイヤモンドをヴィセラルトレーニングに変換しよう。

レイヤー1：トゥヘルによって調整されたトレーニングは、「斜め方向のパス」を促すことを狙っていたが、トレーニングにおけるほかの側面にとっても有用な制約だ。例えば、守備から攻撃への移行だ。私たちが何度も目撃してきたように、低いブロックで守備的にプ

レーするチームに対し、攻撃側のチームは内側にパスを出すことが難しく、1対1の状況を作らなければならない。コーナーのスペースが狭まることでダイヤモンドの形となり、サイドから中央へのパスが減るため、保持するチームは攻撃への切り替えを開始するほかの選択肢が限られる。なぜなら、組織的な守備を構築させてしまうと、相手チームは本当に攻略困難になるからだ。この非強制的な刺激（むしろトレーニングの要件から）は、相手の守備への切り替えの加速を同時に誘発する

レイヤー2：トレーニングに追加する要素は、非常にシンプルなものだ。2人または3人の選手が攻撃のジョーカーとして機能し、相手チームが守備ゾーンでボールを回収する瞬間にハーフウェーラインから参入する。この攻撃のジョーカーのシンプルな追加は、攻撃への切り替えの局面を加速させ、まず守備の警戒により注意を払わせ、次にそれに応じて守備への切り替えを加速させる

一方、両チームに対して異なる守備、攻撃のアクションをトレーニングすることも可能だ。例えば、三角形に近い形状でスペースをデザインする。片方は素早く切り替えに移行する義務があるが、もう片方は切り替えを行うか、場合によってはポゼッションに移行することができる。

タッチ数を制限するという議論に戻ると、1タッチと2タッチでのプレーについて反対している訳ではない。むしろ、私はタッチ数を減らすことに賛成だ。しかし、少ないタッチが外部から押しつけられた制約であってはならない。状況が少ないタッチを緊急時の反応として、要求しなければならない。1タッチや2タッチでのプレーは、ヴィセラルトレーニングで求めているスピードに合致している。また、サッカーの普遍的な原理だ。ただし、このルールには2つの例外がある。

最初の例外として顕著なのが、ドリブルやフェイント、顔を上げるような行動の減少だ。1タッチや2タッチでプレーすることを義務化することは、サッカーの本質的な行動を妨げる可能性がある。おそらく、サッカーに美しさとスペクタクルを与えるものの1つで、美しさは危機に瀕しており、保護すべきものだ。美しさがなくなってしまうことで、チームの解決策を減らすことになる。

もう1つの例外は、目に見えないものだ。それは相手が、ボールに執着することと関係がある。ボールをキープすることで、1人以上の選手を固定することができる状況がある。例えば、ドリブルをすることで2人の相手選手を固定し、チームメイトを解放することが可能だ。個人的には、これは興味深いトピックだ。私はハンドボールコーチとしての経験から、ボールに対する固定に常に注意を払う必要があった。そして相手を固定するためには、最後の瞬間までボールを持つことが必要な場合もある。それは1人以上の相手を引きつける引力の瞬間だ。

ボールを意図的に保持するということは、数回のパスをするというルールと関連しており、サッカー選手の知性を発展させるうえで最も価値のある相互作用の1つだ。なぜなら、それぞれがほかの要素と独立して機能するのであれば、サッカー選手は考える必要がなくなるからだ。あるいは、常に最小限のタッチでパスするための自動装置になるかもしれない。または、ボールを保持しながら前進するための自動装置になるかもしれない。

賢いサッカー選手は、ボールをパスするべきか、キープするべきなのかを判断するために、トレーニングが彼らに求める知性を発展させる。ここで重要なのは、中間のゾーンでボールを受け、相手を引き寄せることで、その瞬間に最も良いことが起こっているということだ。つまり、ボールを1回のタッチでパスするために、2人の相手を固定することができる中間のゾーンでボールを受け取るのだ。

ヴィセラルトレーニングでは、1対1を防ぐのは試合自体の環境であり、外部からの指令であるべきではない。キープして相手を固定することを防ぐのも試合自体の環境であり、外部の指令であるべきではない。

「グアルディオラはチームに15回のパスを成功させることを望んでおり、その理由は選手が陣形を安定させながら同時に相手を不安定にさせることだ」

——アンドリュー・マレー（イギリスのジャーナリスト、『フォーフォー・トゥー』、２０１６年）

ここで、私の個人的な経験についての話をしよう。ハンドボールのコーチとサッカーのフィジカルコーチとして、私は長年「10回のパスゲーム」を使用してきた。このトレーニングには、パス精度の改善、ボールの保持、流れるような連携性の向上に効果があると信じていたのだ。しかし、それは私の愚かな考えだった。達成したのは、選手たちが多くのパスを出すことや少ないパスを出すことだった。

4回でゴールできる場面なのに無駄なパスを増やしてしまったり、ゴールには10回以上のパス

図64：「10回のパスゲーム」

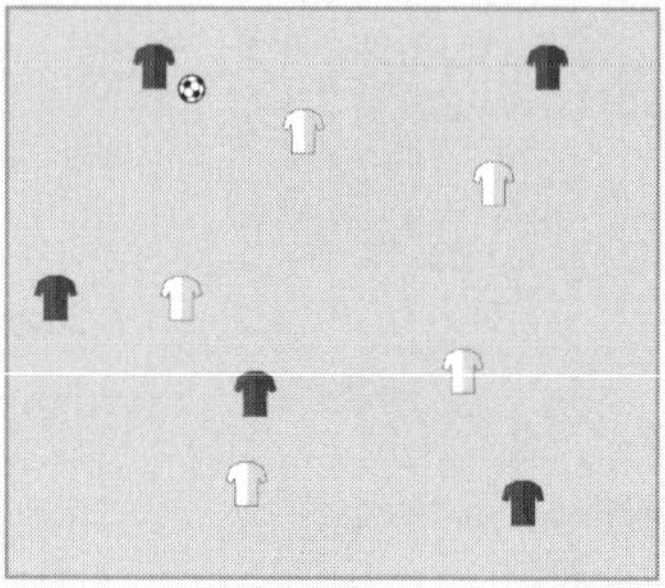

が必要な場面なのに10回で終了してしまったりすることは、トレーニングとして無価値だ。そのとき、私はゴールが必要だということに気づいた。ゴールを取り除くことは、直感に反する行為だ。ゴールを決めて試合に勝つことが困難なスポーツであるサッカーでは、特にゴールが重要だ。ほかのスポーツ（バスケットボール、ハンドボール、アイスホッケー）と比較すると、サッカーではゴールが決まりづらい。だからこそ、ゴールを取り除くことは自殺行為だ。

「10回のパスゲーム」は楽しいものだが、それはただ1つの結果、「ボールを10回パスすることだけ」を目指す制約だ。言い換えれば、それは試合ではなくルールをプレーしている。連携プレーの量は向上させるかもしれないが、連携プレー自体を向上させるのではない。このような制約に固執すると、チームはボールを数多くパスするようになるかもしれないが、連携としての効果は期待できない。なぜなら目的がボールをパスすることになってしまい、目標に到達するための手段としてボールをパスすることを放棄しているからだ。

この制約は意識的な思考を強制するだけでなく、さらに悪いことに、無意識の処理が直感的に理解したことを破壊してしまう。「実際に7回目のパスでゴールできる」という無意識の自然で直感的な判断に対し、意識的で間違った判断をすることが強制されてしまう。

このような制約は、試合の本質に逆行している。この制約は、ヴィセラルトレーニングが促進したい制約ではない。それどころか、ヴィセラルトレーニングはそういった制約を遠ざけたいと考えている。

この場合、自己組織化は成功しない。なぜなら、外部から組織化に制約が課されているからだ。10回のパスをするために、自分自身を組織化しなければならない。しかし、ほかの自己組織化の要求はどうするべきだろうか？　それは重要ではなく、ここでは10回のパスをすることだけが重要だ。それでは、自己組織化は成功しない。

導入する制約は試合と生態学的に対応している必要がある

それでは、どのようにヴィセラルトレーニングは古典的な制約から脱却するのだろうか？　いろいろなタスクはあるが、「10回のパスゲーム」を使うことを決めたと仮定しよう。私たちは選手た

図65：「10回のパスゲーム」ヴィセラル変換版 ①

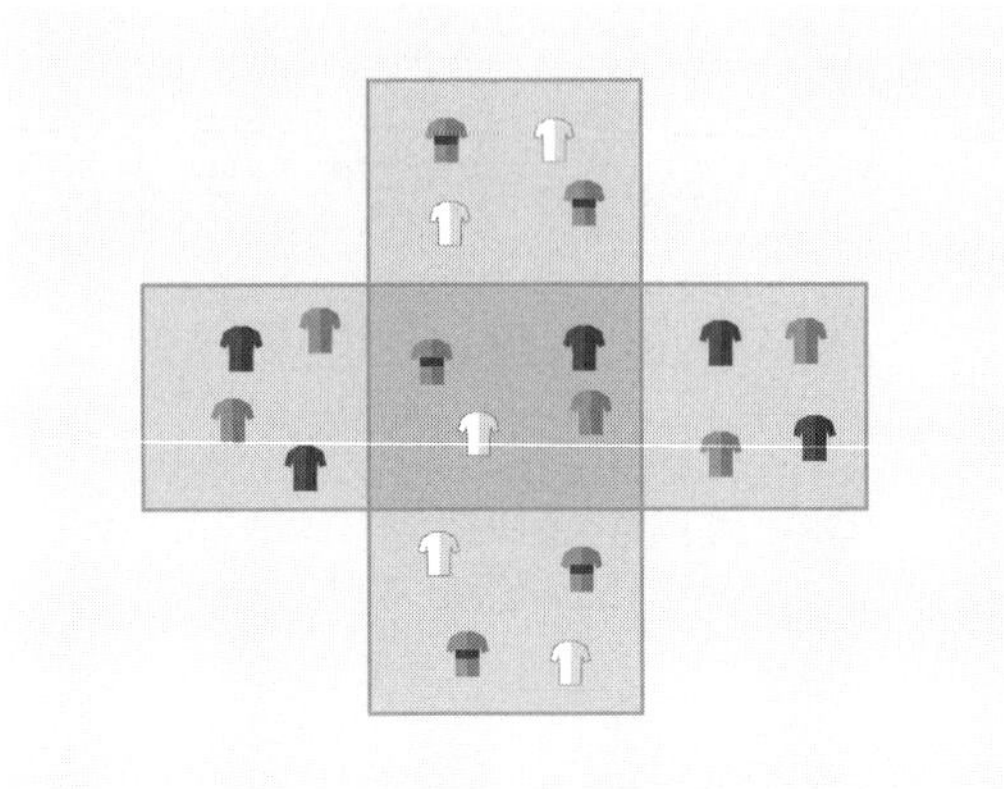

トレーニング動画

ちの遊び心を刺激したいので、どうしてもこのトレーニングが必要だと決めた。では、どのようにしてヴィセラルトレーニングに変換すべきだろうか？

1：部分的に、知覚的な負荷を増加させる。共有されるスペースと共有されないスペースがあるピッチで、2つのチームが「10回のパスゲーム」を同時にプレーする

2：知覚的な負荷を倍増させる。すべてのスペースが共有されるピッチで、2つのチームが「10回のパスゲーム」を同時にプレーする

知覚負荷の特性が増加することで、ヴィセラルトレーニングを認識することができるが、10回のパスを達成するという義務は作業記憶に残っ

図66：「10回のパスゲーム」ヴィセラル変換版 ②

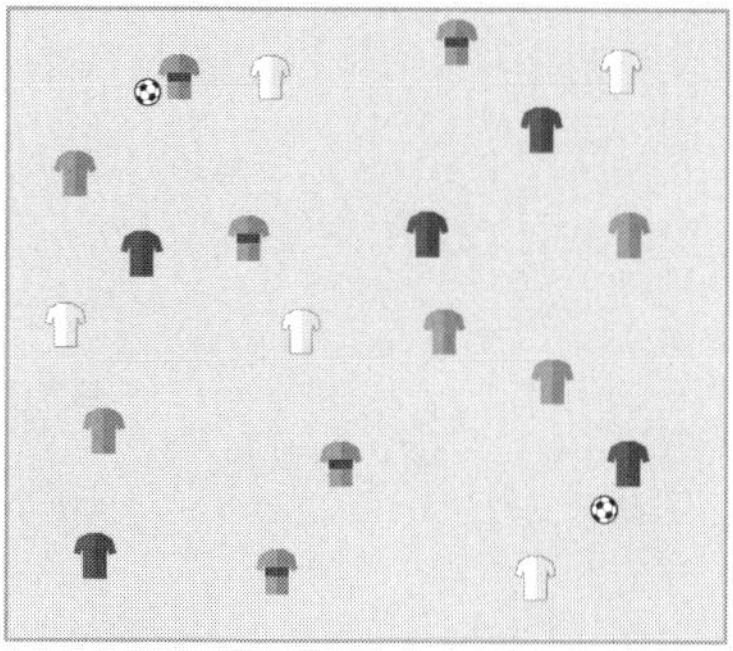

トレーニング動画

ている。これに対処する最善の方法は、そのトレーニングがゴールの可能性を感じたとき、その義務を無視してゴールを決めることを許すことだ。結局のところ、試合を引き分けるには点を取られないだけで十分だが、勝つためには少なくとも1点を決める必要がある。

GKがいる場所にボールをシュートする必要があるサッカーの特性を考慮し、「10回のパスゲーム」を行う。その際は、ボールをシュートする自由が与えられる。

制約は指導者とスタッフによって設計されたものであり、常に操作可能な「ヴィセラルトレーニングのレベル」だ。それによって、「10回のパスゲーム」の認知負荷を増加することができる。ミニゴールと正規のゴールの両方にボールをフィニッシュする自由がある「10回のパスゲーム」も可能になるだろう。

制約を課す際に批判的な精神を持つことは重

図67：「10回のパスゲーム」ヴィセラル変換版 ③

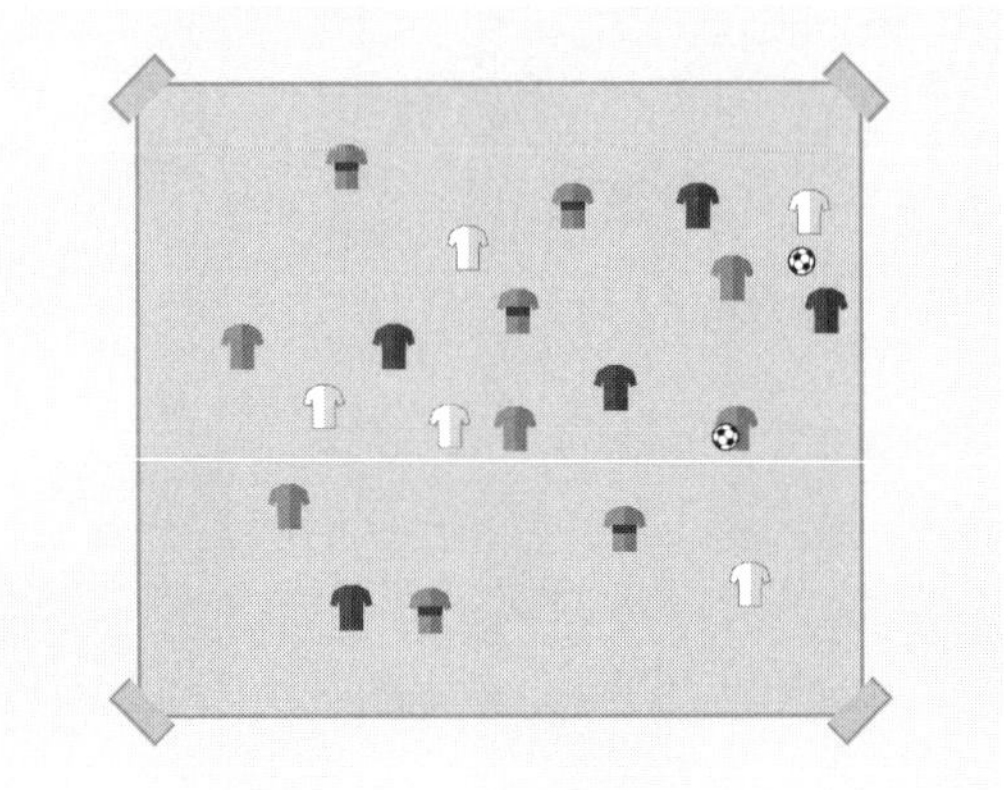

トレーニング動画

10回のパスゲームだが、ミニゴールにいつでもシュート可能

図68：「10回のパスゲーム」ヴィセラル変換版 ④

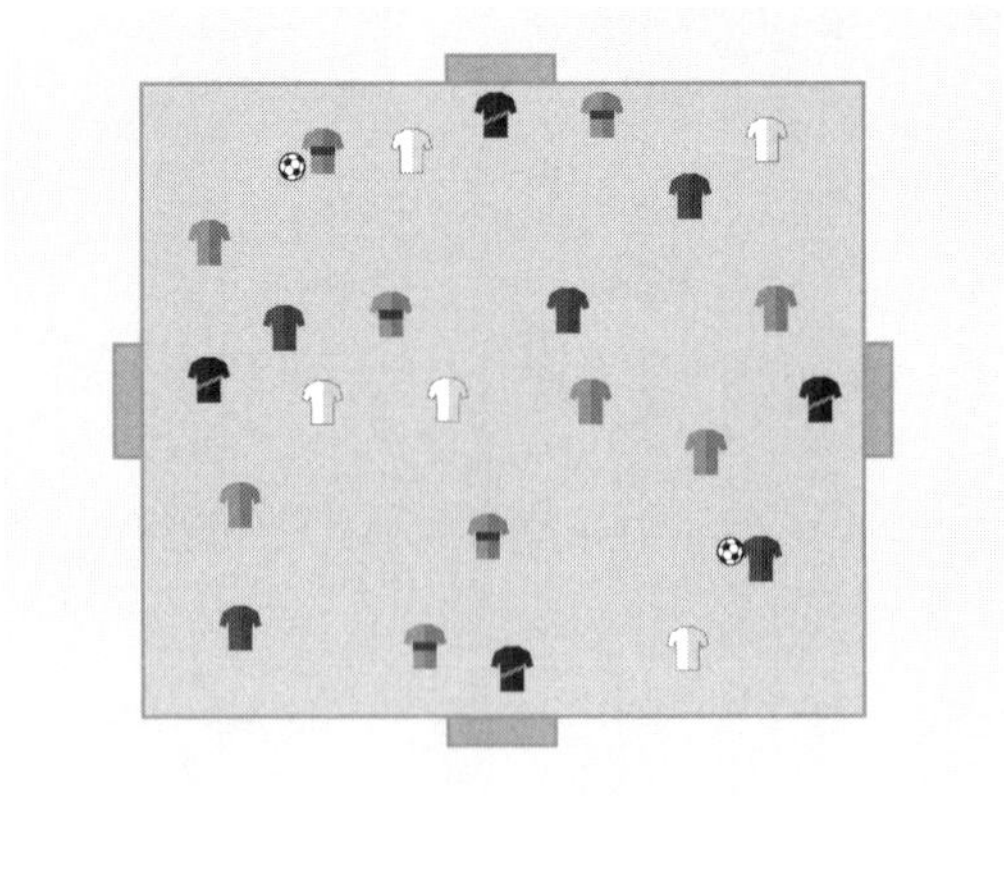

トレーニング動画

図69：「10回のパスゲーム」ヴィセラル変換版 ⑤

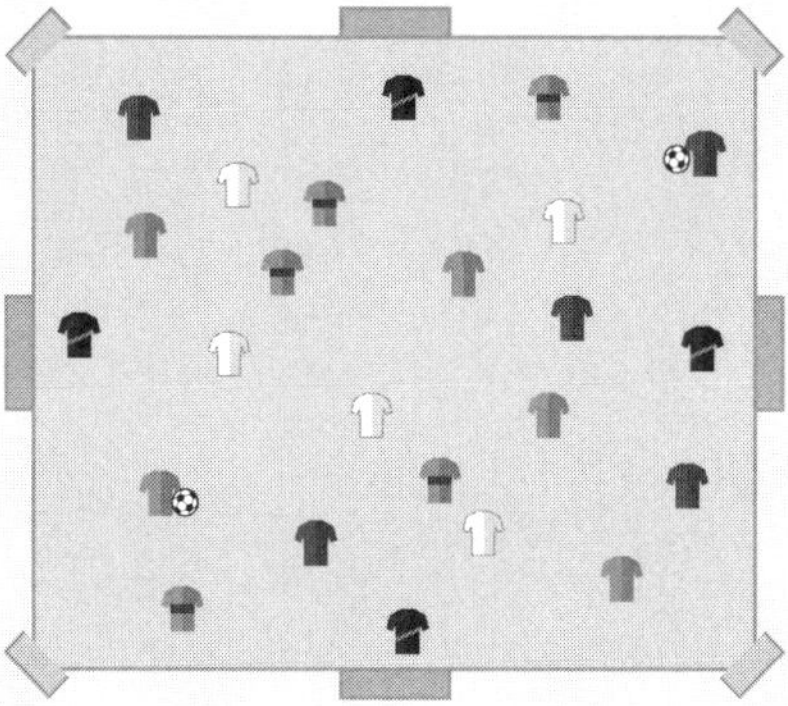

トレーニング動画

10回のパスゲームだが、正規ゴールにいつでもシュート可能

要であり、この種の制約に対して批判的な立場であることが必要だ。同様に、制約を設計する際には創造的な精神を持つ必要がある。見た目では非常に簡単に思えるかもしれないが、実際にははるかに複雑なものだ。なぜなら、促進や促進したい側面もある一方で、不利な側面や鈍感になる可能性もあるからだ。

試合中に発生する真の緊急事態を刺激する以上の制約が、トレーニングでも試合でも発生する。例えば、ボールロスト時のプレッシャーでは、一時的な制約である「5秒間のプレス」のあと、ゾーンディフェンスを行うなど、多くのチームが制限を設けてプレッシャーを強めている。

ここでは、「10回のパス」と同じような問題を抱えることになる。ボールロスト後のプレッシャーの時間制限は外部の時計ではなく、選手の感覚や認識によって制限されるべきだ。時計は何が起こっているのかを理解しないが、選手（または複数の選手）は理解する。

もしボールを奪うために追加で1～2秒が必要なのであれば、なぜ5秒でボールを奪うことを中断する必要があるのだろうか？　プレッシャーを強める意味がない場合、なぜ5秒のプレッシャーを選択するのだろうか？　チームは5秒間プレッシャーをかけることも、8秒間プレッシャーをかけることも、まったくかけないこともできる。

導入する制約は、試合と生態学的に対応している必要がある。そして、ヴィセラルトレーニングの場合、認識から意識的に強制的な行動を求めることで認知速度を向上させるのではなく、無意識の処理が直感的に正しい方法で解決したものとは異なる方法で向上させることが目的だ。

1タッチや2タッチのような制約を加えることはできるだろうか？　もちろん可能だ。これは、ときにはピカソが自分自身を制約して青色のバリエーションのみで絵を描くようにしたり、ベートーヴェンが音階のみで作曲するようにしたりすることとあまり変わらない。しかし、ヴィセラルトレーニングの制約はそこには存在しない。

スティーブン・ナフマノヴィチの言葉に耳を傾けよう。

「変革のベースは、何も得ることも失うこともない心だ。私たちの手にある道具の制約と抵抗の中で働き、遊ぶ」

多くの問題を解決するための、リソースが不足しているのだ。それがヴィセラルトレーニングにおける制約の意味だ。選手が指導者に「問題を解決するためには2つの脳が必要だ」と言ったり、「4つの眼をくれ」と言ったりするのは、普通のことだ。

元オーストリア代表のMFアンドレアス・イヴァンシッツはトーマス・トゥヘルのメソッドについて冗談を交えながら、「彼のトレーニングセッションを理解するには、大学教授でなければならない」とコメントした。

2 量的・質的な制約の次元

「サッカーは、1タッチでのパス、2タッチでのパス、ドリブルするスポーツではない。正しい判断を、正しいタイミングですることが求められる。ときには2タッチするのが最良だし、ときには1タッチが最良だ。ドリブルが必要なときもあるし、6回タッチすることが求められる状況もあるだろう。だからこそ、それぞれのアクションは大きく異なっている」

——ペップ・グアルディオラ（マンチェスター・シティ監督）

サッカー選手は「2タッチでプレーする」などの制約を、どれだけ受け入れることができるだろうか？　このような制約を課せられるとき、一般的にはほかの制約は伴わない。それらは単一で提供され、ほかに関連する制約は存在しない。その理由は、単純だ。このスタイルの制約を、追加することはできない。なぜなら、それぞれの制約には意識的な処理が伴うからだ。

そうなると、サッカー選手は意識的な作業記憶に多くの要素を持たなければならない。そして、それらが蓄積することで分析による麻痺が発生し、試合が遅くなり、「大脳皮質的」になる。何をすべきかを考えること（制約、命令に従うこと）が、何をすべきかよりも重要になってしまう。この問題は、ヴィセラルトレーニングでは起こらない。

アルゼンチンのユースチームのフィジカルコーチ、エンリケ・チェザーナは、トレーニングの設計について提案している。

「トレーニングセッションでは少ない指示で、試合の中でトレーニングしたい内容が引き出されるようにする必要がある。そのためには準備が必要であり、シンプルにしなければならない。複雑性を求めるために過度に準備する人もいるが、逆のアプローチが必要だ。非常にシンプルにするためには、多くの準備が必要になる。わずかな言葉とわずかな指示が、選手の学びを促す」

ヴィセラルトレーニングは制約を明示的に配置しないため、サッカー選手は自然に制約と連動する。覚える必要はなく、従う必要もない。唯一の目的は、試合のスピードに合わせてフロー状態になることだ。したがって、伝統的な制約は1つまたは少数に制限され、ヴィセラルトレーニングから生じる制約は無限だ。選手に求められるのではなく、選手がプレーするものだ。制約は完全に焦点を変える。

ヴィセラルトレーニングのレイヤーの設計が、暗黙的に制約を指示する。レイヤーが少なければ制約も少なく、レイヤーが多ければ制約も多くなる。レイヤー間を交互に切り替えるほど、制約は少なくなる。レイヤーの重なりが増えるほど、制約は増える。このような試合では、認知的な要求が無限にある。しかし、さらに重要なことは、より多くを要求し、より良いものを要求することだ。なぜなら、試合が要求するように、具体的に要求するからだ。

試合はどのようにプレーすべきかを教えてくれないので、認知的な要求に適応しなければならない。ヴィセラルトレーニングでは、サッカー選手はサッカーの中で「たくさんのサッカー」をプレーする。認知的な要求は、知性の向上を助ける。そのサッカー選手は、「2回のタッチでプレーしなければならない」と感じるため、2回のタッチでのプレーを改善する。そのプレーを改善することで、ほかの側面（スキャンなど）も改善されていく。

3 ナーゲルスマンのトレーニングセッション

2017年の『パネンカ』の記事では、ユリアン・ナーゲルスマンがホッフェンハイム時代に使っていたさまざまなトレーニングが紹介されている。

「ナーゲルスマンは、異なるトレーニングを準備していた。その中の1つでは、20人以上の選手がピッチの半分ほどの長さで、ただ15メートルの幅しかないエリアに集まる。その狭さのため、選手たちは常に1対1のデュエルに挑戦し続けなければならない。別のトレーニングでは、指導者は選手たちに常に最初のボールをサイドに動かすように指示する」

最初のトレーニング（長くて狭いフィールド）は、レイヤー1のヴィセラルトレーニングのようなものだ。難易度が上がり、具体的な指示はなく制約されている（その狭さのため、選手たちは1対1のデュエルに挑戦し続けなければならない）。

2番目のトレーニング（最初のボールを常にサイドに動かす）は、厳密にはヴィセラルトレーニングではない。しかし、「最初のボールをサイドに」という義務を持ってプレーすることで、選手たちは作業記憶に「最初のボールをサイドに動かす」という選択肢を保持しなければならず、脳の背外側前頭前野の活性化を引き起こす可能性がある。

2番目のトレーニング（最初のボールをサイドに動かす）という直接的な指示をヴィセラルトレーニングに変換する方法は次のとおりだ。まずは、タスクの制約について考えてみよう。

①タスクの制約によるもの

1：レイヤー1のヴィセラルトレーニング。中央エリアのスペースを制限し、DFのジョーカーと呼ばれる選手が移動できるようにすることで、中央エリアが攻撃面で数的不利になりやすくなるようにする

2：レイヤー2のヴィセラルトレーニング。中央エリアのスペースを制限し、5対5と11対11を同時に行う。これによって中央エリアが混雑し、特定の禁止事項を指定する必要も作業記憶を増やす必要もない。ルールは、11人制の試合にハンドボールやバスケットボールを追加した場合と同じだ（選手は両方の試合に参加し、試合にさらなる変動性を与える）

ここでは、「5人制サッカー」が「11人制サッカー」と理想的に統合される。

図70：ナーゲルスマンのトレーニングのヴィセラル変換版（レイヤー1）

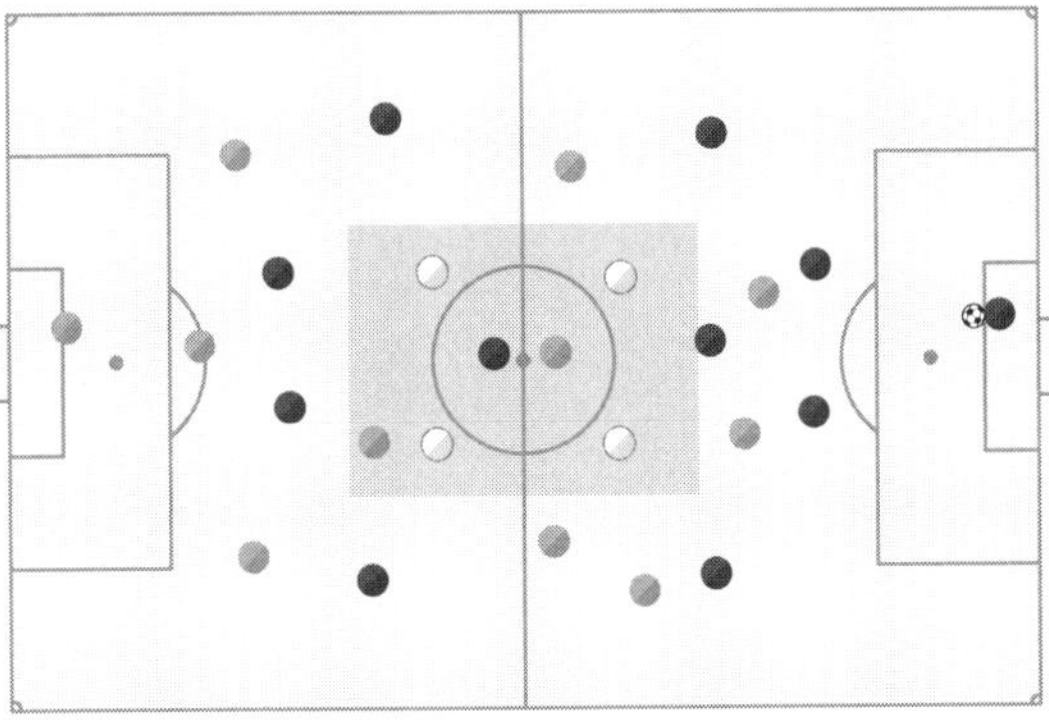

トレーニング動画

図71：ナーゲルスマンのトレーニングのヴィセラル変換版（レイヤー2）

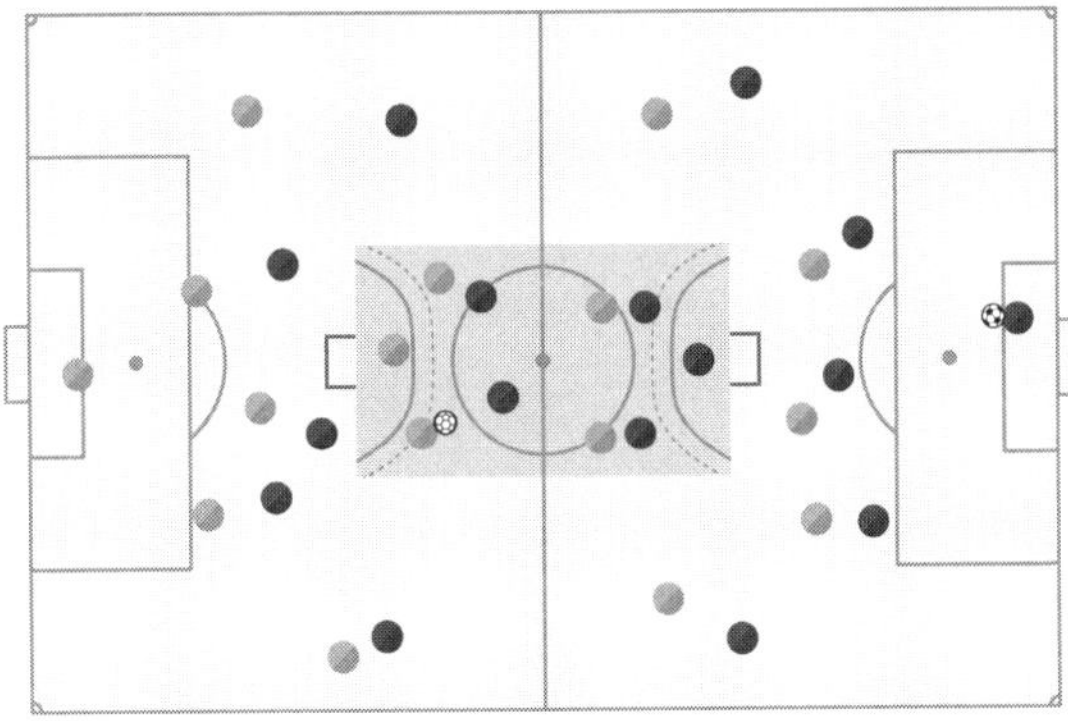

トレーニング動画

②環境の制約によるもの

1：中央エリアの芝を長くする

2：中央エリアに高いコーンなど、ボールの流れを妨げる要素を配置する

3：両方の組み合わせ

4：そのほかのアイデア

③前述した制約の組み合わせ

カスタマイズ可能な傾斜度でプレーするという案もある

近い将来トップレベルのチームは、文脈の制約を変動させ、最適化する必要性に迫られる。そうなれば、さまざまな特徴を兼ね備えたフィールドが存在するようになるだろう。例えば、砂や人工芝などで表面状態が違うピッチだ。ボールの動きを遅くしたいエリアと加速させたいエリアを考慮し、芝の長さが違うフィールドなどが考えられる。これは、そこまで新しい発想ではない。

例えばバルセロナは、20年前からヴォルフガンク・シェルホルンの理論を応用してきた。私は過去の偉大なる指導者たちの思想を、再解釈することを目指している。私の知る限り、ピッチに変動要素を備えた施設は存在していない。言い換えれば、それは一時的な環境の制約ではない。これらの環境の制約を制度化し、いつでも任意の分野で利用できるようにすることが目的だ。

例えば異なる表面状態のピッチは、一体化されるだろう。エリアは砂、フィールドの中央は芝、そして両翼はテニスのハードコートに近い材質をイメージしてほしい。これによって、さまざまな組み合わせのトレーニングが可能になる。このような環境の制約によって、すべてのアカデミーが避けているような制約が復活する。より不規則な表面状態のフィールドでのプレーで、ボールの動きも不規則になる。そうなれば、例えばトラップの技術が求められるだろう。

このような環境の制約で、選手たちはさまざまな状況に対応しなければならない。これによって選手たちはより柔軟なプレースタイルを発展させ、異なる環境でのプレーに適応する能力を高めることが期待される。人工芝のフィールドでは、芝の長さをラップトップから調整することが可能になるかもしれない。これらの環境的な制約は、各トレーニングのセッションに適応できる。そのようなフィールドであれば、芝が自然に成長するのを待つ必要はない。

例えば自チームが右サイドでボールを持った場合、右外レーンの芝を最も長くすることができる。これによって、大外へのパスを妨げる効果が期待される。ペップ・グアルディオラが、リオネル・メッシが大外のレーンにいるときにダニ・アウベスに同じレーンでプレーしないように指示していたように、選手たちはフィールドの制約を意識しながらパスコースを探すことになる。そこでパスが行われると、芝が自然に戻る。このような工夫によって、さまざまなパスに対して感度を高めたり、低くしたりすることができる。

特定のパスに対する感度を低下させる別の方法は、ダニ・アウベスがボールを受けたときにメッシをマークするDFを用意することだ。12人対11人の数的不利な状態でプレーするが、ダニ・アウベスがほかの選手にパスをすると11人対11人に戻る。

しかし、ユリアン・ナーゲルスマンの発言に戻ると、主な指針は「本能的なもの」だ。彼は「毎週のトレーニングのために、トレーニングが選択される。選手は正しい反応を直感的に学び、考えすぎないようにする必要がある」とコメントしている。

カスタマイズ可能な傾斜度で、プレーするという案もある。指導者は例えば攻撃時に少しの「上り坂」に設定し、守備時には「下り坂」にすることでチームに制約を与える。または、その逆も可能だ。攻撃時だけでなく、守備的な切り替えをするタイミングでも「上り坂」でプレーさせる設定も可能だ。それによって、攻撃局面での経験は困難なものになる。これによって、チームの意志的な面に影響を与えることができる。

この技術的な進歩は、従来はフィールド外でのフィジカルトレーニングやアナリティックトレーニングで使用されていた傾斜を、変則的な試合に活用することを可能にするかもしれない。

4 明示的な制約と暗黙的な制約

「それは暗黙的な学習だ。私たちは何をすべきかを教えられて学んだのではなく、実践することによって学んだ。狭いスペースでプレーすることによってスペースを見つける能力が向上し、スペースを認知しながらプレーする能力が、自覚せずに向上していった」

——トーマス・トゥヘル（バイエルン・ミュンヘン監督）

タスクの制約をどのように設計するかは、すべてにおいて決定的かつ重要な要素となる。この設計には、注意を払う必要があるだろう。なぜなら、設計でトレーニングの方向性が決まるからだ。必然的に明示的かつ意識的な学習、または暗黙的かつ無意識的な学習のどちらかに焦点を当てるようになる。これにより、トレーニングの開始と終了の経路（旅の出発時にどのような処理を行い、終了時に何を望むか）が定義され、それがタスクの特異性を決定し、最終的には最も重要な点である試合への転移の質および競争への転移の質が明らかになる。

図72：それぞれの制約

	アナリティックな制約	一般的な制約（2タッチなど）	ヴィセラルな制約
性質	明示的	明示的	暗黙的
実行	意識	意識	無意識
経路	意識ー無意識	意識ー無意識	無意識ー無意識
特異性	低い	通常	高い
移行	硬い	柔軟	非常に柔軟

そのため、どれだけの数の制約を使用するか、どの制約を使用するか、いつ使用するかを非常に注意深く選択する必要がある。また、それらの費用と利益を認識する必要がある。

例えば、ユルゲン・クロップのアシスタントであるペパイン・ラインダースは、トレーニングマッチにおいて「全選手がハーフウェーラインを超えているときにだけ、ゴールが有効になる」というルールを適用している。これは、明らかにリヴァプールのゲームモデルと一致している。

「このルールはチームを迅速に前進させ、相手に奪われたときに即座にプレッシャーをかける準備にもなる。相手に対する強烈なプレッシャーには、選手の距離感が重要だ。私たちが一番得意なのは、ピッチのどのエリアでも

緊密な距離を保つことだ」

もう1つの例についても、考えてみよう。それは、「ゴールがXの方法で達成された場合、2点となる」というものだ。このようにゴールへの特定の到達方法を過大評価するというアプローチは、その方法以外を過小評価させてしまう。しかし、実際のところ攻撃するチームにとってほかの方法も有意義だ。何かを明示的に過大評価することは、選手に「大脳皮質化」した試合を強制し、強制された行動によって自然なフローが中断されてしまう。選手は結果としてシュートが必要という状況や特殊なシュートやフェイントが必要という状況に陥ってしまうことがあるはずだ。

ヴィセラルトレーニングの設計こそが、チームが中央にボールをパスするように導く責任を負っている。ボールをそのエリアに送ることが最善の選択肢となり、その選択肢が自然に起こることが理想だ。そこには強制はなく、試合の無意識的なダイナミズムだけが関与している。強制的に報酬を用意し、そこに向かわせてはならない。そのような制約が有用な場合もあるが、それは私たちを大脳皮質に近づける。そして、ヴィセラルトレーニングからは遠ざかる。このような手法はヴィセラルトレーニングではないが、柔軟性を持つことで融合することも可能だ。ただし、失われるものがあることは認識しなければならない。

選手がルールを忘れるとヴィセラルトレーニングに近づく

ここには、明確な差がある。

❶トレーニングセッションに追加される各ルール（2タッチ、敵陣へのパス）などによって、選手は意識しながらプレーすることになる（作業記憶に保持される内容が増える）。サッカー選手がルールを忘れると、ヴィセラルトレーニングに近づく。それを思いだすと、そこから遠ざかっていく。これはストループテストの研究と完全に一致している。ストループテストでは、被験者は「言葉そのもの」を読むのではなく「言葉の色」を答えなければならない。色を回答することには、言葉を読むという最も自然で直感的な反応と比べて「認知的な努力」が必要になる（そのため、認知的抑制の機能を測定するテストとして使用されている）。ストループテストの神経的な影響と、ルールを守らなければならない試合の類似点についても考えてみよう

イギリス・ヨーク大学視覚研究センターのシマ・オヴァイスキアらは以下のように提案する。

「前頭前野（PFC）は、長期的な計画の立案、反応抑制、反応選択など、高次の認知機能

に関与している。私たちが言葉を読むという衝動は、強い『刺激―反応（SR）』の結合につながる。したがって、これらの強いSRを抑制することは困難で、さらなるエラーにつながる傾向がある。このような干渉は、読むことの容易さと、色の名前をつけるというより一般的でない行動の特性によるものだ（MacLeod,1991）。色の単語など、関係のないタスク情報が私たちの注意を引くことで処理の優先順位を得ると、PFCはそのタスク内容のバイアス処理を解決するために上位制御を行う必要がある。特に前帯状皮質（ACC）は、応答、行動の競合によって引き起こされる衝突の検出、より広範な認知的に要求の高いタスクの処理など、さまざまな行動の調整と認知的な制御に関与している。研究は、特にACC内での活性化を確認しており、これは対照的なSR関連の2つの刺激特徴を同時に処理することによる認知的な干渉に起因すると考えられている。高適合（つまり不適合）試行に関連するACC内の衝突関連活動の増加（MacDonald et al.,2000;Kerns et al.,2004）は、この領域が衝突の監視と認知制御における役割を手助けしている」

トレーニングで選手に課すルールには、注意が必要だ。なぜなら、私たちは自覚せずに前頭前野を過負荷にするストループテストと同じ効果を引き起こし、それが試合に与える副作用に気づかないかもしれないからだ。画面の前で思考を前頭前野化することと、フィールドで選手、チームメイト、相手、そして動くボールと一緒に前頭前野化することはまったく異なるものだ。

私は「挑発的なルール」を排除することを提案している訳ではない。ただし、無意識の処理を悪化させるという効果に注意を払う必要がある。そのため、どれくらいの数のルールを使用するのか、どのルールを使用するのか、いつ使用するのかを非常に注意深く選択する必要がある。それらの費用と利益を把握することが重要だ。

❷ヴィセラルトレーニングに追加される各レイヤーによって、さらに難易度が上がっていく（トレーニングの複雑性に耐えられないか、直感的に反応するかの２つの選択肢にさらされる）

第12章

ヴィセラルトレーニングという旅の終わりに

FOOTBALL VISCERAL TRAINING

1 予備的な結論

今や誰もが、「数ミリ秒の差」が「勝利と敗北の差」になることを疑っていない。それはアマチュアの地域リーグでプレーするチームであっても、アルゼンチンのフェデラルAリーグ、日本のJリーグ、コパ・リベルタドーレス、UEFAチャンピオンズリーグ、またはワールドカップにおいても同じだ。私たちは数秒間については、注目していない。数百分の1秒でさえもない。すべては数ミリ秒で決まり、限界に近づくことが求められる。

無意識的な脳処理速度と、意識的な脳処理速度との差については疑いの余地がない。ジョン・バーグがコメントしているように、「自分の本能、直感、心臓、または臓器（脳を含む）が言っていることに耳を傾け、それを軽視することなく真剣に受け止めなければならない」。

「意識的および無意識的な心の処理は、異なる領域で熟達する。もし両方が同じことを同じように行っていたら、無駄になる。そうなれば、進化して両方を持つ必要はなかったはずだ。したがって特定のプロセスが優れており、ほかのプロセスが悪いという訳ではな

い。それぞれが、自分自身の領域において有益なのだ。通常、意識的なプロセスと無意識的なプロセスは調和してダイナミックに働いている。一方が他方を引き起こし、その逆もある。例えば、ある状況での意識的な経験が次の状況では無意識に持続し、その第二の環境で無意識の影響を与えることがある。無意識のプロセスは私たちの重要な問題や目標に対処し、意識的な心に答えや解決策を伝える。無意識的な目標は私たちの意識的な注意を目標に関連する刺激に向けさせ、それらの刺激を認識して利用させる。両方の思考形態が私たちの一部であり、意識的な形態だけではない。協同しながら、私たちの真の内なる自己を形成している」

そしてバーグは、さらに次のように警告している。

「私たち自身の心で起こっていることの多くに気づいていないのであれば、他人の心で起こっていることを知ることはできない」

「意識の井戸」には限界があり、その限界に非常に近づいている

私たちは指導者として、自分が指導するサッカー選手や自分自身の意識的および無意識的な処理がどのように機能するかを知る義務がある。なぜなら、2つの機能を知ることによって、選手や自分自身に対してより理解を深めることができるからだ。選手の行動や反応に対して、より共感的になることもできる。そして、その2つを改善するためのトレーニングを設計することができる。選手に優勝カップを常に与えることは難しいが、選手を少しだけ良くする機会は常に存在している。

ラテラルシンキング（ビジネスにおいて1つの事象をあらゆる角度から捉え、これまでの常識を疑い、革新的な発想を生み出す思考法）は、新たな利益を得るためには直線的思考が行うように同じ井戸をますます深く掘り進む必要があるとは限らないと主張している。ヴィセラルトレーニングは、新しい井戸を掘ることを助けるアプローチだ。「意識の井戸」には限界があり、私たちはその限界に非常に近づいている。

私が数年前に執筆した書籍『ジェットコースターで考える』で述べたように、重要なのは同時に両方を行うことだ。井戸を掘り続けるだけでなく、新しい井戸も掘り、さらに重要なことは、新しい井戸を古い井戸とつなげることだ。この冒険は、たった今始まったばかりだ。

2 最後のテスト

過剰な複雑性は、実際に知覚能力を促進するのだろうか？　それとも、知覚能力を損なわせるのだろうか？

ここで、ヴィセラルトレーニングのベースとなる最後の証拠を提示しよう。

キャメロン・エリスとニコラス・ターク＝ブラウンは、次のような結論に至っている。

「視覚と聴覚の入力では、複雑性が異なる。このような複雑性が、知覚にどのように影響するのだろうか？　１つの可能性として、複雑な刺激が注意力や作業記憶の能力を超えるリソースを要求し、知覚の変化に対する感度を低下させることだ。別の可能性として、複雑性はより豊かで独特な描写を可能にし、感度を高めることができる。研究結果は、情報負荷が増えたとしても、複雑性が知覚の感度を支持し、促進する役割を果たすことを示している」

3 おわりに

本書はあなたの意識的および無意識的なプロセスに対して知らず知らずのうちに影響を与えてきた。何かが本当に注意を引いた場合や、再読する必要があると感じた場合、意識的にその影響について考えることになったはずだ。また、読んだすべては、脳の舞台裏で過去の経験とのつながりを作るために働いているため、無意識にも影響を与えている。

私は、この意識と無意識の相互作用から、トレーニングセッションの設計、戦術的な議論、モチベーションの演説など、サッカー選手の無意識にアプローチする方法についての新たな考え方が生まれることを確信している。

小説『星の王子さま』の著者で、フランスの作家アントワーヌ・ド・サン＝テグジュペリは、次のようにコメントしている。

「計画のない目標は、単なる願いごとだ」

本書には、あなたが切望している目標（選手の精神的スピードを向上させること）が単なる願いごとで終わらないようにするための計画がある。ヴィセラルトレーニングは、あなたのトレーニング方法を置き換えるために生まれたのではない。パス経路の構築が失敗した場合、ヴィセラルトレーニングが助けになる。機械化が失敗した場合、ヴィセラルトレーニングが救済策となる。トレーニングした攻撃意図が失敗し、避けられないセカンドボールへの対応が求められた場合、ヴィセラルトレーニングが迅速に不確かな環境を理解するのに役立つ。

セカンドボールは、単に誰が拾うかを見るためのものではない。その見方は試合を解釈する、非常に閉鎖的な方法だ。サッカーでは、ファーストボール（実際にはファーストプレー）で多くのプレーが行われる。つまり、パス経路、機械化されたプレー、あらかじめ定められた連鎖が私たちをゴールに導くはずだ。しかし、現実は、ファーストプレーがうまくいくとは限らない。もし予定どおりに攻撃が成功するのであれば、各チームは毎試合20ゴール以上を記録するだろう。

何らかの理由で、私たちが心に描いている完璧なプレーは、完璧ではない。したがって、私たちは常にセカンドボール（セカンドプレー）に頼っている。失敗した理想的なプレーからの廃棄物を収集し、そこから新しいものを構築する必要がある。ヴィセラルトレーニングを行うことで、カオスと暗黙の可変性により、考える時間もなく数百のセカンドボールの意思決定を増やすことが可能になる。

重要なのは、チームが完璧なプレー（完璧ではないが）の廃棄物や欠片が何であるかを理解し、新しい試合に対して解決策を迅速に見つけるための予測能力を持っていることだ。トレーニングの文脈と対話することで、ファーストボールに起こる障害物が存在しないほどアナリティックで完璧なトレーニングセッションでは、チームはセカンドボール（セカンドプレー）にどのように適合すべきなのかがわからなくなる。

ヴィセラルトレーニングは、これまで行われてきたトレーニングを否定するために生まれた訳ではない（古代ギリシャの医師ヒポクラテスも言っているように、患者を治療する前にその患者が病気になる原因を断つ意思があるかどうかを訊ねるべきだ）。ヴィセラルトレーニングは、従来のトレーニングを補完するために生まれたが、乱用すべきではない。ヴィセラルトレーニングだけを行うことも、ヴィセラルトレーニングを一切行わないことと同じくらいの悪だ。排他的であることは、望ましくない。

無意識の世界により深く入り込むと力強く介入できることを知る

スティーブン・ナフマノヴィチは、次のように述べている。

「自由なプレーは判断とともに緩和される必要があり、判断は自由なプレーとともに存在する必要がある。私たちは相反する極地の間でバランスを取るために無数の行為を行う。（中略）私たちは衝動の自由な流れと品質のための継続的な試験と探求の間で、正確に平衡点で生きなければならない。（中略）自由にプレーするためには、私たちは姿を消さなけ

ればならない。自由にプレーするためには、テクニックを習得する必要がある。想像力と規律、情熱と正確さの対話が前後に揺れ動く。私たちは日々の実践と精神の飛翔とを調和させる。これは、筋肉の交互の収縮と弛緩とのような、生活の収縮と弛緩のリズムの１つだ。それは硬直したり緩んだりせず、ある程度の緊張感を保つべきだ。（中略）即興の特性は浸透、吸収、共鳴、流れだ。作曲の特性は対称性、分岐、分節、統合、対立の緊張だ」

どのようにして、必要な対立を調和させるための知恵を見つけるのだろうか？　意識的な世界と無意識的な世界を調和させるにはどうすればよいのだろうか？　アナリティックトレーニングとヴィセラルトレーニングのバランスをどう見つけるのだろうか？

「計画と自発性が一体となる。理性と直感は真実の二面に分かれるだろう」とナフマノヴィチは示唆している。

指導者として、私たちは選手やチームに必要な要素がどれだけ欠けているかを知る使命を持っている。それは選手がすでに持っている知識と統合するために、必要な使命だ。そして、欠けている要素を知る最善の方法は、日々の観察だ。それはまるで公正を象徴する２つの皿の天秤のようなものだ。

意識的な脳の処理に取り組むたびに、選手たちが理解しなければならない分析を繰り返すたびに、その一方に重みがかかる。無意識的な脳プロセスを経て、ヴィセラルトレーニングに頼ることを選ぶたびに、そのほかの一方に重みがかかる。どちらかの側に重みを置くことは、必要に応じて調和するための完璧な指針となり、あるいは特定の不均衡を補うためにトレーニングのバランスを傾けることができる。

本書のはじめに述べたように、謙虚さは不可欠だ。現実は、私たちは「自分たちが何をしているのか」を常に完全に理解している訳ではない。その事実を受け入れる以外に、選択肢はない。その「無意識の世界」を受け入れることは、謙虚になるだけでなく、試合、トレーニング、サッカーを理解することを助ける。そして私たちは指導者として、行ったことのすべてが結果に直結している訳ではないことを学ぶ。

無意識の世界により深く入り込むと、私たちは無意識により力強く介入できることを知るだろう。ときには一方に傾いて、適切な要素を環境に配置することで選手をトレーニングする。サッカー選手は試合で自分の意識にのみ依存することはできない。トレーニングセッションでも同じだ。なぜなら、これが繰り返されると、私たちは実際には試合とは異なる方法でトレーニングを行うことになるからだ。

無意識のトレーニングを提案することで、一方に傾く行為によって、行動の制御を環境の刺激者に委ねることになる。その環境の刺激者は、最良の修正や明示的な概念と同じくらい教育的な力を持っている。しかし、これは単なる割り当てではない。結局のところ、その提案は意識的で戦略的な無意識的な力の使用だ。指導者として、私たちは無意識に相応しい場所を無意識に与えることを選ぶのだ。

アメリカ・UCLAの神経科学者マヤンク・メータは、次のように述べている。

「私の哲学は、使われる可能性のあるものがあれば、進化が可能性のあるものを利用するだろうということだ」

無意識のトレーニングへの、幸せな旅を楽しんでほしい。

監修者あとがき

『フットボールヴィセラルトレーニング』の［実践編］はいかがだっただろうか。［導入編］に続き、難解で理解するのに苦労した部分もあったのではないかと思う。読者の方々が指導されているサッカークラブ、チームは、それぞれ、性別、カテゴリー、競技レベルなどに違いがあるはずだ。現在置かれている環境、状況にあったヴィセラルトレーニングを計画し、かつ実行してもらえれば幸いだ。あとがきのあとに私が所属する東京工業大学附属科学技術高校サッカー部のトレーニングで普段使用している「変数（コントロール要素）」の一覧表を記しておく。指導者の方々はご参考までに。

今回、本書を監修するにあたって、学校法人国士舘理事長、大澤英雄先生をはじめ、阿部勇樹氏、大森裕也先生、西澤吉郎先生、東京工業大学附属科学技術高校サッカー部の諸君、川添孝一氏、澤村公康氏、那須友和氏、染谷学氏、田中政嗣氏、小川信行氏、倉田昌弘氏、嶋野春男氏、足立尚輔氏、高崎康嗣氏、山崎真氏、大浦恭敬氏、佐藤輝勝氏、中村憲剛氏、金子憲一氏、井手豊氏、的[illegible]西氏、矢野大輔氏、田中康嗣氏、本宿博史氏、善本康二氏、阿久津貴志氏、進藤和真・誠司・隼人の3人の息子たち、たくさんの方々にご助言、ご協力をいただいた。ありがとうございます。最後に原書著者ヘルマン・カスターニョス氏、訳者の結城康平氏、カンゼンの石沢鉄平氏に改めて感謝いたします。

２０２３年９月　進藤正幸

変数（コントロール要素）リスト

プレーヤー

- **数**　定数・同数・異数・固定—流動（増—減）・ランダム
- **役割**　味方・相手・ジョーカー・フリーマン
- **その他**　GK有無・性別・年齢・体格・技量

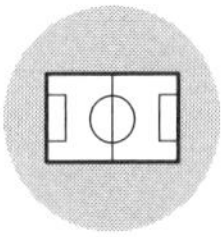

フィールド

- **大きさ**　大・正規・中・小・固定—流動（大—小）
- **種類**　天然芝・人工芝・土・砂・雑草
- **状態**　フラット・凸凹・ウエット・ドライ

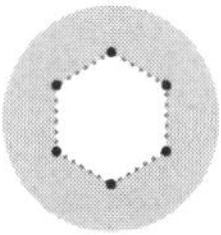

ピッチ形状

- **形**　三角形・○角形・円・楕円・三日月など
- **大きさ**　固定—流動（大—小）
- **その他**　2つの形をリンク・異なる形をミックスなど

ゾーニング

- **形**　三角形・○角形・円・楕円・三日月など
- **大きさ**　固定—流動（大—小）
- **数**　固定—流動（増—減）
- **その他**　角度（方向）・ルール（進入禁止・限定など）

ボール

- **種類**　大きさ・重さ・色
- **数**　定数・固定—流動（増—減）・ランダム
- **特性**　鈴入り（音）・ローバウンド・イレギュラーバウンド・表面の加工・感触・反発力

変数（コントロール要素）リスト

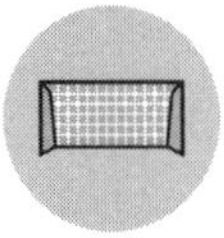

ゴール

- **大きさ**　正規・中・小
- **数**　定数・固定―流動（増―減）
- **その他**　設置角度（方向）・形（他競技ゴールなど）

ゲート

- **大きさ**　幅・高さ・角度（方向）
- **数**　固定―流動（増―減）
- **その他**　設置固定―設置移動（2人でバーなどを持って）

ツール

- **ビブス**　単色・前後色別・左右色別（赤・緑・青・黄の組み合わせ、12枚1セット※）・左右図形別（○△□×の組み合わせ、12枚1セット※）
- **その他**　リストバンド・ヘッドバンド・コーン・ポール・バー・ダミー・テニスラケット・リフレクションボード・シュートマシン・フットライト・他競技ボール（テニスボール・ラグビーボールなど）・他競技ゴール（バスケットゴールなど）

時間

- **長さ**　一定―不定（長―短）・ランダム
- **その他**　セット・インターバル・タスク達成

※「左右色別（2色）ビブス」と「左右図形別ビブス」の使い方

東京工業大学附属科学技術高校サッカー部で使用している「左右色別(2色)ビブス」は、認知スピード、プレースピード(ともに無意識下)を向上させるツールとなる。

左右色別（2色）ビブス（12枚1組）

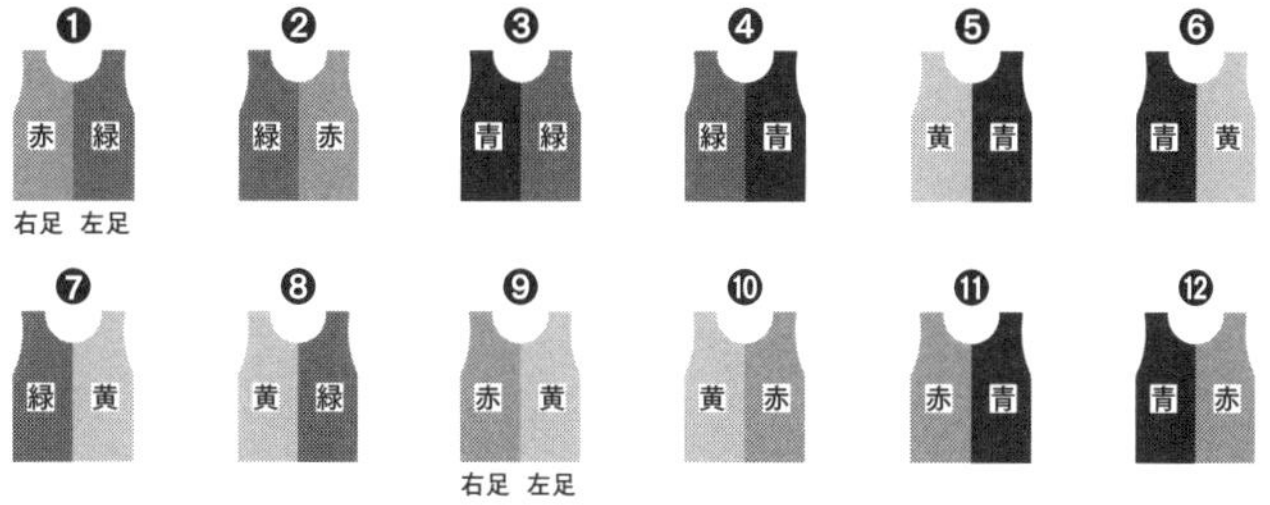

ルール

❶の選手が右足(赤側)で最初にボールタッチしたら、その後ドリブルした場合でも、次の選手にパスをするときは赤を含む❷❾❿⓫⓬の選手にしか出せない(1タッチパスも同様)。また、次の選手(例えば❾)が左足で受けた場合は、黄に変わる。右足で受けた場合は、そのまま赤で次に続く。

これを狭いピッチでトレーニング(6対6など)することによって、認知スピード、プレースピード(ともに無意識下)を向上させる。

両グループ(チーム)に2色ビブスを着用させたり、一方のチームには単色のビブスを着用させるというような工夫、変化も必要になる。

誰にパスを出せるのか？　自分はパスを受ける権利(色)を持っているのか？　持っているならサポートして受ける、持っていなければその次の展開に合わせた動き(「3人目の動き」)をしなければならない。ボール非保持のグループ(チーム)も、自分の近くにいる相手がボールホルダーの色を持っていたなら、よりタイトにマークしなければならないが、色を持っていない場合は、その相手を捨てボールホルダーまたは他の選手(色を持った選手)をマークしにいかなければならない。

このビブスは、ドイツ発のツールだが、これにヒントを得て「左右図形別ビブス」を開発した。ビブスの左右に○△□×を色別と同様に、赤に代わり○、緑に代わり△、青に代わり□、黄に代わり×という形にした。予想どおり、色別より難易度が上がり(脳―視覚野の仕組みにより)、これを左右色別ビブスとランダムに使用している。

訳者あとがき

著者のヘルマン・カスターニョスは、ヴィセラルトレーニングのことを何日も語り続けるだろう。驚くべきは、知識量だけではなく「信念」だ。「哲学者」ファン・マヌエル・リージョのインタビューを読んだときのように、我々は徹底的に自らのトレーニング理論を追及するカスターニョスの姿勢に圧倒される。科学者ではないこともあり、引用される論文は偏っているかもしれない。それでもさまざまな視点から持論を補強する執念は、驚異的なものだ。現代サッカーの世界では、多くの理論が乱立している。日本でもさまざまな理論が存在するが、その多くには科学的な裏付けがない。そのように考えると、科学的にサッカーを解読しようとする彼のアプローチは評価すべきだろう。

思想家であるカスターニョスは、実践者を求めている。リージョは、ペップ・グアルディオラの手によって自らの「ポジショナルプレー」という思想を証明した。ビトール・フラーデの「戦術的ピリオダイゼーション」は、ジョゼ・モウリーニョを筆頭としたポルトガル人監督たちの成功によって世界中に知られるようになった。「ディファレンシャルラーニング」を提唱したヴォルフガンク・シェルホルンの名を轟かせたのは、トーマス・トゥヘルやユリアン・ナーゲルスマンだった。そういう意味では、ヴィセラルトレーニングも多くの実践者を必要としている。このトレーニング手法は新しいものであり、英語圏でも「先進的な指導者が注目している」局面だ。だからこそ、特に彼の母国であるアルゼンチンで実践者が現れることが求められているはずだ。そして、偶然にも南米では「ヨーロッパスタイルからの逸脱」が叫ばれている。フルミネンセのフェルナンド・ヂニスは「リレーショナルプレー」という概念でヨーロッパの指導者からも注目を集めており、コリンチャンスのヴァンデルレイ・ルシェンブルゴも次のように語っている。

「チームに戦術的な理解はあるが、コンセプトは戦術的ではない。私たちが優先するのは全体ではなく、個人だ。しかし、それは戦術がないという意味ではない」

彼らがヨーロッパ的な組織とは違った方法論で、サッカーを解釈しようとしていることは事実だろう。彼らは自分たちの文化的な強みを再評価しようと考えており、リオネル・メッシを最大限に輝かせたアルゼンチン代表はワールドカップを制覇した。そして、この流れはヴィセラルトレーニングとも共通している。脳科学的なアプローチからサッカーのトレーニング手法を発明しようとしたカスターニョスは、結果として「無意識的な能力」を開発することが重要だと述べている。そういった意味では、アルゼンチンの思想家とブラジルの指導者たちは、偶然にも個々の想像力にこそ「サッカーの未来」があると考えている。しかし、ストリートサッカーで自由を与えるという伝統的な手法ではなく、ディファレンシャルラーニングやエコロジカルアプローチの要素を含むヴィセラルトレーニングが必要だというのがカスターニョスの主張だ。創発的なアイデアや連携を求める南米の指導者たちは、トライ&エラーをしながらトレーニングを変革していくだろう。その過程で、ヴィセラルトレーニングの担い手が現れるかもしれない。

「実践編」では複数のトレーニングメニューが紹介されているが、「重層的」な性質こそがヴィセラルトレーニングのカギになる。そこで、ディファレンシャルラーニングやエコロジカルアプローチとの違いを明白に説明しながら、彼は自分の理論を体系化していく。その説明の過程で、ディファレンシャルラーニングやエコロジカルアプローチのような現代的なトレーニング理論の特徴が整理されるのも、副次的な効果として期待されるだろう。ヴィセラルトレーニングの複雑性は、単なる「制約」ではない。トゥヘルのトレーニングに選手たちが困惑したように、ヴィセラルトレーニングへの適応は難しいだろう。それでも、彼は「複雑性による飽和」こそが「選手の無意識的な思考を鍛える」唯一の方法だと考えているようだ。ナーゲルスマンに鍛えられた選手たちが、一般的な選手とは違った判断をするように、ヴィセラルトレーニングもヨーロッパの思想とは違った選手たちを育てていくだろう。ただ、選手たちの脳に対する負荷も大きい。このような複雑性に、選手たちは耐えなければならない。選手たちがそのトレーニングから離脱してしまい、指導者に反発することも考えられる。ヴィセラルトレーニングが、これから主流になっていくのかは誰にもわからない。しかし、この理論を知ることには意味があるはずだ。

2023年9月　結城康平

著者

ヘルマン・カスターニョス（Germán Castaños）

アルゼンチン・ネコチェア在住。体育学の教授であり、サッカーのフィジカルコーチやハンドボールのコーチを務め、世界各国で行われているプレゼンテーションイベント「TEDx」でも講演者を務めた。コンサルタント、スポーツジャーナリスト、ライター、コンテンツクリエイターなど、幅広い領域で活躍している。認知トレーニングやモチベーション管理などを含めた、選手のパフォーマンスを最大化する方法を実践的に導入するパイオニアとして知られ、神経科学を実用的に用い、認知、意思決定、無意識下でのプレーを最適化する革新的なトレーニング方法である「ヴィセラルトレーニング」の作成者でもある。現在はイングランド、アルゼンチン、日本のクラブでアドバイザーおよびコンサルタントを務めている。

監修者

進藤正幸（しんどう・まさゆき）

1958年11月24日生まれ、東京都出身。私立城北高校、国士舘大学体育学部卒業。私立高輪高校保健体育科講師・サッカー部監督、国士舘大学サッカー部コーチを経て、東京工業大学附属科学技術高校体育教論・サッカー部監督。94年国民体育大会少年の部東京都代表コーチ、95年国民体育大会少年の部東京都代表監督、96年国民体育大会成年2部・97年国民体育大会成年の部東京都代表コーチ。現在は東京工業大学附属科学技術高校サッカー部の部長。訳書に『サッカー・サクセスフルコーチング—指導者として成功するために』（大修館書店）、監修書に『フットボールヴィセラルトレーニング 無意識下でのプレーを覚醒させる先鋭理論［導入編］』（小社）。

訳者

結城康平（ゆうき・こうへい）

1990年生まれ、宮崎県出身。スコットランドへの留学を経て、フットボールライターとしての活動を開始。海外の文献、論文を読み解くスキルを活かし、ヨーロッパの概念を日本に紹介。通訳・翻訳・編集・インタビュアーとしても活躍の幅を広げている。著書に『欧州サッカーの新解釈。ポジショナルプレーのすべて』（ソル・メディア）、『“総力戦”時代の覇者　リバプールのすべて』（同）、『TACTICAL FRONTIER　進化型サッカー評論』（同）、『フットボール新世代名将図鑑』（小社）、『サッカー戦術の最前線　試合を観るのが10倍楽しくなる』（SBクリエイティブ）。訳書に『エクストリームフットボール 欧州の勢力図を塗り替える巨大ドリンクメーカーの破壊的戦略』（小社）、『フットボールヴィセラルトレーニング　無意識下でのプレーを覚醒させる先鋭理論［導入編］』（同）。

ブックデザイン＆DTP　三谷 明里（ウラニワデザイン）
編集　石沢 鉄平（株式会社カンゼン）
協力　株式会社スポーツコンサルティングジャパン

フットボールヴィセラルトレーニング

無意識下でのプレーを覚醒させる先鋭理論［実践編］

発行日　2023 年 10 月 17 日　初版

著　者　ヘルマン・カスターニョス
監修者　進藤 正幸
訳　者　結城 康平
発行人　坪井 義哉
発行所　株式会社カンゼン
〒 101-0021
東京都千代田区外神田 2-7-1 開花ビル
TEL 03（5295）7723
FAX 03（5295）7725
https：//www.kanzen.jp/
郵便為替 00150-7-130339

印刷・製本　株式会社シナノ

ISBN 978-4-86255-696-7　Printed in Japan
定価はカバーに表示してあります。

ご意見、ご感想に関しましては、kanso@kanzen.jp までEメールにてお寄せください。お待ちしております。